D0822383

Langenscheidt's Pocket Bescherelle French Verbs

Conjugation Tables

Completely revised edition under
the guidance of Michel Arrivé
Professor in Linguistics, Paris X Nanterre

LANGENSCHEIDT

NEW YORK · BERLIN · MUNICH · VIENNA · ZURICH

Translation: Jonathan Paterson
Design and layout: Trait d'union
Production management: Isabelle Quentin éditeur

© *1997 Hatier, Paris*
Original title of the work: «*La conjugaison pour tous*»

© *1999 Langenscheidt KG, Berlin and Munich*
For the present edition for sale in the USA only
Printed in France

FOREWORD

What is a conjugation?

A conjugation is a list of the different verb forms that indicate person, number, tense and aspect, mood, and voice. To conjugate a verb is to list these forms. "Conjugation" is also the name given to each of the three form classes of French verbs. French verbs have a reputation for being difficult, but this reputation is largely undeserved. While there are a large number of distinct verb forms—96 for the active voice alone—many other languages have as many. And most of these forms are entirely predictable. To form the compound tenses correctly, for example, it is enough to know the past participle of the verb, which auxiliary is used, and the conjugation of the two auxiliaries. Paradoxically, the simple forms (the forms used without auxiliaries) are more difficult, as the pages of this book show. However, the difficulty is far from insuperable.

How is this book organized?

Langenscheidt's Pocket Bescherelle French Verbs has all you need to quickly find the forms of all verbs used in French.

88 verb tables (numbered 1 to 88)

The tables show all the simple and compound forms of the 88 verbs chosen as models. In each table, a note on the double-compound tenses (*les formes surcomposées*) refers to the *Grammar of the French verb,* where these forms are described.

Grammar of the French verb (paragraphs 89 to 167)

This section provides information on the *morphology* of the French verb (the forms), its *syntax* (its relationship with other words in a sentence, especially as regards *agreement*), and the *meanings* of verb forms. It is essential to know how the various verb forms differ in meaning: how is the past historic different from the imperfect or the perfect? This is perhaps the real difficulty of French conjugation. A grammatical index facilitates easy reference to the grammar section.

Alphabetical index of verbs

The infinitive of each verb is listed, with information on grammatical constructions and agreement and the number of the verb table that illustrates its conjugation.

Which verbs are included?

The stock of verbs in the French language is in constant evolution, as verbs that are no longer useful disappear and new verbs are created.

New verbs

This edition of Bescherelle's French verbs includes new coinages— verbs from specialized or technical usage (*désamianter, sponsoriser,* etc.) and verbs used in colloquial French, even *argot* (*bastonner, tchatcher,* etc.).

Verbs of the French-speaking world

This edition is the first French verb manual to include verbs specific to Belgium, French Canada, and French-speaking Africa.

CONTENTS

Conjugation tables   **10**

General tables 1–6
First conjugation 7–19
Second conjugation 20–21
Third conjugation 22–88

Grammar of the French verb   **186**

WHAT IS A VERB?   **186**
Definition of the verb 89–91
Various types of verbs 92–96
Six verb categories 97–101

MORPHOLOGY OF THE VERB   **202**
The parts of a verb 102–105
Stems § 106–109
Affixes § 110–111
Defective verbs 112–113

SYNTAX OF THE VERB   **216**
Definition of syntax 114
Rules of agreement 115–141

THE VALUES OF VERB FORMS   **235**
Tense 142–154
Mood 155–166

Grammatical index of verbs 167   **268**

Alphabetical index of verbs   **272**

Note: Numbers from 1 to 88 refer to verb tables. Numbers from 89 to 166 refer to paragraphs.

SUBJUNCTIVE

Present	Perfect
que j'envoie	que j'aie envoyé
que tu envoies	que tu aies envoyé
qu'il envoie	qu'il ait envoyé
que nous envoyions	que nous ayons envoyé
que vous envoyiez	que vous ayez envoyé
qu'ils envoient	qu'ils aient envoyé

Imperfect	Pluperfect
que j'envoyasse	que j'eusse envoyé
que tu envoyasses	que tu eusses envoyé
qu'il envoyât	qu'il eût envoyé
que nous envoyassions	que nous eussions envoyé
que vous envoyassiez	que vous eussiez envoyé
qu'ils envoyassent	qu'ils eussent envoyé

IMPERATIVE

Present	Perfect
envoie	aie envoyé
envoyons	ayons envoyé
envoyez	ayez envoyé

PARTICIPLE

Present	Past
envoyant	envoyé
	ayant envoyé

GERUND

Present	Perfect
en envoyant	en ayant envoyé

• Conditional perfect 2: same as pluperfect subjunctive.
• Double-compound tenses: *j'ai eu envoyé* (→ §92, §141, §154).
• **Renvoyer** is conjugated in the same way.

1. Simple and compound tenses in contrasted groups

The grouping reveals at a glance the correspondences between tenses and avoids certain ambiguities. For example, *ayant envoyé* clearly appears as a compound form of the present participle.

2. Highlights in color

The first persons singular and plural are highlighted to show stem changes.
Specific spelling difficulties are also highlighted.

3. Conditional perfect 2

As this tense is in fact the same as the pluperfect subjunctive, a reference is sufficient.

4. Double-compound tenses

These new tenses are explained in the grammar section.

5. Que

While *que* is not a verb form, this presentation helps to distinguish the subjunctive from the often similar forms of the indicative.

6. Impersonal moods

The three non-finite forms are listed: the infinitive, the participle, and the gerund.

7. Past participle

The past participle is listed in the masculine singular. To settle questions of agreement, see the *Alphabetical index of verbs* and *Grammar of the French verb*.

1 être

INDICATIVE	
Present	*Perfect*
je suis	j'ai été
tu es	tu as été
il est	il a été
nous sommes	nous avons été
vous êtes	vous avez été
ils sont	ils ont été
Imperfect	*Pluperfect*
j'étais	j'avais été
tu étais	tu avais été
il était	il avait été
nous étions	nous avions été
vous étiez	vous aviez été
ils étaient	ils avaient été
Past historic	*Past anterior*
je fus	j'eus été
tu fus	tu eus été
il fut	il eut été
nous fûmes	nous eûmes été
vous fûtes	vous eûtes été
ils furent	ils eurent été
Future	*Future perfect*
je serai	j'aurai été
tu seras	tu auras été
il sera	il aura été
nous serons	nous aurons été
vous serez	vous aurez été
ils seront	ils auront été

CONDITIONAL	
Present	*Perfect*
je serais	j'aurais été
tu serais	tu aurais été
il serait	il aurait été
nous serions	nous aurions été
vous seriez	vous auriez été
ils seraient	ils auraient été

INFINITIVE	
Present	*Perfect*
être	avoir été

SUBJUNCTIVE

Present	*Perfect*
que je sois	que j'aie été
que tu sois	que tu aies été
qu'il soit	qu'il ait été
que nous soyons	que nous ayons été
que vous soyez	que vous ayez été
qu'ils soient	qu'ils aient été

Imperfect	*Pluperfect*
que je fusse	que j'eusse été
que tu fusses	que tu eusses été
qu'il fût	qu'il eût été
que nous fussions	que nous eussions été
que vous fussiez	que vous eussiez été
qu'ils fussent	qu'ils eussent été

IMPERATIVE

Present	*Perfect*
sois	aie été
soyons	ayons été
soyez	ayez été

PARTICIPLE

Present	*Past*
étant	été
	ayant été

GERUND

Present	*Perfect*
en étant	en ayant été

• Conditional perfect 2: same as pluperfect subjunctive.

• Être is used as an auxiliary:
  1. for simple tenses in the passive voice: *il est aimé*
  2. for compound tenses of reflexive verbs: *il s'est blessé*
  3. with some intransitive verbs, labeled *être* in the alphabetical index

• Some verbs can take either être or avoir. They are identified in the alphabetical index with the label *être or avoir* → §3.

• The participle été is always invariable.

INDICATIVE

Present	*Perfect*
j'ai	j'ai eu
tu as	tu as eu
il a	il a eu
nous avons	nous avons eu
vous avez	vous avez eu
ils ont	ils ont eu

Imperfect	*Pluperfect*
j'avais	j'avais eu
tu avais	tu avais eu
il avait	il avait eu
nous avions	nous avions eu
vous aviez	vous aviez eu
ils avaient	ils avaient eu

Past historic	*Past anterior*
j'eus	j'eus eu
tu eus	tu eus eu
il eut	il eut eu
nous eûmes	nous eûmes eu
vous eûtes	vous eûtes eu
ils eurent	ils eurent eu

Future	*Future perfect*
j'aurai	j'aurai eu
tu auras	tu auras eu
il aura	il aura eu
nous aurons	nous aurons eu
vous aurez	vous aurez eu
ils auront	ils auront eu

CONDITIONAL

Present	*Perfect*
j'aurais	j'aurais eu
tu aurais	tu aurais eu
il aurait	il aurait eu
nous aurions	nous aurions eu
vous auriez	vous auriez eu
ils auraient	ils auraient eu

INFINITIVE

Present	*Perfect*
avoir	avoir eu

SUBJUNCTIVE

Present	*Perfect*
que j'aie	que j'aie eu
que tu aies	que tu aies eu
qu'il ait	qu'il ait eu
que nous ayons	que nous ayons eu
que vous ayez	que vous ayez eu
qu'ils aient	qu'ils aient eu

Imperfect	*Pluperfect*
que j'eusse	que j'eusse eu
que tu eusses	que tu eusses eu
qu'il eût	qu'il eût eu
que nous eussions	que nous eussions eu
que vous eussiez	que vous eussiez eu
qu'ils eussent	qu'ils eussent eu

IMPERATIVE

Present	*Perfect*
aie	aie eu
ayons	ayons eu
ayez	ayez eu

PARTICIPLE

Present	*Past*
ayant	eu
	ayant eu

GERUND

Present	*Perfect*
en ayant	en ayant eu

• Conditional perfect 2: same as pluperfect subjunctive.

• *Avoir* is a transitive verb when it has a direct object: *J'ai un beau livre.*

• It is used as the auxiliary for the compound tenses of all transitive verbs and a large number of intransitive verbs. Intransitive verbs that take the auxiliary **être** are identified in the alphabetical index.

3 Choice of auxiliary

Choosing the auxiliary is rarely a problem, as most verbs can take only one auxiliary, either **être** or **avoir,** in the compound tenses. There are, however, a small number of verbs with which both auxiliaries are possible.

aborder	décroître	entrer, rentrer
aboutir	dégénérer	expirer
accoucher	déménager	faillir
accourir	dénicher	grandir
accroître	descendre,	grossir
alunir	redescendre	jaillir
amerrir	diminuer	maigrir
apparaître	disconvenir	monter, remonter
atterrir	disparaître	paraître
augmenter	divorcer	passer, repasser
avorter	échapper	ressusciter
baisser	échouer	résulter
changer	éclater	retourner
commencer	éclore	sortir, ressortir
crever	embellir	tomber
croître	empirer	trépasser
déborder	enchérir	vieillir
déchoir	enlaidir	

A Verbs that are sometimes transitive and sometimes intransitive
Some of these verbs can be used both transitively and intransitively (with and without a direct object). They take the auxiliary **avoir** when they are transitive (*Il a sorti son revolver*) and the auxiliary **être** when they are intransitive (*Il est sorti*).

> *Il a sorti son revolver de sa poche.* (He took the revolver out of his pocket.)
>   direct object   adverbial phrase

> *Il est sorti de la salle à reculons.* (He went out of the room backwards.)
>   adverbial phrase

B Intransitive verbs used with être and avoir

Some intransitive verbs can take either auxiliary, **avoir** or **être.** With **avoir,** the emphasis is on the action performed; with **être,** the action is seen as completed.

> *J'ai divorcé.* (I got a divorce.)
> focus on the act of divorcing.
>
> *Je suis divorcé.* (I am divorced.)
> focus on the result of the divorce.

C A double choice

With the following verbs, there is a double choice:

aborder	changer	empirer
accoucher	déménager	enlaidir
accroître	descendre,	expirer
augmenter	redescendre	monter, remonter
avorter	échouer	passer, repasser
baisser	embellir	ressusciter

These verbs fall into both categories **A** and **B.**

- When they are transitive, they take the auxiliary **avoir.**
  > *Nous avons changé la roue.* (We changed the wheel.)
  > direct object

- When they are intransitive, they can take either **avoir** or **être.**
  > *Elle a bien changé en deux ans.* (She has changed a lot in two years.)
  > *Elle est bien changée aujourd'hui.* (She is very changed today.)

▶ Verbs that can take either **être** or **avoir** are identified in the alphabetical index at the end of this book.

INDICATIVE

Present	*Perfect*
je suis aimé	j'ai été aimé
tu es aimé	tu as été aimé
il est aimé	il a été aimé
nous sommes aimés	nous avons été aimés
vous êtes aimés	vous avez été aimés
ils sont aimés	ils ont été aimés

Imperfect	*Pluperfect*
j'étais aimé	j'avais été aimé
tu étais aimé	tu avais été aimé
il était aimé	il avait été aimé
nous étions aimés	nous avions été aimés
vous étiez aimés	vous aviez été aimés
ils étaient aimés	ils avaient été aimés

Past historic	*Past anterior*
je fus aimé	j'eus été aimé
tu fus aimé	tu eus été aimé
il fut aimé	il eut été aimé
nous fûmes aimés	nous eûmes été aimés
vous fûtes aimés	vous eûtes été aimés
ils furent aimés	ils eurent été aimés

Future	*Future perfect*
je serai aimé	j'aurai été aimé
tu seras aimé	tu auras été aimé
il sera aimé	il aura été aimé
nous serons aimés	nous aurons été aimés
vous serez aimés	vous aurez été aimés
ils seront aimés	ils auront été aimés

CONDITIONAL

Present	*Perfect*
je serais aimé	j'aurais été aimé
tu serais aimé	tu aurais été aimé
il serait aimé	il aurait été aimé
nous serions aimés	nous aurions été aimés
vous seriez aimés	vous auriez été aimés
ils seraient aimés	ils auraient été aimés

INFINITIVE

Present	*Perfect*
être aimé	avoir été aimé

SUBJUNCTIVE

Present	*Perfect*
que je sois aimé	que j'aie été aimé
que tu sois aimé	que tu aies été aimé
qu'il soit aimé	qu'il ait été aimé
que nous soyons aimés	que nous ayons été aimés
que vous soyez aimés	que vous ayez été aimés
qu'ils soient aimés	qu'ils aient été aimés

Imperfect	*Pluperfect*
que je fusse aimé	que j'eusse été aimé
que tu fusses aimé	que tu eusses été aimé
qu'il fût aimé	qu'il eût été aimé
que nous fussions aimés	que nous eussions été aimés
que vous fussiez aimés	que vous eussiez été aimés
qu'ils fussent aimés	qu'ils eussent été aimés

IMPERATIVE

Present	*Perfect*
sois aimé	
soyons aimés	
soyez aimés	

PARTICIPLE

Present	*Past*
étant aimé	aimé
	ayant été aimé

GERUND

Present	*Perfect*
en étant aimé	en ayant été aimé

• Conditional perfect 2: same as pluperfect subjunctive.

In the passive voice, the past participle always agrees with the subject: *Elle est aimée.*

INDICATIVE

Present	*Perfect*
je me méfie	je me suis méfié
tu te méfies	tu t' es méfié
il se méfie	il s' est méfié
nous nous méfions	nous nous sommes méfiés
vous vous méfiez	vous vous êtes méfiés
ils se méfient	ils se sont méfiés

Imperfect	*Pluperfect*
je me méfiais	je m' étais méfié
tu te méfiais	tu t' étais méfié
il se méfiait	il s' était méfié
nous nous méfiions	nous nous étions méfiés
vous vous méfiiez	vous vous étiez méfiés
ils se méfiaient	ils s' étaient méfiés

Past historic	*Past anterior*
je me méfiai	je me fus méfié
tu te méfias	tu te fus méfié
il se méfia	il se fut méfié
nous nous méfiâmes	nous nous fûmes méfiés
vous vous méfiâtes	vous vous fûtes méfiés
ils se méfièrent	ils se furent méfiés

Future	*Future perfect*
je me méfierai	je me serai méfié
tu te méfieras	tu te seras méfié
il se méfiera	il se sera méfié
nous nous méfierons	nous nous serons méfiés
vous vous méfierez	vous vous serez méfiés
ils se méfieront	ils se seront méfiés

CONDITIONAL

Present	*Perfect*
je me méfierais	je me serais méfié
tu te méfierais	tu te serais méfié
il se méfierait	il me serait méfié
nous nous méfierions	nous nous serions méfiés
vous vous méfieriez	vous vous seriez méfiés
ils se méfieraient	ils se seraient méfiés

INFINITIVE

Present	*Perfect*
se méfier	s'être méfié

SUBJUNCTIVE

Present	*Perfect*
que je me méfie	que je me sois méfié
que tu te méfies	que tu te sois méfié
qu'il se méfie	qu'il se soit méfié
que nous nous méfiions	que nous nous soyons méfiés
que vous vous méfiiez	que vous vous soyez méfiés
qu'ils se méfient	qu'ils se soient méfiés

Imperfect	*Pluperfect*
que je me méfiasse	que je me fusse méfié
que tu te méfiasses	que tu te fusses méfié
qu'il se méfiât	qu'il se fût méfié
que nous nous méfiassions	que nous nous fussions méfiés
que vous vous méfiassiez	que vous vous fussiez méfiés
qu'ils se méfiassent	qu'ils se fussent méfiés

IMPERATIVE

Present	*Perfect*
méfie-toi	
méfions-nous	
méfiez-vous	

PARTICIPLE

Present	*Past*
se méfiant	
	s'étant méfié

GERUND

Present	*Perfect*
se méfiant	s'étant méfié

• Conditional perfect 2: same as pluperfect subjunctive.

• In the alphabetical index at the end of this book, reflexive verbs are identified by the letter R.

• In a small number of reflexive verbs, the past participle is invariable (does not agree with the subject):

Ils se sont nui. (They harmed themselves.)

These verbs are identified in the alphabetical index by the label "p.p. invariable."

• Reciprocal verbs are used only in the plural:

Ils s'entretuèrent au lieu de s'entraider. (They killed each other instead of helping each other.)

What is an affix?

All French verb forms are composed of stems (in black in the table below) and affixes (in color). Using sample verb stems, the table shows all the affixes that can appear in the conjugation of the three verb groups:

- Some affixes, which are never in final position, indicate only the tense of the verb (*-ai-* for the imperfect, *-r-* for the future, etc.).
- Other affixes are always in final position. They show person and number (*-ons* for the first person plural) and, in some cases, tense.

Summary table

1st conjugation	2nd conjugation	3rd conjugation			
		INDICATIVE			
Present					
aim-e	fini-s	ouvr-e	dor-s	met-s	veu-x
aim-es	fini-s	ouvr-e	dor-s	met-s	veu-x
aim-e	fini-t	ouvr-e	dor-t	met	veu-t
aim-ons	fini-ss-ons	ouvr-ons	dorm-ons	mett-ons	voul-ons
aim-ez	fini-ss-ez	ouvr-ez	dorm-ez	mett-ez	voul-ez
aim-ent	fini-ss-ent	ouvr-ent	dorm-ent	mett-ent	veul-ent
Imperfect					
aim-ai-s	fini-ss-ai-s	ouvr-ai-s			
aim-ai-s	fini-ss-ai-s	ouvr-ai-s			
aim-ai-t	fini-ss-ai-t	ouvr-ai-t			
aim-i-ons	fini-ss-i-ons	ouvr-i-ons			
aim-i-ez	fini-ss-i-ez	ouvr-i-ez			
aim-ai-ent	fini-ss-ai-ent	ouvr-ai-ent			
Past historic					
aim-ai	fin-is	ouvr-is	voul-us	t-ins	
aim-as	fin-is	ouvr-is	voul-us	t-ins	
aim-a	fin-it	ouvr-it	voul-ut	t-int	
aim-âmes	fin-îmes	ouvr-îmes	voul-ûmes	t-înmes	
aim-âtes	fin-îtes	ouvr-îtes	voul-ûtes	t-întes	
aim-èrent	fin-irent	ouvr-irent	voul-urent	t-inrent	
Future					
aim-er-ai	fini-r-ai	ouvri-r-ai			
aim-er-as	fini-r-as	ouvri-r-as			
aim-er-a	fini-r-a	ouvri-r-a			
aim-er-ons	fini-r-ons	ouvri-r-ons			
aim-er-ez	fini-r-ez	ouvri-r-ez			
aim-er-ont	fini-r-ont	ouvri-r-ont			

1st conjugation	2nd conjugation	3rd conjugation

CONDITIONAL

Present

aim-er-ai-s	fini-r-ai-s	voul-r-ai-s
aim-er-ai-s	fini-r-ai-s	ouvri-r-ai-s
aim-er-ai-t	fini-r-ai-t	ouvri-r-ai-t
aim-er-i-ons	fini-r-i-ons	ouvri-r-i-ons
aim-er-i-ez	fini-r-i-ez	ouvri-r-i-ez
aim-er-ai-ent	fini-r-ai-ent	ouvri-r-ai-ent

SUBJUNCTIVE

Present

aim-e	fini-ss-e	ouvr-e
aim-es	fini-ss-es	ouvr-es
aim-e	fini-ss-e	ouvr-e
aim-i-ons	fini-ss-i-ons	ouvr-i-ons
aim-i-ez	fini-ss-i-ez	ouvr-i-ez
aim-ent	fini-ss-ent	ouvr-ent

Imperfect

aim-a-ss-e	fini-ss-e	ouvr-i-ss-e	t-in-ss-e	voul-u-ss-e
aim-a-ss-es	fini-ss-es	ouvr-i-ss-es	t-in-ss-es	voul-u-ss-es
aim-â-t	fini-̂-t	ouvr-î-t	t-în-t	voul-ût
aim-a-ss-i-ons	fini-ss-i-ons	ouvr-i-ss-i-ons	t-in-ss-i-ons	voul-u-ss-i-ons
aim-a-ss-i-ez	fini-ss-i-ez	ouvr-i-ss-iez	t-in-ss-i-ez	voul-u-ss-i-ez
aim-a-ss-ent	fini-ss-ent	ouvr-i-ss-ent	t-in-ss-ent	voul-u-ss-ent

IMPERATIVE

Present

aim-e	fini-s	ouvr-e	dor-s
aim-ons	fini-ss-ons	ouvr-ons	dorm-ons
aim-ez	fini-ss-ez	ouvr-ez	dorm-ez

PARTICIPLE

Present

aim-ant	fini-ss-ant	ouvr-ant

Past

aim-é	fin-i	dorm-i	ten-u	pri-s	écri-t
				clo-s	ouver-t
				absou-s	mor-t

INfINITIVE

Present

aim-e-r	fin-i-r	ouvr-i-r	voul-oi-r	croi-re

INDICATIVE

Present	*Perfect*
j'aime	j'ai aimé
tu aimes	tu as aimé
il aime	il a aimé
nous aimons	nous avons aimé
vous aimez	vous avez aimé
ils aiment	ils ont aimé

Imperfect	*Pluperfect*
j'aimais	j'avais aimé
tu aimais	tu avais aimé
il aimait	il avait aimé
nous aimions	nous avions aimé
vous aimiez	vous aviez aimé
ils aimaient	ils avaient aimé

Past historic	*Past anterior*
j'aimai	j'eus aimé
tu aimas	tu eus aimé
il aima	il eut aimé
nous aimâmes	nous eûmes aimé
vous aimâtes	vous eûtes aimé
ils aimèrent	ils eurent aimé

Future	*Future perfect*
j'aimerai	j'aurai aimé
tu aimeras	tu auras aimé
il aimera	il aura aimé
nous aimerons	nous aurons aimé
vous aimerez	vous aurez aimé
ils aimeront	ils auront aimé

CONDITIONAL

Present	*Perfect*
j'aimerais	j'aurais aimé
tu aimerais	tu aurais aimé
il aimerait	il aurait aimé
nous aimerions	nous aurions aimé
vous aimeriez	vous auriez aimé
ils aimeraient	ils auraient aimé

INFINITIVE

Present	*Perfect*
aimer	avoir aimé

SUBJUNCTIVE

Present	*Perfect*
que j'aime	que j'aie aimé
que tu aimes	que tu aies aimé
qu'il aime	qu'il ait aimé
que nous aimions	que nous ayons aimé
que vous aimiez	que vous ayez aimé
qu'ils aiment	qu'ils aient aimé

Imperfect	*Pluperfect*
que j'aimasse	que j'eusse aimé
que tu aimasses	que tu eusses aimé
qu'il aimât	qu'il eût aimé
que nous aimassions	que nous eussions aimé
que vous aimassiez	que vous eussiez aimé
qu'ils aimassent	qu'ils eussent aimé

IMPERATIVE

Present	*Perfect*
aime	aie aimé
aimons	ayons aimé
aimez	ayez aimé

PARTICIPLE

Present	*Past*
aimant	aimé
	ayant aimé

GERUND

Present	*Perfect*
en aimant	en ayant aimé

• Conditional perfect 2: same as pluperfect subjunctive.

• Double-compound tenses: *j'ai eu aimé* (→ §92, §141, §154).

• For verbs that take the auxiliary **être** in the compound tenses → the conjugation of **aller** (§23) or **mourir** (§35).

INDICATIVE	
Present	*Perfect*
je place	j'ai placé
tu places	tu as placé
il place	il a placé
nous plaçons	nous avons placé
vous placez	vous avez placé
ils placent	ils ont placé
Imperfect	*Pluperfect*
je plaçais	j'avais placé
tu plaçais	tu avais placé
il plaçait	il avait placé
nous placions	nous avions placé
vous placiez	vous aviez placé
ils plaçaient	ils avaient placé
Past historic	*Past anterior*
je plaçai	j'eus placé
tu plaças	tu eus placé
il plaça	il eut placé
nous plaçâmes	nous eûmes placé
vous plaçâtes	vous eûtes placé
ils placèrent	ils eurent placé
Future	*Future perfect*
je placerai	j'aurai placé
tu placeras	tu auras placé
il placera	il aura placé
nous placerons	nous aurons placé
vous placerez	vous aurez placé
ils placeront	ils auront placé

CONDITIONAL	
Present	*Present*
je placerais	j'aurais placé
tu placerais	tu aurais placé
il placerait	il aurait placé
nous placerions	nous aurions placé
vous placeriez	vous auriez placé
ils placeraient	ils auraient placé

INFINITIVE	
Present	*Perfect*
placer	avoir placé

SUBJUNCTIVE

Present	*Perfect*
que je place	que j'aie placé
que tu places	que tu aies placé
qu'il place	qu'il ait placé
que nous placions	que nous ayons placé
que vous placiez	que vous ayez placé
qu'ils placent	qu'ils aient placé

Imperfect	*Pluperfect*
que je plaçasse	que j'eusse placé
que tu plaçasses	que tu eusses placé
qu'il plaçât	qu'il eût placé
que nous plaçassions	que nous eussions placé
que vous plaçassiez	que vous eussiez placé
qu'ils plaçassent	qu'ils eussent placé

IMPERATIVE

Present	*Perfect*
place	aie placé
plaçons	ayons placé
placez	ayez placé

PARTICIPLE

Present	*Past*
plaçant	placé
	ayant placé

GERUND

Present	*Perfect*
en plaçant	en ayant placé

- Conditional perfect 2: same as pluperfect subjunctive.
- Double-compound tenses: *j'ai eu placé* (→ §92, §141, §154).
- In verbs ending in -**cer,** the **c** takes a cedilla before the vowels **a** and **o** to pre-serve the soft [s] sound of the **c:** *commençons, tu commenças.*
- For verbs ending in -**écer** → also §11.

INDICATIVE

Present	*Perfect*
je mange	j'ai mangé
tu manges	tu as mangé
il mange	il a mangé
nous mangeons	nous avons mangé
vous mangez	vous avez mangé
ils mangent	ils ont mangé

Imperfect	*Pluperfect*
je mangeais	j'avais mangé
tu mangeais	tu avais mangé
il mangeait	il avait mangé
nous mangions	nous avions mangé
vous mangiez	vous aviez mangé
ils mangeaient	ils avaient mangé

Past historic	*Past anterior*
je mangeai	j'eus mangé
tu mangeas	tu eus mangé
il mangea	il eut mangé
nous mangeâmes	nous eûmes mangé
vous mangeâtes	vous eûtes mangé
ils mangèrent	ils eurent mangé

Future	*Future perfect*
je mangerai	j'aurai mangé
tu mangeras	tu auras mangé
il mangera	il aura mangé
nous mangerons	nous aurons mangé
vous mangerez	vous aurez mangé
ils mangeront	ils auront mangé

CONDITIONAL

Present	*Perfect*
je mangerais	j'aurais mangé
tu mangerais	tu aurais mangé
il mangerait	il aurait mangé
nous mangerions	nous aurions mangé
vous mangeriez	vous auriez mangé
ils mangeraient	ils auraient mangé

INFINITIVE

Present	*Perfect*
manger	avoir mangé

SUBJUNCTIVE

Present	*Perfect*
que je mange	que j'aie mangé
que tu manges	que tu aies mangé
qu'il mange	qu'il ait mangé
que nous mangions	que nous ayons mangé
que vous mangiez	que vous ayez mangé
qu'ils mangent	qu'ils aient mangé

Imperfect	*Pluperfect*
que je mangeasse	que j'eusse mangé
que tu mangeasses	que tu eusses mangé
qu'il mangeât	qu'il eût mangé
que nous mangeassions	que nous eussions mangé
que vous mangeassiez	que vous eussiez mangé
qu'ils mangeassent	qu'ils eussent mangé

IMPERATIVE

Present	*Perfect*
mange	aie mangé
mangeons	ayons mangé
mangez	ayez mangé

PARTICIPLE

Present	*Past*
mangeant	mangé
	ayant mangé

GERUND

Present	*Perfect*
en mangeant	en ayant mangé

• Conditional perfect 2: same as pluperfect subjunctive.

• Double-compound tenses: *j'ai eu mangé* (➔ §92, §141, §154).

• Verbs in -**ger** keep the **e** after the **g** before the vowels **a** and **o** to preserve the soft **g** sound [Ž]: *nous jugeons, tu jugeas.*
(However, verbs ending in -**guer** keep the **u** in all forms.)

INDICATIVE	
Present	*Perfect*
je pèse	j'ai pesé
tu pèses	tu as pesé
il pèse	il a pesé
nous pesons	nous avons pesé
vous pesez	vous avez pesé
ils pèsent	ils ont pesé
Imperfect	*Pluperfect*
je pesais	j'avais pesé
tu pesais	tu avais pesé
il pesait	il avait pesé
nous pesions	nous avions pesé
vous pesiez	vous aviez pesé
ils pesaient	ils avaient pesé
Past historic	*Past anterior*
je pesai	j'eus pesé
tu pesas	tu eus pesé
il pesa	il eut pesé
nous pesâmes	nous eûmes pesé
vous pesâtes	vous eûtes pesé
ils pesèrent	ils eurent pesé
Future	*Future perfect*
je pèserai	j'aurai pesé
tu pèseras	tu auras pesé
il pèsera	il aura pesé
nous pèserons	nous aurons pesé
vous pèserez	vous aurez pesé
ils pèseront	ils auront pesé

CONDITIONAL	
Present	*Perfect*
je pèserais	j'aurais
tu pèserais	tu aurais
il pèserait	il aurait
nous pèserions	nous aurions
vous pèseriez	vous auriez
ils pèseraient	ils auraient

INFINITIVE	
Present	*Perfect*
peser	avoir pesé

SUBJUNCTIVE

Present	*Perfect*
que je pèse	que j'aie pesé
que tu pèses	que tu aies pesé
qu'il pèse	qu'il ait pesé
que nous pesions	que nous ayons pesé
que vous pesiez	que vous ayez pesé
qu'ils pèsent	qu'ils aient pesé

Imperfect	*Pluperfect*
que je pesasse	que j'eusse pesé
que tu pesasses	que tu eusses pesé
qu'il pesât	qu'il eût pesé
que nous pesassions	que nous eussions pesé
que vous pesassiez	que vous eussiez pesé
qu'ils pesassent	qu'ils eussent pesé

IMPERATIVE

Present	*Perfect*
pèse	aie pesé
pesons	ayons pesé
pesez	ayez pesé

PARTICIPLE

Present	*Past*
pesant	pesé
	ayant pesé

GERUND

Present	*Perfect*
en pesant	en ayant pesé

• Conditional perfect 2: same as pluperfect subjunctive.

• Double-compound tenses: *j'ai eu pesé* (→ §92, §141, §154).

• Verbs ending in -ecer, -emer, -ener, -eper, -erer, -ever, -evrer: these verbs have a mute e in the penultimate syllable of the infinitive, as in *lever*. They change the mute e to an open è before a mute syllable, including the mute e in the endings -*erai*, -*erais* in the future and the present conditional: *je lève, je lèverai, je lèverais*.

Note: For verbs ending in -eler, -eter → §12 and §13.

INDICATIVE

Present	*Perfect*
je cède	j'ai cédé
tu cèdes	tu as cédé
il cède	il a cédé
nous cédons	nous avons cédé
vous cédez	vous avez cédé
ils cèdent	ils ont cédé

Imperfect	*Pluperfect*
je cédais	j'avais cédé
tu cédais	tu avais cédé
il cédait	il avait cédé
nous cédions	nous avions cédé
vous cédiez	vous aviez cédé
ils cédaient	ils avaient cédé

Past historic	*Past anterior*
je cédai	j'eus cédé
tu cédas	tu eus cédé
il céda	il eut cédé
nous cédâmes	nous eûmes cédé
vous cédâtes	vous eûtes cédé
ils cédèrent	ils eurent cédé

Future	*Future perfect*
je céderai	j'aurai cédé
tu céderas	tu auras cédé
il cédera	il aura cédé
nous céderons	nous aurons cédé
vous céderez	vous aurez cédé
ils céderont	ils auront cédé

CONDITIONAL

Present	*Perfect*
je céderais	j'aurais
tu céderais	tu aurais
il céderait	il aurait
nous céderions	nous aurions
vous céderiez	vous auriez
ils céderaient	ils auraient

INFINITIVE

Present	*Perfect*
céder	avoir cédé

SUBJUNCTIVE

Present	*Perfect*
que je cède	que j'aie cédé
que tu cèdes	que tu aies cédé
qu'il cède	qu'il ait cédé
que nous cédions	que nous ayons cédé
que vous cédiez	que vous ayez cédé
qu'ils cèdent	qu'ils aient cédé

Imperfect	*Pluperfect*
que je cédasse	que j'eusse cédé
que tu cédasses	que tu eusses cédé
qu'il cédât	qu'il eût cédé
que nous cédassions	que nous eussions cédé
que vous cédassiez	que vous eussiez cédé
qu'ils cédassent	qu'ils eussent cédé

IMPERATIVE

Present	*Perfect*
cède	aie cédé
cédons	ayons cédé
cédez	ayez cédé

PARTICIPLE

Present	*Past*
cédant	cédé
	ayant cédé

GERUND

Present	*Perfect*
en cédant	en ayant cédé

• Conditional perfect 2: same as pluperfect subjunctive.

• Double-compound tenses: *j'ai eu cédé* (→ §92, §141, §154).

• Verbs ending in -ébrer, -écer, -écher, -écrer, -éder, -égler, -égner, -égrer, -éguer, -éler, -émer, -éner, -éper, -équer, -érer, -éser, -éter, -étrer, -évrer, -éyer, etc. These verbs have a closed é in the penultimate syllable of the infinitive. They change the closed é to an open è before a final mute syllable: *je cède*. In the future and the present conditional, these verbs keep the closed é in writing, despite a tendency toward an increasingly open pronunciation.

• **Avérer**, meaning "establish as true, verify," is hardly used except in the infinitive and the past participle.

INDICATIVE	
Present	*Perfect*
je jette	j'ai jeté
tu jettes	tu as jeté
il jette	il a jeté
nous jetons	nous avons jeté
vous jetez	vous avez jeté
ils jettent	ils ont jeté
Imperfect	*Pluperfect*
je jetais	j'avais jeté
tu jetais	tu avais jeté
il jetait	il avait jeté
nous jetions	nous avions jeté
vous jetiez	vous aviez jeté
ils jetaient	ils avaient jeté
Past historic	*Past anterior*
je jetai	j'eus jeté
tu jetas	tu eus jeté
il jeta	il eut jeté
nous jetâmes	nous eûmes jeté
vous jetâtes	vous eûtes jeté
ils jetèrent	ils eurent jeté
Future	*Future perfect*
je jetterai	j'aurai jeté
tu jetteras	tu auras jeté
il jettera	il aura jeté
nous jetterons	nous aurons jeté
vous jetterez	vous aurez jeté
ils jetteront	ils auront jeté

CONDITIONAL	
Present	*Perfect*
je jetterais	j'aurais jeté
tu jetterais	tu aurais jeté
il jetterait	il aurait jeté
nous jetterions	nous aurions jeté
vous jetteriez	vous auriez jeté
ils jetteraient	ils auraient jeté

INFINITIVE	
Present	*Perfect*
jeter	avoir jeté

SUBJUNCTIVE

Present	*Perfect*
que je jette	que j'aie jeté
que tu jettes	que tu aies jeté
qu'il jette	qu'il ait jeté
que nous jetions	que nous ayons jeté
que vous jetiez	que vous ayez jeté
qu'ils jettent	qu'ils aient jeté

Imperfect	*Pluperfect*
que je jetasse	que j'eusse jeté
que tu jetasses	que tu eusses jeté
qu'il jetât	qu'il eût jeté
que nous jetassions	que nous eussions jeté
que vous jetassiez	que vous eussiez jeté
qu'ils jetassent	qu'ils eussent jeté

IMPERATIVE

Present	*Perfect*
jette	aie jeté
jetons	ayons jeté
jetez	ayez jeté

PARTICIPLE

Present	*Past*
jetant	jeté
	ayant jeté

GERUND

Present	*Perfect*
en jetant	en ayant jeté

• Conditional perfect 2: same as pluperfect subjunctive.

• Double-compound tenses: *j'ai eu jeté* (→ §92, §141, §154).

• Generally, verbs ending in -eler and -eter double the l or t before a mute e: *je jette, j'appelle*. A few verbs do not double the consonant but place a grave accent on the preceding e: *j'achète, je modèle* (→ list of exceptions, §13 notes). An official recommendation made in 1990 would allow for the use of è in verbs ending in -eler and -eter, except appeler (and rappeler) and jeter (and related verbs): *elle ruissèle*.

INDICATIVE	
Present	*Perfect*
je mod**è**le	j'ai modelé
tu mod**è**les	tu as modelé
il mod**è**le	il a modelé
nous **modelons**	nous avons modelé
vous modelez	vous avez modelé
ils mod**è**lent	ils ont modelé
Imperfect	*Pluperfect*
je modelais	j'avais modelé
tu modelais	tu avais modelé
il modelait	il avait modelé
nous modelions	nous avions modelé
vous modeliez	vous aviez modelé
ils modelaient	ils avaient modelé
Past historic	*Past anterior*
je modelai	j'eus modelé
tu modelas	tu eus modelé
il modela	il eut modelé
nous modelâmes	nous eûmes modelé
vous modelâtes	vous eûtes modelé
ils modelèrent	ils eurent modelé
Future	*Future perfect*
je mod**è**lerai	j'aurai modelé
tu mod**è**leras	tu auras modelé
il mod**è**lera	il aura modelé
nous mod**è**lerons	nous aurons modelé
vous mod**è**lerez	vous aurez modelé
ils mod**è**leront	ils auront modelé

CONDITIONAL	
Present	*Perfect*
je mod**è**lerais	j'aurais modelé
tu mod**è**lerais	tu aurais modelé
il mod**è**lerait	il aurait modelé
nous mod**è**lerions	nous aurions modelé
vous mod**è**leriez	vous auriez modelé
ils mod**è**leraient	ils auraient modelé

INFINITIVE	
Present	*Perfect*
modeler	avoir modelé

SUBJUNCTIVE

Present	*Perfect*
que je modèle	que j'aie modelé
que tu modèles	que tu aies modelé
qu'il modèle	qu'il ait modelé
que nous modelions	que nous ayons modelé
que vous modeliez	que vous ayez modelé
qu'ils modèlent	qu'ils aient modelé

Imperfect	*Pluperfect*
que je modelasse	que j'eusse modelé
que tu modelasses	que tu eusses modelé
qu'il modelât	qu'il eût modelé
que nous modelassions	que nous eussions modelé
que vous modelassiez	que vous eussiez modelé
qu'ils modelassent	qu'ils eussent modelé

IMPERATIVE

Present	*Perfect*
modèle	aie modelé
modelons	ayons modelé
modelez	ayez modelé

PARTICIPLE

Present	*Past*
modelant	modelé
	ayant modelé

GERUND

Present	*Perfect*
en modelant	en ayant modelé

- Conditional perfect 2: same as pluperfect subjunctive.
- Double-compound tenses: *j'ai eu modelé* (→ §92, §141, §154).
- A few verbs do not double **l** or **t** before a mute **e**:
  – verbs ending in **-eler** that are conjugated like **modeler**: *celer (déceler, receler), ciseler, démanteler, écarteler, s'encasteler, geler (dégeler. congeler, surgeler), harceler, marteler, peler*
  – verbs ending in **-eter** that are conjugated like **acheter**: *racheter, bégueter, corseter, crocheter, fileter, fureter, haleter*

INDICATIVE

Present	*Perfect*
je crée	j'ai créé
tu crées	tu as créé
il crée	il a créé
nous créons	nous avons créé
vous créez	vous avez créé
ils créent	ils ont créé

Imperfect	*Pluperfect*
je créais	j'avais créé
tu créais	tu avais créé
il créait	il avait créé
nous créions	nous avions créé
vous créiez	vous aviez créé
ils créaient	ils avaient créé

Past historic	*Past anterior*
je créai	j'eus créé
tu créas	tu eus créé
il créa	il eut créé
nous créâmes	nous eûmes créé
vous créâtes	vous eûtes créé
ils créèrent	ils eurent créé

Future	*Future perfect*
je créerai	j'aurai créé
tu créeras	tu auras créé
il créera	il aura créé
nous créerons	nous aurons créé
vous créerez	vous aurez créé
ils créeront	ils auront créé

CONDITIONAL

Present	*Perfect*
je créerais	j'aurais créé
tu créerais	tu aurais créé
il créerait	il aurait créé
nous créerions	nous aurions créé
vous créeriez	vous auriez créé
ils créeraient	ils auraient créé

INFINITIVE

Present	*Perfect*
créer	avoir créé

SUBJUNCTIVE

Present	*Perfect*
que je crée	que j'aie créé
que tu crées	que tu aies créé
qu'il crée	qu'il ait créé
que nous créions	que nous ayons créé
que vous créiez	que vous ayez créé
qu'ils créent	qu'ils aient créé

Imperfect	*Pluperfect*
que je créasse	que j'eusse créé
que tu créasses	que tu eusses créé
qu'il créât	qu'il eût créé
que nous créassions	que nous eussions créé
que vous créassiez	que vous eussiez créé
qu'ils créassent	qu'ils eussent créé

IMPERATIVE

Present	*Perfect*
crée	aie créé
créons	ayons créé
créez	ayez créé

PARTICIPLE

Present	*Past*
créant	créé
	ayant créé

GERUND

Present	*Perfect*
en créant	en ayant créé

• Conditional perfect 2: same as pluperfect subjunctive.

• Double-compound tenses: *j'ai eu créé* (➜ §92, §141, §154).

• These verbs have a double e in some persons of the present indicative, past historic, future, present conditional, imperative, present subjunctive, and the masculine form of the past participle. In the feminine, the past participle has a triple e: *créée*.

• In verbs ending in -éer, the é is always closed: *je crée, tu crées…*

• The adjectival form of the past participle occurs in the expression *bouche bée*.

INDICATIVE

Present	*Perfect*
j'assiège	j'ai assiégé
tu assièges	tu as assiégé
il assiège	il a assiégé
nous assiégeons	nous avons assiégé
vous assiégez	vous avez assiégé
ils assiègent	ils ont assiégé

Imperfect	*Pluperfect*
j'assiégeais	j'avais assiégé
tu assiégeais	tu avais assiégé
il assiégeait	il avait assiégé
nous assiégions	nous avions assiégé
vous assiégiez	vous aviez assiégé
ils assiégeaient	ils avaient assiégé

Past historic	*Past anterior*
j'assiégeai	j'eus assiégé
tu assiégeas	tu eus assiégé
il assiégea	il eut assiégé
nous assiégeâmes	nous eûmes assiégé
vous assiégeâtes	vous eûtes assiégé
ils assiégèrent	ils eurent assiégé

Future	*Future perfect*
j'assiégerai	j'aurai assiégé
tu assiégeras	tu auras assiégé
il assiégera	il aura assiégé
nous assiégerons	nous aurons assiégé
vous assiégerez	vous aurez assiégé
ils assiégeront	ils auront assiégé

CONDITIONAL

Present	*Perfect*
j'assiégerais	j'aurais assiégé
tu assiégerais	tu aurais assiégé
il assiégerait	il aurait assiégé
nous assiégerions	nous aurions assiégé
vous assiégeriez	vous auriez assiégé
ils assiégeraient	ils auraient assiégé

INFINITIVE

Present	*Perfect*
assiéger	avoir assiégé

to besiege

SUBJUNCTIVE

Present	*Perfect*
que j'assiège	que j'aie assiégé
que tu assièges	que tu aies assiégé
qu'il assiège	qu'il ait assiégé
que nous assiégions	que nous ayons assiégé
que vous assiégiez	que vous ayez assiégé
qu'ils assiègent	qu'ils aient assiégé

Imperfect	*Pluperfect*
que j'assiégeasse	que j'eusse assiégé
que tu assiégeasses	que tu eusses assiégé
qu'il assiégeât	qu'il eût assiégé
que nous assiégeassions	que nous eussions assiégé
que vous assiégeassiez	que vous eussiez assiégé
qu'ils assiégeassent	qu'ils eussent assiégé

IMPERATIVE

Present	*Perfect*
assiège	aie assiégé
assiégeons	ayons assiégé
assiégez	ayez assiégé

PARTICIPLE

Present	*Past*
assiégeant	assiégé
	ayant assiégé

GERUND

Present	*Perfect*
en assiégeant	en ayant assiégé

• Conditional perfect 2: same as pluperfect subjunctive.

• Double-compound tenses: *j'ai eu assiégé* (→ §92, §141, §154).

• In verbs ending in **-éger**:
  – The **é** of the stem changes to **è** before a mute **e** (but not in the future or the conditional).
  – To preserve the soft **g** sound [ʒ] before a following **a** or **o**, **e** is placed after the **g**.

1rst conjugation

INDICATIVE

Present	Perfect
j'apprécie	j'ai apprécié
tu apprécies	tu as apprécié
il apprécie	il a apprécié
nous apprécions	nous avons apprécié
vous appréciez	vous avez apprécié
ils apprécient	ils ont apprécié

Imperfect	Pluperfect
j'appréciais	j'avais apprécié
tu appréciais	tu avais apprécié
il appréciait	il avait apprécié
nous appréciions	nous avions apprécié
vous appréciiez	vous aviez apprécié
ils appréciaient	ils avaient apprécié

Past historic	Past anterior.
j'appréciai	j'eus apprécié
tu apprécias	tu eus apprécié
il apprécia	il eut apprécié
nous appréciâmes	nous eûmes apprécié
vous appréciâtes	vous eûtes apprécié
ils apprécièrent	ils eurent apprécié

Future	Future perfect
j'apprécierai	j'aurai apprécié
tu apprécieras	tu auras apprécié
il appréciera	il aura apprécié
nous apprécierons	nous aurons apprécié
vous apprécierez	vous aurez apprécié
ils apprécieront	ils auront apprécié

CONDITIONAL

Present	Perfect
j'apprécierais	j'aurais apprécié
tu apprécierais	tu aurais apprécié
il apprécierait	il aurait apprécié
nous apprécierions	nous aurions apprécié
vous apprécieriez	vous auriez apprécié
ils apprécieraient	ils auraient apprécié

INFINITIVE

Present	Perfect
apprécier	avoir apprécié

SUBJUNCTIVE	
Present	*Perfect*
que j'apprécie	que j'aie apprécié
que tu apprécies	que tu aies apprécié
qu'il apprécie	qu'il ait apprécié
que nous appréciions	que nous ayons apprécié
que vous appréciiez	que vous ayez apprécié
qu'ils apprécient	qu'ils aient apprécié
Imperfect	*Pluperfect*
que j'appréciasse	que j'eusse apprécié
que tu appréciasses	que tu eusses apprécié
qu'il appréciât	qu'il eût apprécié
que nous appréciassions	que nous eussions apprécié
que vous appréciassiez	que vous eussiez apprécié
qu'ils appréciassent	qu'ils eussent apprécié

IMPERATIVE	
Present	*Perfect*
apprécie	aie apprécié
apprécions	ayons apprécié
appréciez	ayez apprécié

PARTICIPLE	
Present	*Past*
appréciant	apprécié
	ayant apprécié

GERUND	
Present	*Perfect*
en appréciant	en ayant apprécié

- Conditional perfect 2: same as pluperfect subjunctive.
- Double-compound tenses: *j'ai eu apprécié* (➔ §92, §141, §154).
- These verbs have a double **i** in the 1st and 2nd persons plural of the imperfect indicative and the present subjunctive: *appréciions, appréciiez*. The double **i** is composed of the final **i** of the stem, which is retained throughout the conjugation, and the initial **i** of the ending.

INDICATIVE	
Present	*Perfect*
je paie / paye	j'ai payé
tu paies / payes	tu as payé
il paie / paye	il a payé
nous payons	nous avons payé
vous payez	vous avez payé
ils paient / payent	ils ont payé
Imperfect	*Pluperfect*
je payais	j'avais payé
tu payais	tu avais payé
il payait	il avait payé
nous payions	nous avions payé
vous payiez	vous aviez payé
ils payaient	ils avaient payé
Past historic	*Past anterior*
je payai	j'eus payé
tu payas	tu eus payé
il paya	il eut payé
nous payâmes	nous eûmes payé
vous payâtes	vous eûtes payé
ils payèrent	ils eurent payé
Future	*Future perfect*
je paierai / payerai	j'aurai payé
tu paieras / payeras	tu auras payé
il paiera / payera	il aura payé
nous paierons / payerons	nous aurons payé
vous paierez / payerez	vous aurez payé
ils paieront / payeront	ils auront payé

CONDITIONAL	
Present	*Perfect*
je paierais / payerais	j'aurais payé
tu paierais / payerais	tu aurais payé
il paierait / payerait	il aurait payé
nous paierions / payerions	nous aurions payé
vous paieriez / payeriez	vous auriez payé
ils paieraient / payeraient	ils auraient payé

INFINITIVE	
Present	*Perfect*
payer	avoir payé

SUBJUNCTIVE

Present	*Perfect*
que je paie / paye	que j'aie payé
que tu paies / payes	que tu aies payé
qu'il paie / paye	qu'il ait payé
que nous payions	que nous ayons payé
que vous payiez	que vous ayez payé
qu'ils paient / payent	qu'ils aient payé

Imperfect	*Pluperfect*
que je payasse	que j'eusse payé
que tu payasses	que tu eusses payé
qu'il payât	qu'il eût payé
que nous payassions	que nous eussions payé
que vous payassiez	que vous eussiez payé
qu'ils payassent	qu'ils eussent payé

IMPERATIVE

Present	*Perfect*
paye / paie	aie payé
payons	ayons payé
payez	ayez payé

PARTICIPLE

Present	*Past*
payant	payé
	ayant payé

GERUND

Present	*Perfect*
en payant	en ayant payé

• Conditional perfect 2: same as pluperfect subjunctive.

• Double-compound tenses: *j'ai eu payé* (➔ §92, §141, §154).

• Verbs ending in **-ayer** can: (1) retain the y throughout the conjugation, or (2) change y to i before mute e—before the endings **-e, -es, -ent, -erai** (**-eras**, etc.), and **-erais** (**-erais**, etc.): *je paye* (pronounced [pɛj]: pey) or *je paie* (pronounced [pɛ]: pè). Notice the i after y in the 1st and 2nd persons plural of the imperfect indicative and the present subjunctive.

• Verbs ending in **-eyer** (grasseyer, faseyer, capeyer) retain the y throughout the conjugation.

INDICATIVE	
Present	*Perfect*
je broie	j'ai broyé
tu broies	tu as broyé
il broie	il a broyé
nous broyons	nous avons broyé
vous broyez	vous avez broyé
ils broient	ils ont broyé
Imperfect	*Pluperfect*
je broyais	j'avais broyé
tu broyais	tu avais broyé
il broyait	il avait broyé
nous broyions	nous avions broyé
vous broyiez	vous aviez broyé
ils broyaient	ils avaient broyé
Past historic	*Past anterior*
je broyai	j'eus broyé
tu broyas	tu eus broyé
il broya	il eut broyé
nous broyâmes	nous eûmes broyé
vous broyâtes	vous eûtes broyé
ils broyèrent	ils eurent broyé
Future	*Future perfect*
je broierai	j'aurai broyé
tu broieras	tu auras broyé
il broiera	il aura broyé
nous broierons	nous aurons broyé
vous broierez	vous aurez broyé
ils broieront	ils auront broyé

CONDITIONAL	
Present	*Perfect*
je broierais	j'aurais broyé
tu broierais	tu aurais broyé
il broierait	il aurait broyé
nous broierions	nous aurions broyé
vous broieriez	vous auriez broyé
ils broieraient	ils auraient broyé

INFINITIVE	
Present	*Perfect*
broyer	avoir broyé

SUBJUNCTIVE

Present	*Perfect*
que je broie	que j'aie broyé
que tu broies	que tu aies broyé
qu'il broie	qu'il ait broyé
que nous broyions	que nous ayons broyé
que vous broyiez	que vous ayez broyé
qu'ils broient	qu'ils aient broyé

Imperfect	*Pluperfect*
que je broyasse	que j'eusse broyé
que tu broyasses	que tu eusses broyé
qu'il broyât	qu'il eût broyé
que nous broyassions	que nous eussions broyé
que vous broyassiez	que vous eussiez broyé
qu'ils broyassent	qu'ils eussent broyé

IMPERATIVE

Present	*Perfect*
broie	aie broyé
broyons	ayons broyé
broyez	ayez broyé

PARTICIPLE

Present	*Past*
broyant	broyé
	ayant broyé

GERUND

Present	*Perfect*
en broyant	en ayant broyé

• Conditional perfect 2: same as pluperfect subjunctive.

• Double-compound tenses: *j'ai eu broyé* (→ §92, §141, §154).

• Verbs ending in **-oyer** and **-uyer** change **y** to **i** before mute **e**—before the endings **-e, -es, -ent, -erai** (**-eras**, etc.), and **-erais** (**-erais**, etc.). Exceptions: **envoyer** and **renvoyer**, which have irregular forms in the future and the present conditional (→ §19). Notice the **i** after **y** in the 1st and 2nd persons plural of the imperfect indicative and the present subjunctive.

envoyer

INDICATIVE	
Present	*Perfect*
j'envoie	j'ai envoyé
tu envoies	tu as envoyé
il envoie	il a envoyé
nous envoyons	nous avons envoyé
vous envoyez	vous avez envoyé
ils envoient	ils ont envoyé
Imperfect	*Pluperfect*
j'envoyais	j'avais envoyé
tu envoyais	tu avais envoyé
il envoyait	il avait envoyé
nous envoyions	nous avions envoyé
vous envoyiez	vous aviez envoyé
ils envoyaient	ils avaient envoyé
Past historic	*Past anterior*
j'envoyai	j'eus envoyé
tu envoyas	tu eus envoyé
il envoya	il eut envoyé
nous envoyâmes	nous eûmes envoyé
vous envoyâtes	vous eûtes envoyé
ils envoyèrent	ils eurent envoyé
Future	*Future perfect*
j'enverrai	j'aurai envoyé
tu enverras	tu auras envoyé
il enverra	il aura envoyé
nous enverrons	nous aurons envoyé
vous enverrez	vous aurez envoyé
ils enverront	ils auront envoyé

CONDITIONAL	
Present	*Perfect*
j'enverrais	j'aurais envoyé
tu enverrais	tu aurais envoyé
il enverrait	il aurait envoyé
nous enverrions	nous aurions envoyé
vous enverriez	vous auriez envoyé
ils enverraient	ils auraient envoyé

INFINITIVE	
Present	*Perfect*
envoyer	avoir envoyé

SUBJUNCTIVE

Present	*Perfect*
que j'**envoie**	que j'aie envoyé
que tu envoies	que tu aies envoyé
qu'il envoie	qu'il ait envoyé
que nous **envoyions**	que nous ayons envoyé
que vous envoyiez	que vous ayez envoyé
qu'ils envoient	qu'ils aient envoyé

Imperfect	*Pluperfect*
que j'**envoyasse**	que j'eusse envoyé
que tu envoyasses	que tu eusses envoyé
qu'il envoyât	qu'il eût envoyé
que nous envoyassions	que nous eussions envoyé
que vous envoyassiez	que vous eussiez envoyé
qu'ils envoyassent	qu'ils eussent envoyé

IMPERATIVE

Present	*Perfect*
envoie	aie envoyé
envoyons	ayons envoyé
envoyez	ayez envoyé

PARTICIPLE

Present	*Past*
envoyant	**envoyé**
	ayant envoyé

GERUND

Present	*Perfect*
en envoyant	en ayant envoyé

- Conditional perfect 2: same as pluperfect subjunctive.
- Double-compound tenses: *j'ai eu envoyé* (➜ §92, §141, §154).
- **Renvoyer** is conjugated in the same way.

INDICATIVE	
Present	*Perfect*
je finis	j'ai fini
tu finis	tu as fini
il finit	il a fini
nous finissons	nous avons fini
vous finissez	vous avez fini
ils finissent	ils ont fini
Imperfect	*Pluperfect*
je finissais	j'avais fini
tu finissais	tu avais fini
il finissait	il avait fini
nous finissions	nous avions fini
vous finissiez	vous aviez fini
ils finissaient	ils avaient fini
Past historic	*Past anterior*
je finis	j'eus fini
tu finis	tu eus fini
il finit	il eut fini
nous finîmes	nous eûmes fini
vous finîtes	vous eûtes fini
ils finirent	ils eurent fini
Future	*Future perfect*
je finirai	j'aurai fini
tu finiras	tu auras fini
il finira	il aura fini
nous finirons	nous aurons fini
vous finirez	vous aurez fini
ils finiront	ils auront fini

CONDITIONAL	
Present	*Perfect*
je finirais	j'aurais fini
tu finirais	tu aurais fini
il finirait	il aurait fini
nous finirions	nous aurions fini
vous finiriez	vous auriez fini
ils finiraient	ils auraient fini

INFINITIVE	
Present	*Perfect*
finir	avoir fini

SUBJUNCTIVE

Present	*Perfect*
que je finisse	que j'aie fini
que tu finisses	que tu aies fini
qu'il finisse	qu'il ait fini
que nous finissions	que nous ayons fini
que vous finissiez	que vous ayez fini
qu'ils finissent	qu'ils aient fini

Imperfect	*Pluperfect*
que je finisse	que j'eusse fini
que tu finisses	que tu eusses fini
qu'il finît	qu'il eût fini
que nous finissions	que nous eussions fini
que vous finissiez	que vous eussiez fini
qu'ils finissent	qu'ils eussent fini

IMPERATIVE

Present	*Perfect*
finis	aie fini
finissons	ayons fini
finissez	ayez fini

PARTICIPLE

Present	*Past*
finissant	fini
	ayant fini

GERUND

Present	*Perfect*
en finissant	en ayant fini

• Conditional perfect 2: same as pluperfect subjunctive.

• Double-compound tenses: *j'ai eu fini* (→ §92, §141, §154).

• About 300 verbs ending in **-ir**, **-issant** follow this model. Like the first conjugation (verbs ending in **-er**), this is a productive conjugation.

• **Obéir** and **désobéir**, which are intransitive in the active voice, retain a passive form from an obsolete transitive construction: *Sera-t-elle obéie ?* (Will she be obeyed?)

• The verb **maudire** follows this model, except that the infinitive ends in **-re** (like many verbs in the 3rd conjugation) and the past participle ends in **-t**: *maudit, maudite*.

INDICATIVE

Present	*Perfect*
je hais	j'ai haï
tu hais	tu as haï
il hait	il a haï
nous haïssons	nous avons haï
vous haïssez	vous avez haï
ils haïssent	ils ont haï

Imperfect	*Pluperfect*
je haïssais	j'avais haï
tu haïssais	tu avais haï
il haïssait	il avait haï
nous haïssions	nous avions haï
vous haïssiez	vous aviez haï
ils haïssaient	ils avaient haï

Past historic	*Past anterior*
je haïs	j'eus haï
tu haïs	tu eus haï
il haït	il eut haï
nous haïmes	nous eûmes haï
vous haïtes	vous eûtes haï
ils haïrent	ils eurent haï

Future	*Future perfect*
je haïrai	j'aurai haï
tu haïras	tu auras haï
il haïra	il aura haï
nous haïrons	nous aurons haï
vous haïrez	vous aurez haï
ils haïront	ils auront haï

CONDITIONAL

Present	*Perfect*
je haïrais	j'aurais haï
tu haïrais	tu aurais haï
il haïrait	il aurait haï
nous haïrions	nous aurions haï
vous haïriez	vous auriez haï
ils haïraient	ils auraient haï

INFINITIVE

Present	*Perfect*
haïr	avoir haï

SUBJUNCTIVE

Present	*Perfect*
que je haïsse	que j'aie haï
que tu haïsses	que tu aies haï
qu'il haïsse	qu'il ait haï
que nous haïssions	que nous ayons haï
que vous haïssiez	que vous ayez haï
qu'ils haïssent	qu'ils aient haï

Imperfect	*Pluperfect*
que je haïsse	que j'eusse haï
que tu haïsses	que tu eusses haï
qu'il haït	qu'il eût haï
que nous haïssions	que nous eussions haï
que vous haïssiez	que vous eussiez haï
qu'ils haïssent	qu'ils eussent haï

IMPERATIVE

Present	*Perfect*
hais	aie haï
haïssons	ayons haï
haïssez	ayez haï

PARTICIPLE

Present	*Past*
haïssant	haï
	ayant haï

GERUND

Present	*Perfect*
en haïssant	en ayant haï

• Conditional perfect 2: same as pluperfect subjunctive.

• Double-compound tenses: *j'ai eu haï* (➜ §92, §141, §154).

• **Haïr** is the only verb with this pattern. The dieresis (*tréma*) is used in all forms except in the singular of the present indicative and the 2nd person singular imperative. Because of the dieresis, there is no circumflex accent in the past historic and the imperfect subjunctive.

These verbs are listed in the order of the conjugation tables. The model verbs conjugated in full are shown in color. Verbs shown in black follow the corresponding models, except for the choice of auxiliary.

23 aller	partir	desservir	condescendre
24 tenir	départir	resservir	redescendre
abstenir (s')	repartir	37 fuir	fendre
appartenir	repentir (se)	enfuir (s')	pourfendre
contenir	sortir	38 ouïr	refendre
détenir	ressortir¹	39 gésir	pendre
entretenir	27 vêtir	40 recevoir	appendre
maintenir	dévêtir	apercevoir	dépendre
obtenir	revêtir	concevoir	rependre
retenir	survêtir	décevoir	suspendre
soutenir	28 couvrir	percevoir	tendre
venir	découvrir	41 voir	attendre
avenir	redécouvrir	entrevoir	détendre
advenir	recouvrir	prévoir	distendre
bienvenir	ouvrir	revoir	entendre
circonvenir	entrouvrir	42 pourvoir	étendre
contrevenir	rentrouvrir	dépourvoir	prétendre
convenir	rouvrir	43 savoir	retendre
devenir	offrir	44 devoir	sous-entendre
disconvenir	souffrir	redevoir	sous-tendre
intervenir	29 cueillir	45 pouvoir	vendre
obvenir	accueillir	46 mouvoir	mévendre
parvenir	recueillir	émouvoir	revendre
prévenir	30 assaillir	promouvoir	épandre
provenir	saillir	47 pleuvoir	répandre
redevenir	tressaillir	repleuvoir	fondre
ressouvenir (se)	défaillir	48 falloir	confondre
revenir	31 faillir	49 valoir	morfondre (se)
souvenir (se)	32 bouillir	équivaloir	parfondre
subvenir	débouillir	prévaloir	refondre
survenir	33 dormir	revaloir	pondre
25 acquérir	endormir	50 vouloir	répondre
conquérir	rendormir	51 asseoir	correspondre
enquérir (s')	34 courir	rasseoir	tondre
quérir	accourir	52 seoir	retondre
reconquérir	concourir	53 messeoir	perdre
requérir	discourir	54 surseoir	reperdre
26 sentir	encourir	55 choir	mordre
consentir	parcourir	56 échoir	démordre
pressentir	recourir	57 déchoir	remordre
ressentir	secourir	58 rendre	tordre
mentir	35 mourir	défendre	détordre
démentir	36 servir²	descendre	distordre

1. **Ressortir**, when it means "belong to" or "come under the jurisdiction of," is conjugated on the model of **finir** (2nd conjugation).
2. **Asservir** is conjugated on the model of **finir** (2nd conjugation).

List of all third-conjugation verbs

retordre
rompre
corrompre
interrompre
foutre
contrefoutre (se)
59 prendre
apprendre
comprendre
déprendre
désapprendre
entreprendre
éprendre (s')
méprendre (se)
réapprendre
reprendre
surprendre
60 battre
abattre
combattre
contrebattre
débattre
ébattre (s')
embattre
rabattre
rebattre
61 mettre
admettre
commettre
compromettre
démettre
émettre
entremettre (s')
omettre
permettre
promettre
réadmettre
remettre
retransmettre
soumettre
transmettre
62 peindre
dépeindre
repeindre
astreindre
étreindre
restreindre
atteindre
ceindre
enceindre

empreindre
enfreindre
feindre
geindre
teindre
déteindre
éteindre
reteindre
63 joindre
adjoindre
conjoindre
disjoindre
enjoindre
rejoindre
oindre
poindre
64 craindre
contraindre
plaindre
65 vaincre
convaincre
66 traire
abstraire
distraire
extraire
retraire
raire
soustraire
braire
67 faire
contrefaire
défaire
forfaire
malfaire
méfaire
parfaire
redéfaire
refaire
satisfaire
surfaire
68 plaire
complaire
déplaire
taire
69 connaître
méconnaître
reconnaître
paraître
apparaître
comparaître

disparaître
réapparaître
recomparaître
reparaître
transparaître
70 naître
renaître
71 paître
72 repaître
73 croître
accroître
décroître
recroître
74 croire
accroire
75 boire
emboire
76 clore
déclore
éclore
enclore
forclore
77 conlure
exlure
inclure
occlure
reclure
78 absoudre
dissoudre
résoudre
79 coudre
découdre
recoudre
80 moudre
émoudre
remoudre
81 suivre
ensuivre (s')
poursuivre
vivre
revivre
survivrve
83 lire
élire
réélire
relire
84 dire [3]
contredire
dédire
interdire

médire
prédire
redire
85 rire
sourire
86 écrire
circonscrire
décrire
inscrire
prescrire
proscrire
récrire
réinscrire
retranscrire
souscrire
transcrire
87 confire
déconfire
circoncire
frire
suffire
88 cuire
recuire
conduire
déduire
éconduire
enduire
induire
introduire
produire
reconduire
réduire
réintroduire
reproduire
retraduire
séduire
traduire
construire
détruire
instruire
reconstruire
luire
reluire
nuire
entre-nuire (s')

3. **Maudire** is conjugated on the model of **finir** (2nd conjugation).

23 aller

INDICATIVE	
Present	*Perfect*
je vais	je suis allé
tu vas	tu es allé
il va	il est allé
nous allons	nous sommes allés
vous allez	vous êtes allés
ils vont	ils sont allés
Imperfect	*Pluperfect*
j'allais	j'étais allé
tu allais	tu étais allé
il allait	il était allé
nous allions	nous étions allés
vous alliez	vous étiez allés
ils allaient	ils étaient allés
Past historic	*Past anterior*
j'allai	je fus allé
tu allas	tu fus allé
il alla	il fut allé
nous allâmes	nous fûmes allés
vous allâtes	vous fûtes allés
ils allèrent	ils furent allés
Future	*Future perfect*
j'irai	je serai allé
tu iras	tu seras allé
il ira	il sera allé
nous irons	nous serons allés
vous irez	vous serez allés
ils iront	ils seront allés

CONDITIONAL	
Present	*Perfect*
j'irais	je serais allé
tu irais	tu serais allé
il irait	il serait allé
nous irions	nous serions allés
vous iriez	vous seriez allés
ils iraient	ils seraient allés

INFINITIVE	
Present	*Perfect*
aller	être allé

SUBJUNCTIVE

Present	*Perfect*
que j'aille	que je sois allé
que tu ailles	que tu sois allé
qu'il aille	qu'il soit allé
que nous allions	que nous soyons allés
que vous alliez	que vous soyez allés
qu'ils aillent	qu'ils soient allés

Imperfect	*Pluperfect*
que j'allasse	que je fusse allé
que tu allasses	que tu fusses allé
qu'il allât	qu'il fût allé
que nous allassions	que nous fussions allés
que vous allassiez	que vous fussiez allés
qu'ils allassent	qu'ils fussent allés

IMPERATIVE

Present	*Perfect*
va	sois allé
allons	soyons allés
allez	soyez allés

PARTICIPLE

Present	*Past*
allant	allé
	étant allé

GERUND

Present	*Perfect*
en allant	en étant allé

• Conditional perfect 2: same as pluperfect subjunctive.

• Double-compound tenses: *j'ai eu allé* (➜ §92, §141, §154).

• Four distinct stems are used in the conjugation of **aller**. In the imperative, **va** takes an **s** before the adverbial pronoun **y** if no infinitive follows: *Vas-y* (Go on!), but *Va y mettre le bon ordre* (Go and straighten it out). In the interrogative, *Va-t-il ?* follows the pattern of *Aima-t-il ?*

• **S'en aller** is conjugated in the same way as **aller**. In the compound tenses, the auxiliary **être** is placed between **en** and **allé**: *je m'en suis allé,* not * *je me suis en allé.* The imperative is *Va-t'en* (the **e** of the reflexive pronoun **te** is elided), *allons-nous-en, allez-vous-en.*

INDICATIVE	
Present	*Perfect*
je tiens	j'ai tenu
tu tiens	tu as tenu
il tient	il a tenu
nous tenons	nous avons tenu
vous tenez	vous avez tenu
ils tiennent	ils ont tenu
Imperfect	*Pluperfect*
je tenais	j'avais tenu
tu tenais	tu avais tenu
il tenait	il avait tenu
nous tenions	nous avions tenu
vous teniez	vous aviez tenu
ils tenaient	ils avaient tenu
Past historic	*Past anterior*
je tins	j'eus tenu
tu tins	tu eus tenu
il tint	il eut tenu
nous tînmes	nous eûmes tenu
vous tîntes	vous eûtes tenu
ils tinrent	ils eurent tenu
Future	*Future perfect*
je tiendrai	j'aurai tenu
tu tiendras	tu auras tenu
il tiendra	il aura tenu
nous tiendrons	nous aurons tenu
vous tiendrez	vous aurez tenu
ils tiendront	ils auront tenu

CONDITIONAL	
Present	*Perfect*
je tiendrais	j'aurais tenu
tu tiendrais	tu aurais tenu
il tiendrait	il aurait tenu
nous tiendrions	nous aurions tenu
vous tiendriez	vous auriez tenu
ils tiendraient	ils auraient tenu

INFINITIVE	
Present	*Perfect*
tenir	avoir tenu

SUBJUNCTIVE

Present	*Perfect*
que je tienne	que j'aie tenu
que tu tiennes	que tu aies tenu
qu'il tienne	qu'il ait tenu
que nous tenions	que nous ayons tenu
que vous teniez	que vous ayez tenu
qu'ils tiennent	qu'ils aient tenu

Imperfect	*Pluperfect*
que je tinsse	que j'eusse tenu
que tu tinsses	que tu eusses tenu
qu'il tînt	qu'il eût tenu
que nous tinssions	que nous eussions tenu
que vous tinssiez	que vous eussiez tenu
qu'ils tinssent	qu'ils eussent tenu

IMPERATIVE

Present	*Perfect*
tiens	aie tenu
tenons	ayons tenu
tenez	ayez tenu

PARTICIPLE

Present	*Past*
tenant	tenu
	ayant tenu

GERUND

Present	*Perfect*
en tenant	en ayant tenu

• Conditional perfect 2: same as pluperfect subjunctive.

• Double-compound tenses: *j'ai eu tenu* (→ §92, §141, §154).

• Tenir, venir, and their compounds follow this model (→ §22). Venir and its compounds take the auxiliary être, except for circonvenir, contrevenir, prévenir, and subvenir.

• Advenir is used only in the 3rd persons singular and plural. The compound tenses are formed with être: *Il est advenu.*

• Avenir survives only as a noun and an adjective (*avenant*).

INDICATIVE

Present	*Perfect*
j' acquiers	j'ai acquis
tu acquiers	tu as acquis
il acquiert	il a acquis
nous acquérons	nous avons acquis
vous acquérez	vous avez acquis
ils acquièrent	ils ont acquis

Imperfect	*Pluperfect*
j'acquérais	j'avais acquis
tu acquérais	tu avais acquis
il acquérait	il avait acquis
nous acquérions	nous avions acquis
vous acquériez	vous aviez acquis
ils acquéraient	ils avaient acquis

Past historic	*Past anterior*
j' acquis	j'eus acquis
tu acquis	tu eus acquis
il acquit	il eut acquis
nous acquîmes	nous eûmes acquis
vous acquîtes	vous eûtes acquis
ils acquirent	ils eurent acquis

Future	*Future perfect*
j' acquerrai	j'aurai acquis
tu acquerras	tu auras acquis
il acquerra	il aura acquis
nous acquerrons	nous aurons acquis
vous acquerrez	vous aurez acquis
ils acquerront	ils auront acquis

CONDITIONAL

Present	*Perfect*
j' acquerrais	j'aurais acquis
tu acquerrais	tu aurais acquis
il acquerrait	il aurait acquis
nous acquerrions	nous aurions acquis
vous acquerriez	vous auriez acquis
ils acquerraient	ils auraient acquis

INFINITIVE

Present	*Perfect*
acquérir	avoir acquis

SUBJUNCTIVE

Present	*Perfect*
que j'acquière	que j'aie acquis
que tu acquières	que tu aies acquis
qu'il acquière	qu'il ait acquis
que nous acquérions	que nous ayons acquis
que vous acquériez	que vous ayez acquis
qu'ils acquièrent	qu'ils aient acquis

Imperfect	*Pluperfect*
que j'acquisse	que j'eusse acquis
que tu acquisses	que tu eusses acquis
qu'il acquît	qu'il eût acquis
que nous acquissions	que nous eussions acquis
que vous acquissiez	que vous eussiez acquis
qu'ils acquissent	qu'ils eussent acquis

IMPERATIVE

Present	*Perfect*
acquiers	aie acquis
acquérons	ayons acquis
acquérez	ayez acquis

PARTICIPLE

Present	*Past*
acquérant	acquis
	ayant acquis

GERUND

Present	*Perfect*
en acquérant	en ayant acquis

• Conditional perfect 2: same as pluperfect subjunctive.

• Double-compound tenses: *j'ai eu acquis* (→ §92, §141, §154).

• Compounds of **quérir** follow this model (→ §22).

• The nominalized participle **acquis** (achievement, acquired knowledge) should not be confused with **acquit** (receipt, release), a verbal noun from **acquitter**. Note also the survival of an obsolete form of the infinitive in the fixed expression *à enquerre* (to be validated).

3rd conjugation

INDICATIVE

Present	*Perfect*
je sens	j'ai senti
tu sens	tu as senti
il sent	il a senti
nous sentons	nous avons senti
vous sentez	vous avez senti
ils sentent	ils ont senti

Imperfect	*Pluperfect*
je sentais	j'avais senti
tu sentais	tu avais senti
il sentait	il avait senti
nous sentions	nous avions senti
vous sentiez	vous aviez senti
ils sentaient	ils avaient senti

Past historic	*Past anterior*
je sentis	j'eus senti
tu sentis	tu eus senti
il sentit	il eut senti
nous sentîmes	nous eûmes senti
vous sentîtes	vous eûtes senti
ils sentirent	ils eurent senti

Future	*Future perfect*
je sentirai	j'aurai senti
tu sentiras	tu auras senti
il sentira	il aura senti
nous sentirons	nous aurons senti
vous sentirez	vous aurez senti
ils sentiront	ils auront senti

CONDITIONAL

Present	*Perfect*
je sentirais	j'aurais senti
tu sentirais	tu aurais senti
il sentirait	il aurait senti
nous sentirions	nous aurions senti
vous sentiriez	vous auriez senti
ils sentiraient	ils auraient senti

INFINITIVE

Present	*Perfect*
sentir	avoir senti

SUBJUNCTIVE

Present	*Perfect*
que je sente	que j'aie senti
que tu sentes	que tu aies senti
qu'il sente	qu'il ait senti
que nous sentions	que nous ayons senti
que vous sentiez	que vous ayez senti
qu'ils sentent	qu'ils aient senti

Imperfect	*Pluperfect*
que je sentisse	que j'eusse senti
que tu sentisses	que tu eusses senti
qu'il sentît	qu'il eût senti
que nous sentissions	que nous eussions senti
que vous sentissiez	que vous eussiez senti
qu'ils sentissent	qu'ils eussent senti

IMPERATIVE

Present	*Perfect*
sens	aie senti
sentons	ayons senti
sentez	ayez senti

PARTICIPLE

Present	*Past*
sentant	senti
	ayant senti

GERUND

Present	*Perfect*
en sentant	en ayant senti

• Conditional perfect 2: same as pluperfect subjunctive.

• Double-compound tenses: *j'ai eu senti* (→ §92, §141, §154).

• **Mentir, sentir, partir, se repentir, sortir,** and their compounds follow this model (→ §22). The past participle *menti* is invariable, but *démenti, démentie* is not.

• **Départir,** usually used in the reflexive form **se départir,** is normally conjugated like **partir.** The forms *il se départissait, se départissant,* and, in the present indicative, *il se départit* also occur, presumably influenced by **répartir.**

INDICATIVE

Present	*Perfect*
je vêts	j'ai vêtu
tu vêts	tu as vêtu
il vêt	il a vêtu
nous vêtons	nous avons vêtu
vous vêtez	vous avez vêtu
ils vêtent	ils ont vêtu

Imperfect	*Pluperfect*
je vêtais	j'avais vêtu
tu vêtais	tu avais vêtu
il vêtait	il avait vêtu
nous vêtions	nous avions vêtu
vous vêtiez	vous aviez vêtu
ils vêtaient	ils avaient vêtu

Past historic	*Past anterior*
je vêtis	j'eus vêtu
tu vêtis	tu eus vêtu
il vêtit	il eut vêtu
nous vêtîmes	nous eûmes vêtu
vous vêtîtes	vous eûtes vêtu
ils vêtirent	ils eurent vêtu

Future	*Future perfect*
je vêtirai	j'aurai vêtu
tu vêtiras	tu auras vêtu
il vêtira	il aura vêtu
nous vêtirons	nous aurons vêtu
vous vêtirez	vous aurez vêtu
ils vêtiront	ils auront vêtu

CONDITIONAL

Present	*Perfect*
je vêtirais	j'aurais vêtu
tu vêtirais	tu aurais vêtu
il vêtirait	il aurait vêtu
nous vêtirions	nous aurions vêtu
vous vêtiriez	vous auriez vêtu
ils vêtiraient	ils auraient vêtu

INFINITIVE

Present	*Perfect*
vêtir	avoir vêtu

SUBJUNCTIVE

Present	*Perfect*
que je vête	que j'aie vêtu
que tu vêtes	que tu aies vêtu
qu'il vête	qu'il ait vêtu
que nous vêtions	que nous ayons vêtu
que vous vêtiez	que vous ayez vêtu
qu'ils vêtent	qu'ils aient vêtu

Imperfect	*Pluperfect*
que je vêtisse	que j'eusse vêtu
que tu vêtisses	que tu eusses vêtu
qu'il vêtît	qu'il eût vêtu
que nous vêtissions	que nous eussions vêtu
que vous vêtissiez	que vous eussiez vêtu
qu'ils vêtissent	qu'ils eussent vêtu

IMPERATIVE

Present	*Perfect*
vêts	aie vêtu
vêtons	ayons vêtu
vêtez	ayez vêtu

PARTICIPLE

Present	*Past*
vêtant	vêtu
	ayant vêtu

GERUND

Present	*Perfect*
en vêtant	en ayant vêtu

• Conditional perfect 2: same as pluperfect subjunctive.

• Double-compound tenses: *j'ai eu vêtu* (→ §92, §141, §154).

• **Dévêtir**, **survêtir**, and **revêtir** follow this model.

• In addition to the present indicative and imperative forms shown in the table, forms on the model of **venir** also occur. In compounds of **vêtir**, however, only the older forms are accepted: *il revêt, il revêtait, revêtant.*

3rd conjugation

INDICATIVE	
Present	*Perfect*
je couvre	j'ai couvert
tu couvres	tu as couvert
il couvre	il a couvert
nous couvrons	nous avons couvert
vous couvrez	vous avez couvert
ils couvrent	ils ont couvert
Imperfect	*Pluperfect*
je couvrais	j'avais couvert
tu couvrais	tu avais couvert
il couvrait	il avait couvert
nous couvrions	nous avions couvert
vous couvriez	vous aviez couvert
ils couvraient	ils avaient couvert
Past historic	*Past anterior*
je couvris	j'eus couvert
tu couvris	tu eus couvert
il couvrit	il eut couvert
nous couvrîmes	nous eûmes couvert
vous couvrîtes	vous eûtes couvert
ils couvrirent	ils eurent couvert
Future	*Future perfect*
je couvrirai	j'aurai couvert
tu couvriras	tu auras couvert
il couvrira	il aura couvert
nous couvrirons	nous aurons couvert
vous couvrirez	vous aurez couvert
ils couvriront	ils auront couvert

CONDITIONAL	
Present	*Perfect*
je couvrirais	j'aurais couvert
tu couvrirais	tu aurais couvert
il couvrirait	il aurait couvert
nous couvririons	nous aurions couvert
vous couvririez	vous auriez couvert
ils couvriraient	ils auraient couvert

INFINITIVE	
Present	*Perfect*
couvrir	avoir couvert

SUBJUNCTIVE

Present	*Perfect*
que je couvre	que j'aie couvert
que tu couvres	que tu aies couvert
qu'il couvre	qu'il ait couvert
que nous couvrions	que nous ayons couvert
que vous couvriez	que vous ayez couvert
qu'ils couvrent	qu'ils aient couvert

Imperfect	*Pluperfect*
que je couvrisse	que j'eusse couvert
que tu couvrisses	que tu eusses couvert
qu'il couvrît	qu'il eût couvert
que nous couvrissions	que nous eussions couvert
que vous couvrissiez	que vous eussiez couvert
qu'ils couvrissent	qu'ils eussent couvert

IMPERATIVE

Present	*Perfect*
couvre	aie couvert
couvrons	ayons couvert
couvrez	ayez couvert

PARTICIPLE

Present	*Past*
couvrant	couvert
	ayant couvert

GERUND

Present	*Perfect*
en couvrant	en ayant couvert

• Conditional perfect 2: same as pluperfect subjunctive.

• Double-compound tenses: *j'ai eu couvert* (→ §92, §141, §154).

• **Couvrir, ouvrir, souffrir,** and their compounds follow this model (fi §22).

• Note the similarity with the first-conjugation forms in the present indicative, imperative, and subjunctive.

INDICATIVE

Present	*Perfect*
je cueille	j'ai cueilli
tu cueilles	tu as cueilli
il cueille	il a cueilli
nous cueillons	nous avons cueilli
vous cueillez	vous avez cueilli
ils cueillent	ils ont cueilli

Imperfect	*Pluperfect*
je cueillais	j'avais cueilli
tu cueillais	tu avais cueilli
il cueillait	il avait cueilli
nous cueillions	nous avions cueilli
vous cueilliez	vous aviez cueilli
ils cueillaient	ils avaient cueilli

Past historic	*Past anterior*
je cueillis	j'eus cueilli
tu cueillis	tu eus cueilli
il cueillit	il eut cueilli
nous cueillîmes	nous eûmes cueilli
vous cueillîtes	vous eûtes cueilli
ils cueillirent	ils eurent cueilli

Future	*Futut antérieur*
je cueillerai	j'aurai cueilli
tu cueilleras	tu auras cueilli
il cueillera	il aura cueilli
nous cueillerons	nous aurons cueilli
vous cueillerez	vous aurez cueilli
ils cueilleront	ils auront cueilli

CONDITIONAL

Present	*Perfect*
je cueillerais	j'aurais cueilli
tu cueillerais	tu aurais cueilli
il cueillerait	il aurait cueilli
nous cueillerions	nous aurions cueilli
vous cueilleriez	vous auriez cueilli
ils cueilleraient	ils auraient cueilli

INFINITIVE

Present	*Perfect*
cueillir	avoir cueilli

SUBJUNCTIVE

Present	*Perfect*
que je cueille	que j'aie cueilli
que tu cueilles	que tu aies cueilli
qu'il cueille	qu'il ait cueilli
que nous cueillions	que nous ayons cueilli
que vous cueilliez	que vous ayez cueilli
qu'ils cueillent	qu'ils aient cueilli

Imperfect	*Pluperfect*
que je cueillisse	que j'eusse cueilli
que tu cueillisses	que tu eusses cueilli
qu'il cueillît	qu'il eût cueilli
que nous cueillissions	que nous eussions cueilli
que vous cueillissiez	que vous eussiez cueilli
qu'ils cueillissent	qu'ils eussent cueilli

IMPERATIVE

Present	*Perfect*
cueille	aie cueilli
cueillons	ayons cueilli
cueillez	ayez cueilli

PARTICIPLE

Present	*Past*
cueillant	cueilli
	ayant cueilli

GERUND

Present	*Perfect*
en cueillant	en ayant cueilli

• Conditional perfect 2: same as pluperfect subjunctive.

• Double-compound tenses: *j'ai eu cueilli* (→ §92, §141, §154).

• **Accueillir** and **recueillir** follow this model.

• Note the similarity with the first-conjugation forms, especially in the future and the present conditional: *je cueillerai* and *j'aimerai*. (The past historic, however, is different: *je cueillis*, but *j'aimai*.)

INDICATIVE	
Present	*Perfect*
j'assaille	j'ai assailli
tu assailles	tu as assailli
il assaille	il a assailli
nous assaillons	nous avons assailli
vous assaillez	vous avez assailli
ils assaillent	ils ont assailli
Imperfect	*Pluperfect*
j'assaillais	j'avais assailli
tu assaillais	tu avais assailli
il assaillait	il avait assailli
nous assaillions	nous avions assailli
vous assailliez	vous aviez assailli
ils assaillaient	ils avaient assailli
Past historic	*Past anterior*
j'assaillis	j'eus assailli
tu assaillis	tu eus assailli
il assaillit	il eut assailli
nous assaillîmes	nous eûmes assailli
vous assaillîtes	vous eûtes assailli
ils assaillirent	ils eurent assailli
Future	*Future perfect*
j'assaillirai	j'aurai assailli
tu assailliras	tu auras assailli
il assaillira	il aura assailli
nous assaillirons	nous aurons assailli
vous assaillirez	vous aurez assailli
ils assailliront	ils auront assailli

CONDITIONAL	
Present	*Perfect*
j'assaillirais	j'aurais assailli
tu assaillirais	tu aurais assailli
il assaillirait	il aurait assailli
nous assaillirions	nous aurions assailli
vous assailliriez	vous auriez assailli
ils assailliraient	ils auraient assailli

INFINITIVE	
Present	*Perfect*
assaillir	avoir assailli

SUBJUNCTIVE	
Present	*Perfect*
que j'assaille	que j'aie assailli
que tu assailles	que tu aies assailli
qu'il assaille	qu'il ait assailli
que nous assaillions	que nous ayons assailli
que vous assailliez	que vous ayez assailli
qu'ils assaillent	qu'ils aient assailli
Imperfect	*Pluperfect*
que j'assaillisse	que j'eusse assailli
que tu assaillisses	que tu eusses assailli
qu'il assaillît	qu'il eût assailli
que nous assaillissions	que nous eussions assailli
que vous assaillissiez	que vous eussiez assailli
qu'ils assaillissent	qu'ils eussent assailli

IMPERATIVE	
Present	*Perfect*
assaille	aie assailli
assaillons	ayons assailli
assaillez	ayez assailli

PARTICIPLE	
Present	*Past*
assaillant	assailli
	ayant assailli

GERUND	
Present	*Perfect*
en assaillant	en ayant assailli

• Conditional perfect 2: same as pluperfect subjunctive.

• Double-compound tenses: *j'ai eu assailli* (→ §92, §141, §154).

• Tressaillir and défaillir follow this model (→ note, §31).

• Saillir, when it means "rush out," is conjugated like assaillir. When it means "mate," it is conjugated like finir.

INDICATIVE	
Present	*Perfect*
je *faux*	j'ai failli
tu *faux*	tu as failli
il *faut*	il a failli
nous *faillons*	nous avons failli
vous *faillez*	vous avez failli
ils *faillent*	ils ont failli
Imperfect	*Pluperfect*
je *faillais*	j'avais failli
tu *faillais*	tu avais failli
il *faillait*	il avait failli
nous *faillions*	nous avions failli
vous *failliez*	vous aviez failli
ils *faillaient*	ils avaient failli
Past historic	*Past anterior*
je faillis	j'eus failli
tu faillis	tu eus failli
il faillit	il eut failli
nous faillîmes	nous eûmes failli
vous faillîtes	vous eûtes failli
ils faillirent	ils eurent failli
Future	*Future perfect*
je faillirai / *faudrai*	j'aurai failli
tu failliras / *faudras*	tu auras failli
il faillira / *faudra*	il aura failli
nous faillirons / *faudrons*	nous aurons failli
vous faillirez / *faudrez*	vous aurez failli
ils failliront / *faudront*	ils auront failli

CONDITIONAL	
Present	*Perfect*
je faillirais / *faudrais*	j'aurais failli
tu faillirais / *faudrais*	tu aurais failli
il faillirait / *faudrait*	il aurait failli
nous faillirions / *faudrions*	nous aurions failli
vous failliriez / *faudriez*	vous auriez failli
ils failliraient / *faudraient*	ils auraient failli

INFINITIVE	
Present	*Perfect*
faillir	avoir failli

SUBJUNCTIVE

Present

que je faillisse / *faille*
que tu faillisses / *failles*
qu'il faillisse / *faille*
que nous faillissions / *faillions*
que vous faillissiez / *failliez*
qu'ils faillissent / *faillent*

Perfect

que j'aie failli
que tu aies failli
qu'il ait failli
que nous ayons failli
que vous ayez failli
qu'ils aient failli

Imperfect

que je *faillisse*
que tu *faillisses*
qu'il *faillisse*
que nous *faillissions*
que vous *faillissiez*
qu'ils *faillissent*

Pluperfect

que j'eusse failli
que tu eusses failli
qu'il eût failli
que nous eussions failli
que vous eussiez failli
qu'ils eussent failli

IMPERATIVE

Present

Perfect

PARTICIPLE

Present

faillant

Past

failli
ayant failli

GERUND

Present

en faillant

Perfect

en ayant failli

• Conditional perfect 2: same as pluperfect subjunctive.
• Double-compound tenses: *j'ai eu failli* (➔ §92, §141, §154).
• The forms in italics are completely obsolete. The verb **faillir** has three distinct uses:
1. With the meaning "escape narrowly," it has only the past historic (*je faillis*), the future and present conditional (*je faillirai, je faillirais*), and all the compound forms (*avoir failli*, etc.).
2. The same forms are used with the meaning "fail."
Je ne manquerai jamais à mon devoir. (I will never fail in my duty.)
With this meaning, there are also fixed expressions, such as *Le cœur me faut.* (My heart fails me)
3. In the sense of "go bankrupt," **faillir** is no longer used except for the past participle, used as a noun: *un failli*.
Défaillir follows the model of **assaillir** (➔ §30), but some tenses are rarely used.

INDICATIVE	
Present	*Perfect*
je bous	j'ai bouilli
tu bous	tu as bouilli
il bout	il a bouilli
nous bouillons	nous avons bouilli
vous bouillez	vous avez bouilli
ils bouillent	ils ont bouilli
Imperfect	*Pluperfect*
je bouillais	j'avais bouilli
tu bouillais	tu avais bouilli
il bouillait	il avait bouilli
nous bouillions	nous avions bouilli
vous bouilliez	vous aviez bouilli
ils bouillaient	ils avaient bouilli
Past historic	*Past anterior*
je bouillis	j'eus bouilli
tu bouillis	tu eus bouilli
il bouillit	il eut bouilli
nous bouillîmes	nous eûmes bouilli
vous bouillîtes	vous eûtes bouilli
ils bouillirent	ils eurent bouilli
Future	*Future perfect*
je bouillirai	j'aurai bouilli
tu bouilliras	tu auras bouilli
il bouillira	il aura bouilli
nous bouillirons	nous aurons bouilli
vous bouillirez	vous aurez bouilli
ils bouilliront	ils auront bouilli

CONDITIONAL	
Present	*Perfect*
je bouillirais	j'aurais bouilli
tu bouillirais	tu aurais bouilli
il bouillirait	il aurait bouilli
nous bouillirions	nous aurions bouilli
vous bouilliriez	vous auriez bouilli
ils bouilliraient	ils auraient bouilli

INFINITIVE	
Present	*Perfect*
bouillir	avoir bouilli

SUBJUNCTIVE

Present	*Perfect*

que je bouille
que tu bouilles
qu'il bouille
que nous bouillions
que vous bouilliez
qu'ils bouillent

que j'aie bouilli
que tu aies bouilli
qu'il ait bouilli
que nous ayons bouilli
que vous ayez bouilli
qu'ils aient bouilli

Imperfect | *Pluperfect*

que je bouillisse
que tu bouillisses
qu'il bouillît
que nous bouillissions
que vous bouillissiez
qu'ils bouillissent

que j'eusse bouilli
que tu eusses bouilli
qu'il eût bouilli
que nous eussions bouilli
que vous eussiez bouilli
qu'ils eussent bouilli

IMPERATIVE

Present | *Perfect*

bous
bouillons
bouillez

aie bouilli
ayons bouilli
ayez bouilli

PARTICIPLE

Present | *Past*

bouillant

bouilli
ayant bouilli

GERUND

Present | *Perfect*

en bouillant

en ayant bouilli

- Conditional perfect 2: same as pluperfect subjunctive.
- Double-compound tenses: *j'ai eu bouilli* (→ §92, §141, §154).

3rd conjugation

INDICATIVE	
Present	*Perfect*
je dors	j'ai dormi
tu dors	tu as dormi
il dort	il a dormi
nous dormons	nous avons dormi
vous dormez	vous avez dormi
ils dorment	ils ont dormi
Imperfect	*Pluperfect*
je dormais	j'avais dormi
tu dormais	tu avais dormi
il dormait	il avait dormi
nous dormions	nous avions dormi
vous dormiez	vous aviez dormi
ils dormaient	ils avaient dormi
Past historic	*Past anterior*
je dormis	j'eus dormi
tu dormis	tu eus dormi
il dormit	il eut dormi
nous dormîmes	nous eûmes dormi
vous dormîtes	vous eûtes dormi
ils dormirent	ils eurent dormi
Future	*Future perfect*
je dormirai	j'aurai dormi
tu dormiras	tu auras dormi
il dormira	il aura dormi
nous dormirons	nous aurons dormi
vous dormirez	vous aurez dormi
ils dormiront	ils auront dormi

CONDITIONAL	
Present	*Perfect*
je dormirais	j'aurais dormi
tu dormirais	tu aurais dormi
il dormirait	il aurait dormi
nous dormirions	nous aurions dormi
vous dormiriez	vous auriez dormi
ils dormiraient	ils auraient dormi

INFINITIVE	
Present	*Perfect*
dormir	avoir dormi

SUBJUNCTIVE

Present	*Perfect*
que je dorme	que j'aie dormi
que tu dormes	que tu aies dormi
qu'il dorme	qu'il ait dormi
que nous dormions	que nous ayons dormi
que vous dormiez	que vous ayez dormi
qu'ils dorment	qu'ils aient dormi

Imperfect	*Pluperfect*
que je dormisse	que j'eusse dormi
que tu dormisses	que tu eusses dormi
qu'il dormît	qu'il eût dormi
que nous dormissions	que nous eussions dormi
que vous dormissiez	que vous eussiez dormi
qu'ils dormissent	qu'ils eussent dormi

IMPERATIVE

Present	*Perfect*
dors	aie dormi
dormons	ayons dormi
dormez	ayez dormi

PARTICIPLE

Present	*Past*
dormant	dormi
	ayant dormi

GERUND

Present	*Perfect*
en dormant	en ayant dormi

- Conditional perfect 2: same as pluperfect subjunctive.
- Double-compound tenses: *j'ai eu dormi* (→ §92, §141, §154).
- **Endormir** and **rendormir** follow this model, except that the past participle is variable: *endormi, endormie, endormis, endormies.*

3rd conjugation

INDICATIVE	
Present	*Perfect*
je cours	j'ai couru
tu cours	tu as couru
il court	il a couru
nous courons	nous avons couru
vous courez	vous avez couru
ils courent	ils ont couru
Imperfect	*Pluperfect*
je courais	j'avais couru
tu courais	tu avais couru
il courait	il avait couru
nous courions	nous avions couru
vous couriez	vous aviez couru
ils couraient	ils avaient couru
Past historic	*Past anterior*
je courus	j'eus couru
tu courus	tu eus couru
il courut	il eut couru
nous courûmes	nous eûmes couru
vous courûtes	vous eûtes couru
ils coururent	ils eurent couru
Future	*Future perfect*
je courrai	j'aurai couru
tu courras	tu auras couru
il courra	il aura couru
nous courrons	nous aurons couru
vous courrez	vous aurez couru
ils courront	ils auront couru

CONDITIONAL	
Present	*Perfect*
je courrais	j'aurais couru
tu courrais	tu aurais couru
il courrait	il aurait couru
nous courrions	nous aurions couru
vous courriez	vous auriez couru
ils courraient	ils auraient couru

INFINITIVE	
Present	*Perfect*
courir	avoir couru

SUBJUNCTIVE

Present

que je coure
que tu coures
qu'il coure
que nous courions
que vous couriez
qu'ils courent

Perfect

que j'aie couru
que tu aies couru
qu'il ait couru
que nous ayons couru
que vous ayez couru
qu'ils aient couru

Imperfect

que je courusse
que tu courusses
qu'il courût
que nous courussions
que vous courussiez
qu'ils courussent

Pluperfect

que j'eusse couru
que tu eusses couru
qu'il eût couru
que nous eussions couru
que vous eussiez couru
qu'ils eussent couru

IMPERATIVE

Present

cours
courons
courez

Perfect

aie couru
ayons couru
ayez couru

PARTICIPLE

Present

courant

Past

couru
ayant couru

GERUND

Present

en courant

Perfect

en ayant couru

- Conditional perfect 2: same as pluperfect subjunctive.
- Double-compound tenses: *j'ai eu couru* (→ §92, §141, §154).
- Compounds of **courir** follow this model (→ §22).
- Notice the double **r**: the first is part of the stem and the second is an affix indicating the future or present conditional: *je courrai, je courrais.*

INDICATIVE

Present	Perfect
je meurs	je suis mort
tu meurs	tu es mort
il meurt	il est mort
nous mourons	nous sommes morts
vous mourez	vous êtes morts
ils meurent	ils sont morts

Imperfect	Pluperfect
je mourais	j'étais mort
tu mourais	tu étais mort
il mourait	il était mort
nous mourions	nous étions morts
vous mouriez	vous étiez morts
ils mouraient	ils étaient morts

Past historic	Past anterior
je mourus	je fus mort
tu mourus	tu fus mort
il mourut	il fut mort
nous mourûmes	nous fûmes morts
vous mourûtes	vous fûtes morts
ils moururent	ils furent morts

Future	Future perfect
je mourrai	je serai mort
tu mourras	tu seras mort
il mourra	il sera mort
nous mourrons	nous serons morts
vous mourrez	vous serez morts
ils mourront	ils seront morts

CONDITIONAL

Present	Perfect
je mourrais	je serais mort
tu mourrais	tu serais mort
il mourrait	il serait mort
nous mourrions	nous serions morts
vous mourriez	vous seriez morts
ils mourraient	ils seraient morts

INFINITIVE

Present	Perfect
mourir	être mort

SUBJUNCTIVE	
Present	*Perfect*
que je meure	que je sois mort
que tu meures	que tu sois mort
qu'il meure	qu'il soit mort
que nous mourions	que nous soyons morts
que vous mouriez	que vous soyez morts
qu'ils meurent	qu'ils soient morts
Imperfect	*Pluperfect*
que je mourusse	que je fusse mort
que tu mourusses	que tu fusses mort
qu'il mourût	qu'il fût mort
que nous mourussions	que nous fussions morts
que vous mourussiez	que vous fussiez morts
qu'ils mourussent	qu'ils fussent morts

IMPERATIVE	
Present	*Perfect*
meurs	sois mort
mourons	soyons morts
mourez	soyez morts

PARTICIPLE	
Present	*Past*
mourant	mort
	étant mort

GERUND	
Present	*Perfect*
en mourant	en étant mort

• Conditional perfect 2: same as pluperfect subjunctive.

• Notice the double **r** in the future and the present conditional (*je mourrai, je mourrais*) and the use of the auxiliary **être** in the compound tenses.

• The reflexive form, **se mourir**, is used only in the present indicative, imperfect, and past participle.

INDICATIVE

Present	*Perfect*
je sers	j'ai servi
tu sers	tu as servi
il sert	il a servi
nous servons	nous avons servi
vous servez	vous avez servi
ils servent	ils ont servi

Imperfect	*Pluperfect*
je servais	j'avais servi
tu servais	tu avais servi
il servait	il avait servi
nous servions	nous avions servi
vous serviez	vous aviez servi
ils servaient	ils avaient servi

Past historic	*Past anterior*
je servis	j'eus servi
tu servis	tu eus servi
il servit	il eut servi
nous servîmes	nous eûmes servi
vous servîtes	vous eûtes servi
ils servirent	ils eurent servi

Future	*Future perfect*
je servirai	j'aurai servi
tu serviras	tu auras servi
il servira	il aura servi
nous servirons	nous aurons servi
vous servirez	vous aurez servi
ils serviront	ils auront servi

CONDITIONAL

Present	*Perfect*
je servirais	j'aurais servi
tu servirais	tu aurais servi
il servirait	il aurait servi
nous servirions	nous aurions servi
vous serviriez	vous auriez servi
ils serviraient	ils auraient servi

INFINITIVE

Present	*Perfect*
servir	avoir servi

SUBJUNCTIVE

Present	*Perfect*
que je serve	que j'aie servi
que tu serves	que tu aies servi
qu'il serve	qu'il ait servi
que nous servions	que nous ayons servi
que vous serviez	que vous ayez servi
qu'ils servent	qu'ils aient servi

Imperfect	*Pluperfect*
que je servisse	que j'eusse servi
que tu servisses	que tu eusses servi
qu'il servît	qu'il eût servi
que nous servissions	que nous eussions servi
que vous servissiez	que vous eussiez servi
qu'ils servissent	qu'ils eussent servi

IMPERATIVE

Present	*Perfect*
sers	aie servi
servons	ayons servi
servez	ayez servi

PARTICIPLE

Present	*Past*
servant	servi
	ayant servi

GERUND

Present	*Perfect*
en servant	en ayant servi

- Conditional perfect 2: same as pluperfect subjunctive.
- Double-compound tenses: *j'ai eu servi* (→ §92, §141, §154).
- **Desservir** and **resservir** follow this model. **Asservir**, however, follows the model of **finir** (→ §20).

3rd conjugation

INDICATIVE	
Present	*Perfect*
je fuis	j'ai fui
tu fuis	tu as fui
il fuit	il a fui
nous fuyons	nous avons fui
vous fuyez	vous avez fui
ils fuient	ils ont fui
Imperfect	*Pluperfect*
je fuyais	j'avais fui
tu fuyais	tu avais fui
il fuyait	il avait fui
nous fuyions	nous avions fui
vous fuyiez	vous aviez fui
ils fuyaient	ils avaient fui
Past historic	*Past anterior*
je fuis	j'eus fui
tu fuis	tu eus fui
il fuit	il eut fui
nous fuîmes	nous eûmes fui
vous fuîtes	vous eûtes fui
ils fuirent	ils eurent fui
Future	*Future perfect*
je fuirai	j'aurai fui
tu fuiras	tu auras fui
il fuira	il aura fui
nous fuirons	nous aurons fui
vous fuirez	vous aurez fui
ils fuiront	ils auront fui

CONDITIONAL	
Present	*Perfect*
je fuirais	j'aurais fui
tu fuirais	tu aurais fui
il fuirait	il aurait fui
nous fuirions	nous aurions fui
vous fuiriez	vous auriez fui
ils fuiraient	ils auraient fui

INFINITIVE	
Present	*Perfect*
fuir	avoir fui

SUBJUNCTIVE

Present	*Perfect*
que je fuie	que j'aie fui
que tu fuies	que tu aies fui
qu'il fuie	qu'il ait fui
que nous fuyions	que nous ayons fui
que vous fuyiez	que vous ayez fui
qu'ils fuient	qu'ils aient fui

Imperfect	*Pluperfect*
que je fuisse	que j'eusse fui
que tu fuisses	que tu eusses fui
qu'il fuît	qu'il eût fui
que nous fuissions	que nous eussions fui
que vous fuissiez	que vous eussiez fui
qu'ils fuissent	qu'ils eussent fui

IMPERATIVE

Present	*Perfect*
fuis	aie fui
fuyons	ayons fui
foyez	ayez fui

PARTICIPLE

Present	*Past*
fuyant	fui
	ayant fui

GERUND

Present	*Perfect*
en fuyant	en ayant fui

- Conditional perfect 2: same as pluperfect subjunctive.
- Double-compound tenses: *j'ai eu fui* (→ §92, §141, §154).
- S'enfuir follows this model.

INDICATIVE	
Present	*Perfect*
j'*ois*	j'*ai ouï*
tu *ois*	tu *as ouï*
il *oit*	il *a ouï*
nous *oyons*	nous *avons ouï*
vous *oyez*	vous *avez ouï*
ils *oient*	ils *ont ouï*
Imperfect	*Pluperfect*
j'*oyais*	j'*avais ouï*
tu *oyais*	tu *avais ouï*
il *oyait*	il *avait ouï*
nous *oyions*	nous *avions ouï*
vous *oyiez*	vous *aviez ouï*
ils *oyaient*	ils *avaient ouï*
Past historic	*Past anterior*
j'*ouïs*	j'*eus ouï*
tu *ouïs*	tu *eus ouï*
il *ouït*	il *eut ouï*
nous *ouïmes*	nous *eûmes ouï*
vous *ouïtes*	vous *eûtes ouï*
ils *ouïrent*	ils *eurent ouï*
Future	*Future perfect*
j'*ouïrai* / j'*orrai* / j'*oirai*	j'*aurai ouï*
tu *ouïras* / *orras*	tu *auras ouï*
il *ouïra* / *orra*	il *aura ouï*
nous *ouïrons* / *orrons*	nous *aurons ouï*
vous *ouïrez* / *orrez*	vous *aurez ouï*
ils *ouïront* / *orront*	ils *auront ouï*

CONDITIONAL	
Present	*Perfect*
j'*ouïrais* / j'*orrais* / j'*oirais*	j'*aurais ouï*
tu *ouïrais* / *orrais*	tu *aurais ouï*
il *ouïrait* / *orrait*	il *aurait ouï*
nous *ouïrions* / *orrions*	nous *aurions ouï*
vous *ouïriez* / *orriez*	vous *auriez ouï*
ils *ouïraient* / *orraient*	ils *auraient ouï*

INFINITIVE	
Present	*Perfect*
ouïr	*avoir ouï*

SUBJUNCTIVE

Present	*Perfect*
que j' *oie*	que *j'aie ouï*
que tu *oies*	que *tu aies ouï*
qu'il *oie*	qu'il *ait ouï*
que nous *oyions*	que nous *ayons ouï*
que vous *oyiez*	que vous *ayez ouï*
qu'ils *oient*	qu'ils *aient ouï*

Imperfect	*Pluperfect*
que j'*ouïsse*	que j'*eusse ouï*
que tu *ouïsses*	que *eusses ouï*
qu'il *ouït*	qu'il *eût ouï*
que nous *ouïssions*	que nous *eussions ouï*
que vous *ouïssiez*	que vous *eussiez ouï*
qu'ils *ouïssent*	qu'ils eussent ouï

IMPERATIVE

Present	*Perfect*
ois	aie ouï
oyons	ayons ouï
oyez	ayez ouï

PARTICIPLE

Present	*Past*
oyant	ouï
	ayant ouï

GERUND

Present	*Perfect*
en oyant	en ayant ouï

• Conditional perfect 2: same as pluperfect subjunctive.

• The verb **ouïr** has completely given way to **entendre** and is now only used in the infinitive and in the expression *par ouï-dire* (by hearsay). Obsolete forms are listed above in italics. Note the future, *j'ouïrai,* recreated from the infinitive on the model of sentir (je sentirai).

3rd conjugation

INDICATIVE	
Present	*Perfect*
je gis	
tu gis	
il gît	
nous gisons	
vous gisez	
ils gisent	
Imperfect	*Pluperfect*
je gisais	
tu gisais	
il gisait	
nous gisions	
vous gisiez	
ils gisaient	
Past historic	*Past anterior*
Future	*Future perfect*

CONDITIONAL	
Present	*Perfect*

INFINITIVE	
Present	*Perfect*

SUBJUNCTIVE

Present   *Perfect*

Imperfect   *Pluperfect*

IMPERATIVE

Present   *Perfect*

PARTICIPLE

Present   *Past*

gisant

GERUND

Present   *Perfect*

en gisant

• **Gésir**, meaning "lie, be horizontal," is now used only in the forms listed above.

• Its use is almost completely limited to discussion of sick or dead people and of objects laid flat by age or destruction.

*Nous **gisions** tous les deux sur les pavés d'un cachot, malades et privés de secours.*

(We both lay on the stone floor of a dungeon, bereft of assistance.)

*Son cadavre **gît** maintenant dans le tombeau.* (His body now lies in the tomb.)

*Des colonnes **gisant** éparses.* (Columns lying scattered about.)

Note also that tombstone inscriptions often begin: *Ci-gît...* (Here lies...).

3rd conjugation

INDICATIVE	
Present	*Perfect*
je reçois	j'ai reçu
tu reçois	tu as reçu
il reçoit	il a reçu
nous recevons	nous avons reçu
vous recevez	vous avez reçu
ils reçoivent	ils ont reçu
Imperfect	*Pluperfect*
je recevais	j'avais reçu
tu recevais	tu avais reçu
il recevait	il avait reçu
nous recevions	nous avions reçu
vous receviez	vous aviez reçu
ils recevaient	ils avaient reçu
Past historic	*Past anterior*
je reçus	j'eus reçu
tu reçus	tu eus reçu
il reçut	il eut reçu
nous reçûmes	nous eûmes reçu
vous reçûtes	vous eûtes reçu
ils reçurent	ils eurent reçu
Future	*Future perfect*
je recevrai	j'aurai reçu
tu recevras	tu auras reçu
il recevra	il aura reçu
nous recevrons	nous aurons reçu
vous recevrez	vous aurez reçu
ils recevront	ils auront reçu

CONDITIONAL	
Present	*Perfect*
je recevrais	j'aurais reçu
tu recevrais	tu aurais reçu
il recevrait	il aurait reçu
nous recevrions	nous aurions reçu
vous recevriez	vous auriez reçu
ils recevraient	ils auraient reçu

INFINITIVE	
Present	*Perfect*
recevoir	avoir reçu

SUBJUNCTIVE

Present	*Perfect*
que je reçoive	que j'aie reçu
que tu reçoives	que tu aies reçu
qu'il reçoive	qu'il ait reçu
que nous recevions	que nous ayons reçu
que vous receviez	que vous ayez reçu
qu'ils reçoivent	qu'ils aient reçu

Imperfect	*Pluperfect*
que je reçusse	que j'eusse reçu
que tu reçusses	que tu eusses reçu
qu'il reçût	qu'il eût reçu
que nous reçussions	que nous eussions reçu
que vous reçussiez	que vous eussiez reçu
qu'ils reçussent	qu'ils eussent reçu

IMPERATIVE

Present	*Perfect*
reçois	aie reçu
recevons	ayons reçu
recevez	ayez reçu

PARTICIPLE

Present	*Past*
recevant	reçu
	ayant reçu

GERUND

Present	*Perfect*
en recevant	en ayant reçu

- Conditional perfect 2: same as pluperfect subjunctive.
- Double-compound tenses: *j'ai eu reçu* (➜ §92, §141, §154).
- The c takes a cedilla when it precedes o or u.
- **Apercevoir, concevoir, décevoir,** and **percevoir** follow this model.

INDICATIVE	
Present	*Perfect*
je vois	j'ai vu
tu vois	tu as vu
il voit	il a vu
nous voyons	nous avons vu
vous voyez	vous avez vu
ils voient	ils ont vu
Imperfect	*Pluperfect*
je voyais	j'avais vu
tu voyais	tu avais vu
il voyait	il avait vu
nous voyions	nous avions vu
vous voyiez	vous aviez vu
ils voyaient	ils avaient vu
Past historic	*Past anterior*
je vis	j'eus vu
tu vis	tu eus vu
il vit	il eut vu
nous vîmes	nous eûmes vu
vous vîtes	vous eûtes vu
ils virent	ils eurent vu
Future	*Future perfect*
je verrai	j'aurai vu
tu verras	tu auras vu
il verra	il aura vu
nous verrons	nous aurons vu
vous verrez	vous aurez vu
ils verront	ils auront vu

CONDITIONAL	
Present	*Perfect*
je verrais	j'aurais vu
tu verrais	tu aurais vu
il verrait	il aurait vu
nous verrions	nous aurions vu
vous verriez	vous auriez vu
ils verraient	ils auraient vu

INFINITIVE	
Present	*Perfect*
voir	avoir vu

SUBJUNCTIVE

Present	*Perfect*
que je voie	que j'aie vu
que tu voies	que tu aies vu
qu'il voie	qu'il ait vu
que nous voyions	que nous ayons vu
que vous voyiez	que vous ayez vu
qu'ils voient	qu'ils aient vu

Imperfect	*Pluperfect*
que je visse	que j'eusse vu
que tu visses	que tu eusses vu
qu'il vît	qu'il eût vu
que nous vissions	que nous eussions vu
que vous vissiez	que vous eussiez vu
qu'ils vissent	qu'ils eussent vu

IMPERATIVE

Present	*Perfect*
vois	aie vu
voyons	ayons vu
voyez	ayez vu

PARTICIPLE

Present	*Past*
voyant	vu
	ayant vu

GERUND

Present	*Perfect*
en voyant	en ayant vu

- Conditional perfect 2: same as pluperfect subjunctive.
- Double-compound tenses: *j'ai eu vu* (→ §92, §141, §154).
- **Entrevoir, revoir, décevoir**, and **prévoir** follow this model. In the future and the present conditional, **prévoir** has *je prévoirai, je prévoirais*.
- Conditional perfect 2: same as pluperfect subjunctive.

INDICATIVE	
Present	*Perfect*
je pourvois	j'ai pourvu
tu pourvois	tu as pourvu
il pourvoit	il a pourvu
nous pourvoyons	nous avons pourvu
vous pourvoyez	vous avez pourvu
ils pourvoient	ils ont pourvu
Imperfect	*Pluperfect*
je pourvoyais	j'avais pourvu
tu pourvoyais	tu avais pourvu
il pourvoyait	il avait pourvu
nous pourvoyions	nous avions pourvu
vous pourvoyiez	vous aviez pourvu
ils pourvoyaient	ils avaient pourvu
Past historic	*Past anterior*
je pourvus	j'eus pourvu
tu pourvus	tu eus pourvu
il pourvut	il eut pourvu
nous pourvûmes	nous eûmes pourvu
vous pourvûtes	vous eûtes pourvu
ils pourvurent	ils eurent pourvu
Future	*Future perfect*
je pourvoirai	j'aurai pourvu
tu pourvoiras	tu auras pourvu
il pourvoira	il aura pourvu
nous pourvoirons	nous aurons pourvu
vous pourvoirez	vous aurez pourvu
ils pourvoiront	ils auront pourvu

CONDITIONAL	
Present	*Perfect*
je pourvoirais	j'aurais pourvu
tu pourvoirais	tu aurais pourvu
il pourvoirait	il aurait pourvu
nous pourvoirions	nous aurions pourvu
vous pourvoiriez	vous auriez pourvu
ils pourvoiraient	ils auraient pourvu

INFINITIVE	
Present	*Perfect*
pourvoir	avoir pourvu

SUBJUNCTIVE

Present	*Perfect*
que je pourvoie	que j'aie pourvu
que tu pourvoies	que tu aies pourvu
qu'il pourvoie	qu'il ait pourvu
que nous pourvoyions	que nous ayons pourvu
que vous pourvoyiez	que vous ayez pourvu
qu'ils pourvoient	qu'ils aient pourvu

Imperfect	*Pluperfect*
que je pourvusse	que j'eusse pourvu
que tu pourvusses	que tu eusses pourvu
qu'il pourvût	qu'il eût pourvu
que nous pourvussions	que nous eussions pourvu
que vous pourvussiez	que vous eussiez pourvu
qu'ils pourvussent	qu'ils eussent pourvu

IMPERATIVE

Present	*Perfect*
pourvois	aie pourvu
pourvoyons	ayons pourvu
pourvoyez	ayez pourvu

PARTICIPLE

Present	*Past*
pourvoyant	pourvu
	ayant pourvu

GERUND

Present	*Perfect*
en pourvoyant	en ayant pourvu

• Double-compound tenses: *j'ai eu pourvu* (➜ §92, §141, §154).

• **Pourvoir** is conjugated on the model of *voir*, except in the future and present conditional: *je pourvoirai, je pourvoirais*; and in the past historic and imperfect subjunctive: *je pourvus, que je pourvusse.*

• **Dépourvoir** is rarely used, and then only in the past historic, the infinitive, the past participle, and the compound tenses. It is used mostly in reflexive constructions:

Je me suis dépourvu de tout. (I deprived myself of everything.)

INDICATIVE

Present	*Perfect*
je sais	j'ai su
tu sais	tu as su
il sait	il a su
nous savons	nous avons su
vous savez	vous avez su
ils savent	ils ont su

Imperfect	*Pluperfect*
je savais	j'avais su
tu savais	tu avais su
il savait	il avait su
nous savions	nous avions su
vous saviez	vous aviez su
ils savaient	ils avaient su

Past historic	*Past anterior*
je sus	j'eus su
tu sus	tu eus su
il sut	il eut su
nous sûmes	nous eûmes su
vous sûtes	vous eûtes su
ils surent	ils eurent su

Future	*Future perfect*
je saurai	j'aurai su
tu sauras	tu auras su
il saura	il aura su
nous saurons	nous aurons su
vous saurez	vous aurez su
ils sauront	ils auront su

CONDITIONAL

Present	*Perfect*
je saurais	j'aurais su
tu saurais	tu aurais su
il saurait	il aurait su
nous saurions	nous aurions su
vous sauriez	vous auriez su
ils sauraient	ils auraient su

INFINITIVE

Present	*Perfect*
savoir	avoir su

SUBJUNCTIVE

Present	*Perfect*
que je sache	que j'aie su
que tu saches	que tu aies su
qu'il sache	qu'il ait su
que nous sachions	que nous ayons su
que vous sachiez	que vous ayez su
qu'ils sachent	qu'ils aient su

Imperfect	*Pluperfect*
que je susse	que j'eusse su
que tu susses	que tu eusses su
qu'il sût	qu'il eût su
que nous sussions	que nous eussions su
que vous sussiez	que vous eussiez su
qu'ils sussent	qu'ils eussent su

IMPERATIVE

Present	*Perfect*
sache	aie su
sachons	ayons su
sachez	ayez su

PARTICIPLE

Present	*Past*
sachant	su
	ayant su

GERUND

Present	*Perfect*
en sachant	en ayant su

• Conditional perfect 2: same as pluperfect subjunctive.
• Double-compound tenses: *j'ai eu su* (→ §92, §141, §154).
• Notice the archaic use of the subjunctive in the following expressions:
Je ne sache pas qu'il soit venu. (I am not aware that he came.)
Il n'est pas venu, que je sache. (He didn't come, as far as I know.)

3rd conjugation

INDICATIVE

Present	*Perfect*
je dois	j'ai dû
tu dois	tu as dû
il doit	il a dû
nous devons	nous avons dû
vous devez	vous avez dû
ils doivent	ils ont dû

Imperfect	*Pluperfect*
je devais	j'avais dû
tu devais	tu avais dû
il devait	il avait dû
nous devions	nous avions dû
vous deviez	vous aviez dû
ils devaient	ils avaient dû

Past historic	*Past anterior*
je dus	j'eus dû
tu dus	tu eus dû
il dut	il eut dû
nous dûmes	nous eûmes dû
vous dûtes	vous eûtes dû
ils durent	ils eurent dû

Future	*Future perfect*
je devrai	j'aurai dû
tu devras	tu auras dû
il devra	il aura dû
nous devrons	nous aurons dû
vous devrez	vous aurez dû
ils devront	ils auront dû

CONDITIONAL

Present	*Perfect*
je devrais	j'aurais dû
tu devrais	tu aurais dû
il devrait	il aurait dû
nous devrions	nous aurions dû
vous devriez	vous auriez dû
ils devraient	ils auraient dû

INFINITIVE

Present	*Perfect*
devoir	avoir dû

SUBJUNCTIVE

Present	*Perfect*
que je doive	que j'aie dû
que tu doives	que tu aies dû
qu'il doive	qu'il ait dû
que nous devions	que nous ayons dû
que vous deviez	que vous ayez dû
qu'ils doivent	qu'ils aient dû

Imperfect	*Pluperfect*
que je dusse	que j'eusse dû
que tu dusses	que tu eusses dû
qu'il dût	qu'il eût dû
que nous dussions	que nous eussions dû
que vous dussiez	que vous eussiez dû
qu'ils dussent	qu'ils eussent dû

IMPERATIVE

Present	*Perfect*
dois	aie dû
devons	ayons dû
devez	ayez dû

PARTICIPLE

Present	*Past*
devant	dû
	ayant dû

GERUND

Present	*Perfect*
en devant	en ayant dû

• Conditional perfect 2: same as pluperfect subjunctive.

• Double-compound tenses: *j'ai eu dû* (→ §92, §141, §154).

• **Redevoir** follows this model.

• **Devoir** and **redevoir** take a circumflex accent on the past participle, but only on the masculine singular: *dû, redû. Due, dus, dues* and *redue, redus, redues* do not take an accent.

• The imperative is rarely used.

INDICATIVE

Present	*Perfect*
je peux / puis	j'ai pu
tu peux	tu as pu
il peut	il a pu
nous pouvons	nous avons pu
vous pouvez	vous avez pu
ils peuvent	ils ont pu

Imperfect	*Pluperfect*
je pouvais	j'avais pu
tu pouvais	tu avais pu
il pouvait	il avait pu
nous pouvions	nous avions pu
vous pouviez	vous aviez pu
ils pouvaient	ils avaient pu

Past historic	*Past anterior*
je pus	j'eus pu
tu pus	tu eus pu
il put	il eut pu
nous pûmes	nous eûmes pu
vous pûtes	vous eûtes pu
ils purent	ils eurent pu

Future	*Future perfect*
je pourrai	j'aurai pu
tu pourras	tu auras pu
il pourra	il aura pu
nous pourrons	nous aurons pu
vous pourrez	vous aurez pu
ils pourront	ils auront pu

CONDITIONAL

Present	*Perfect*
je pourrais	j'aurais pu
tu pourrais	tu aurais pu
il pourrait	il aurait pu
nous pourrions	nous aurions pu
vous pourriez	vous auriez pu
ils pourraient	ils auraient pu

INFINITIVE

Present	*Perfect*
pouvoir	avoir pu

SUBJUNCTIVE

Present	*Perfect*
que je puisse	que j'aie pu
que tu puisses	que tu aies pu
qu'il puisse	qu'il ait pu
que nous puissions	que nous ayons pu
que vous puissiez	que vous ayez pu
qu'ils puissent	qu'ils aient pu

Imperfect	*Pluperfect*
que je pusse	que j'eusse pu
que tu pusses	que tu eusses pu
qu'il pût	qu'il eût pu
que nous pussions	que nous eussions pu
que vous pussiez	que vous eussiez pu
qu'ils pussent	qu'ils eussent pu

IMPERATIVE

Present	*Perfect*

PARTICIPLE

Present	*Past*
pouvant	pu
	ayant pu

GERUND

Present	*Perfect*
pouvant	pu
	ayant pu

• Conditional perfect 2: same as pluperfect subjunctive.

• Double-compound tenses: *j'ai eu pu* (→ §92, §141, §154).

• **Pouvoir** takes a double **r** in the future and the present conditional. However, it is pronounced as a single **r**, unlike the double **r** of **mourir** and **courir**.

• *Je puis* seems to be more elegant than *je peux*. In the interrogative, * *peux-je ?* is not used; *puis-je ?* is the only available form.

• *Il se peut que* is used to mean "it is possible that," "it may happen that." It is normally followed by a subjunctive.

99

INDICATIVE	
Present	*Perfect*
je meus	j'ai mû
tu meus	tu as mû
il meut	il a mû
nous mouvons	nous avons mû
vous mouvez	vous avez mû
ils meuvent	ils ont mû
Imperfect	*Pluperfect*
je mouvais	j'avais mû
tu mouvais	tu avais mû
il mouvait	il avait mû
nous mouvions	nous avions mû
vous mouviez	vous aviez mû
ils mouvaient	ils avaient mû
Past historic	*Past anterior*
je mus	j'eus mû
tu mus	tu eus mû
il mut	il eut mû
nous mûmes	nous eûmes mû
vous mûtes	vous eûtes mû
ils murent	ils eurent mû
Future	*Future perfect*
je mouvrai	j'aurai mû
tu mouvras	tu auras mû
il mouvra	il aura mû
nous mouvrons	nous aurons mû
vous mouvrez	vous aurez mû
ils mouvront	ils auront mû

CONDITIONAL	
Present	*Perfect*
je mouvrais	j'aurais mû
tu mouvrais	tu aurais mû
il mouvrait	il aurait mû
nous mouvrions	nous aurions mû
vous mouvriez	vous auriez mû
ils mouvraient	ils auraient mû

INFINITIVE	
Present	*Perfect*
mouvoir	avoir mû

SUBJUNCTIVE

Present	*Perfect*
que je meuve	que j'aie mû
que tu meuves	que tu aies mû
qu'il meuve	qu'il ait mû
que nous mouvions	que nous ayons mû
que vous mouviez	que vous ayez mû
qu'ils meuvent	qu'ils aient mû

Imperfect	*Pluperfect*
que je musse	que j'eusse mû
que tu musses	que tu eusses mû
qu'il mût	qu'il eût mû
que nous mussions	que nous eussions mû
que vous mussiez	que vous eussiez mû
qu'ils mussent	qu'ils eussent mû

IMPERATIVE

Present	*Perfect*
meus	aie mû
mouvons	ayons mû
mouvez	ayez mû

PARTICIPLE

Present	*Past*
mouvant	mû
	ayant mû

GERUND

Present	*Perfect*
mouvant	ayant mû

- Conditional perfect 2: same as pluperfect subjunctive.

- Double-compound tenses: *j'ai eu mû* (→ §92, §141, §154).

- An official recommendation made in 1990 allows *mu,* without a circumflex accent.

- **Émouvoir** follows this model, but the past participle *ému* does not take a circumflex accent.

- **Promouvoir** is conjugated like **mouvoir**, but the past participle *promu* does not take a circumflex accent in the masculine singular. **Promouvoir** is rarely used except in the infinitive, the past participle, the compound tenses, and the passive. Its meanings in advertising and commercial use have recently increased the use of the other forms.

INDICATIVE	
Present	*Perfect*
il pleut	il a plu
Imperfect	*Pluperfect*
il pleuvait	il avait plu
Past historic	*Past anterior*
il plut	il eut plu
Future	*Future perfect*
il pleuvra	il aura plu

CONDITIONAL	
Present	*Perfect*
il pleuvrait	il aurait plu

INFINITIVE	
Present	*Perfect*
pleuvoir	avoir plu

SUBJUNCTIVE

Present	*Perfect*
qu'il pleuve	qu'il ait plu

Imperfect	*Pluperfect*
qu'il plût	qu'il eût plu

IMPERATIVE

Present	*Perfect*

PARTICIPLE

Present	*Past*
pleuvant	plu
	ayant plu

GERUND

Present	*Perfect*
pleuvant	ayant plu

- Conditional perfect 2: same as pluperfect subjunctive.
- Double-compound tenses: *il a eu plu* (→ §92, §141, §154).
- Although it is impersonal, **pleuvoir** is used in the plural with figurative meanings:
  Les coups de fusil pleuvent. (A hail of bullets falls.)
  Les sarcasmes pleuvent sur lui. (Waves of sarcasm swept over him.)
  Les honneurs pleuvaient sur sa personne. (Honors rained on her.)

Similarly, the past participle is used only figuratively:
  les coups pleuvant sur lui… (the blows raining down on him…)

INDICATIVE	
Present	*Perfect*
il faut	il a fallu
Imperfect	*Pluperfect*
il fallait	il avait fallu
Past historic	*Past anterior*
il fallut	il eut fallu
Future	*Future perfect*
il faudra	il aura fallu

CONDITIONAL	
Present	*Perfect*
il faudrait	il aurait fallu

INFINITIVE	
Present	*Perfect*
falloir	...

SUBJUNCTIVE

Present	*Perfect*
qu'il faille	qu'il ait fallu

Imperfect	*Pluperfect*
qu'il fallût	qu'il eût fallu

IMPERATIVE

Present	*Perfect*

PARTICIPLE

Present	*Past*
...	fallu
	ayant fallu

GERUND

Present	*Perfect*
	ayant fallu

• Conditional perfect 2: same as pluperfect subjunctive.

In the expressions *il s'en faut de beaucoup* (it's far short of...), *tant s'en faut* (far from it), and *peu s'en faut* (very nearly), **faut** is historically derived not from **falloir** but from **faillir**, in the sense "fall short, be lacking" (→ §31).

INDICATIVE	
Present	*Perfect*
je vaux	j'ai valu
tu vaux	tu as valu
il vaut	il a valu
nous valons	nous avons valu
vous valez	vous avez valu
ils valent	ils ont valu
Imperfect	*Pluperfect*
je valais	j'avais valu
tu valais	tu avais valu
il valait	il avait valu
nous valions	nous avions valu
vous valiez	vous aviez valu
ils valaient	ils avaient valu
Past historic	*Past anterior*
je valus	j'eus valu
tu valus	tu eus valu
il valut	il eut valu
nous valûmes	nous eûmes valu
vous valûtes	vous eûtes valu
ils valurent	ils eurent valu
Future	*Future perfect*
je vaudrai	j'aurai valu
tu vaudras	tu auras valu
il vaudra	il aura valu
nous vaudrons	nous aurons valu
vous vaudrez	vous aurez valu
ils vaudront	ils auront valu

CONDITIONAL	
Present	*Perfect*
je vaudrais	j'aurais valu
tu vaudrais	tu aurais valu
il vaudrait	il aurait valu
nous vaudrions	nous aurions valu
vous vaudriez	vous auriez valu
ils vaudraient	ils auraient valu

INFINITIVE	
Present	*Perfect*
valoir	avoir valu

SUBJUNCTIVE

Present	*Perfect*
que je vaille	que j'aie valu
que tu vailles	que tu aies valu
qu'il vaille	qu'il ait valu
que nous valions	que nous ayons valu
que vous valiez	que vous ayez valu
qu'ils vaillent	qu'ils aient valu

Imperfect	*Pluperfect*
que je valusse	que j'eusse valu
que tu valusses	que tu eusses valu
qu'il valût	qu'il eût valu
que nous valussions	que nous eussions valu
que vous valussiez	que vous eussiez valu
qu'ils valussent	qu'ils eussent valu

IMPERATIVE

Present	*Perfect*
vaux	aie valu
valons	ayons valu
valez	ayez valu

PARTICIPLE

Present	*Past*
valant	valu
	ayant valu

GERUND

Present	*Perfect*
valant	ayant valu

- Conditional perfect 2: same as pluperfect subjunctive.
- Double-compound tenses: *j'ai eu valu* (→ §92, §141, §154).
- **Équivaloir**, **prévaloir**, and **revaloir** follow this model, except that in the present subjunctive **prévaloir** has *que je prévale, que nous prévalions*.
  Il ne faut pas que la coutume prévale sur la raison. (Habit must not prevail over reason.)
- In the reflexive forms, the past participle agrees with the subject:
  Elle s'est prévalue de ses droits. (She availed herself of her rights.)

50 vouloir

INDICATIVE	
Present	*Perfect*
je veux	j'ai voulu
tu veux	tu as voulu
il veut	il a voulu
nous voulons	nous avons voulu
vous voulez	vous avez voulu
ils veulent	ils ont voulu
Imperfect	*Pluperfect*
je voulais	j'avais voulu
tu voulais	tu avais voulu
il voulait	il avait voulu
nous voulions	nous avions voulu
vous vouliez	vous aviez voulu
ils voulaient	ils avaient voulu
Past historic	*Past anterior*
je voulus	j'eus voulu
tu voulus	tu eus voulu
il voulut	il eut voulu
nous voulûmes	nous eûmes voulu
vous voulûtes	vous eûtes voulu
ils voulurent	ils eurent voulu
Future	*Future perfect*
je voudrai	j'aurai voulu
tu voudras	tu auras voulu
il voudra	il aura voulu
nous voudrons	nous aurons voulu
vous voudrez	vous aurez voulu
ils voudront	ils auront voulu

CONDITIONAL	
Present	*Perfect*
je voudrais	j'aurais voulu
tu voudrais	tu aurais voulu
il voudrait	il aurait voulu
nous voudrions	nous aurions voulu
vous voudriez	vous auriez voulu
ils voudraient	ils auraient voulu

INFINITIVE	
Present	*Perfect*
vouloir	avoir voulu

SUBJUNCTIVE

Present	*Perfect*
que je veuille	que j'aie voulu
que tu veuilles	que tu aies voulu
qu'il veuille	qu'il ait voulu
que nous voulions	que nous ayons voulu
que vous vouliez	que vous ayez voulu
qu'ils veuillent	qu'ils aient voulu

Imperfect	*Pluperfect*
que je voulusse	que j'eusse voulu
que tu voulusses	que tu eusses voulu
qu'il voulût	qu'il eût voulu
que nous voulussions	que nous eussions voulu
que vous voulussiez	que vous eussiez voulu
qu'ils voulussent	qu'ils eussent voulu

IMPERATIVE

Present	*Perfect*
veux / veuille	aie voulu
voulons	ayons voulu
voulez / veuillez	ayez voulu

PARTICIPLE

Present	*Past*
voulant	voulu
	ayant voulu

GERUND

Present	*Perfect*
en voulant	en ayant voulu

- Conditional perfect 2: same as pluperfect subjunctive.
- Double-compound tenses: *j'ai eu voulu* (➜ §92, §141, §154).
- The imperative *veux, voulons, voulez* is used only to tell someone to make an effort:
  Veux donc, malheureux, et tu seras sauvé. (Set your heart on it, wretch, and you will be saved.)
- For polite invitations, *veuille* and *veuillez* are used with the sense "Would you be good enough to…": *Veuillez agréer mes respectueuses salutations* ("Please accept my respectful greetings" as the closing of a letter).

In the present subjunctive, the older forms *que nous voulions* and *que vous vouliez* have regained ground from *que nous veuillions* and que *vous veuilliez*.

With the adverbial pronoun **en, vouloir** has the meaning "hold a grudge": in everyday French *ne m'en veux pas, ne m'en voulez pas* (don't hold it against me) corresponds to the more literary *ne m'en veuille pas, ne m'en veuillez pas.*

INDICATIVE	
Present	*Perfect*
j'assieds / assois	j'ai assis
tu assieds / assois	tu as assis
il assied / assoit	il a assis
nous asseyons / assoyons	nous avons assis
vous asseyez / assoyez	vous avez assis
ils asseyent / assoient	ils ont assis
Imperfect	*Pluperfect*
j'asseyais / assoyais	j'avais assis
tu asseyais / assoyais	tu avais assis
il asseyait / assoyait	il avait assis
nous asseyions / assoyions	nous avions assis
vous asseyiez / assoyiez	vous aviez assis
ils asseyaient / assoyaient	ils avaient assis
Past historic	*Past anterior*
j'assis	j'eus assis
tu assis	tu eus assis
il assit	il eut assis
nous assîmes	nous eûmes assis
vous assîtes	vous eûtes assis
ils assirent	ils eurent assis
Future	*Future perfect*
j'assiérai / assoirai	j'aurai assis
tu assiéras / assoiras	tu auras assis
il assiéra / assoira	il aura assis
nous assiérons / assoirons	nous aurons assis
vous assiérez / assoirez	vous aurez assis
ils assiéront / assoiront	ils auront assis

CONDITIONAL	
Present	*Perfect*
j'assiérais / assoirais	j'aurais assis
tu assiérais / assoirais	tu aurais assis
il assiérait / assoirait	il aurait assis
nous assiérions / assoirions	nous aurions assis
vous assiériez / assoiriez	vous auriez assis
ils assiéraient / assoiraient	ils auraient assis

INFINITIVE	
Present	*Perfect*
asseoir	avoir assis

SUBJUNCTIVE

Present	*Perfect*
que j'asseye / assoie	que j'aie assis
que tu asseyes / assoies	que tu aies assis
qu'il asseye / assoie	qu'il ait assis
que nous asseyions / assoyions	que nous ayons assis
que vous asseyiez / assoyiez	que vous ayez assis
qu'ils asseyent / assoient	qu'ils aient assis

Imperfect	*Pluperfect*
que j'assisse	que j'eusse assis
que tu assisses	que tu eusses assis
qu'il assît	qu'il eût assis
que nous assississions	que nous eussions assis
que vous assississiez	que vous eussiez assis
qu'ils assissent	qu'ils eussent assis

IMPERATIVE

Present	*Perfect*
assieds / assois	aie assis
asseyons / assoyons	ayons assis
asseyez / assoyez	ayez assis

PARTICIPLE

Present	*Past*
asseyant / assoyant	assis
	ayant assis

GERUND

Present	*Perfect*
en asseyant / assoyant	en ayant assis

• Conditional perfect 2: same as pluperfect subjunctive.

• Double-compound tenses: *j'ai eu assis* (→ §92, §141, §154).

• **Asseoir** is mainly used reflexively: s'asseoir.

• The forms with **ie** and **ey** are preferable to the forms with **oi**. In the future and the conditional, *j'asseyerai* and *j'asseyerais* are no longer in current use.

The etymologically justified **e** in the infinitive *asseoir* does not appear in the **oi** forms of the present indicative *j'assois* and the future *j'assoirai*. Since an official recommendation made in 1990, the spelling *assoir* (without the e) has become acceptable.

INDICATIVE	
Present	*Perfect*
il sied	
il siéent	
Imperfect	*Pluperfect*
il seyait	
ils seyaient	
Past	*Past anterior*
Future	*Future perfect*
il siéra	
ils siéront	

CONDITIONAL	
Present	*Perfect*
il siérait	
ils siéraient	

INFINITIVE	
Present	*Perfect*
seoir	

SUBJUNCTIVE

Present	Perfect

qu'il siée

qu'ils siéent

Imperfect	Pluperfect

IMPERATIVE

Present	Perfect
seoir	

PARTICIPLE

Present	Past
séant (seyant)	sis

GERUND

Present	Perfect
en séant (en seyant)	

• This verb has no compound forms.

• With the meaning "be seated," **seoir** barely exists in the following forms:
  – the present participle *séant*, sometimes used as a noun (*sur son séant*, "in a sitting position")
  – the past participle *sis, sise*, which is now hardly ever used except in legal style as an equivalent of *situé, située: un hôtel sis à Paris* (a hotel located in Paris).
  – the reflexive imperatives *sieds-toi, seyez-vous* (sit down), which can occasionally be heard

INDICATIVE	
Present	*Perfect*

il messied

il messiéent

Imperfect	*Pluperfect*

il messeyait

ils messeyaient

Past	*Past anterior*

Future	*Future perfect*

il messiéra

ils messiéront

CONDITIONAL	
Present	*Perfect*

il messiérait

ils messiéraient

INFINITIVE	
Present	*Perfect*
messeoir	

SUBJUNCTIVE	
Present	*Perfect*

qu'il messiée

qu'ils messiéent

Imperfect	*Pluperfect*

IMPERATIVE	
Present	*Perfect*

PARTICIPLE	
Present	*Past*
messéant	

GERUND	
Present	*Perfect*

This verb has no compound forms.

INDICATIVE	
Present	*Perfect*
je sursois	j'ai sursis
tu sursois	tu as sursis
il sursoit	il a sursis
nous sursoyons	nous avons sursis
vous sursoyez	vous avez sursis
ils sursoient	ils ont sursis
Imperfect	*Pluperfect*
je sursoyais	j'avais sursis
tu sursoyais	tu avais sursis
il sursoyait	il avait sursis
nous sursoyions	nous avions sursis
vous sursoyiez	vous aviez sursis
ils sursoyaient	ils avaient sursis
Past historic	*Past anterior*
je sursis	j'eus sursis
tu sursis	tu eus sursis
il sursit	il eut sursis
nous sursîmes	nous eûmes sursis
vous sursîtes	vous eûtes sursis
ils sursirent	ils eurent sursis
Future	*Future perfect*
je surseoirai	j'aurai sursis
tu surseoiras	tu auras sursis
il surseoira	il aura sursis
nous surseoirons	nous aurons sursis
vous surseoirez	vous aurez sursis
ils surseoiront	ils auront sursis

CONDITIONAL	
Present	*Perfect*
je surseoirais	j'aurais sursis
tu surseoirais	tu aurais sursis
il surseoirait	il aurait sursis
nous surseoirions	nous aurions sursis
vous surseoiriez	vous auriez sursis
ils surseoiraient	ils auraient sursis

INFINITIVE	
Present	*Perfect*
surseoir	avoir sursis

SUBJUNCTIVE

Present	*Perfect*
que je sursoie	que j'aie sursis
que tu sursoies	que tu aies sursis
qu'il sursoie	qu'il ait sursis
que nous sursoyions	que nous ayons sursis
que vous sursoyiez	que vous ayez sursis
qu'ils sursoient	qu'ils aient sursis

Imperfect	*Pluperfect*
que je sursisse	que j'eusse sursis
que tu sursisses	que tu eusses sursis
qu'il sursît	qu'il eût sursis
que nous sursissions	que nous eussions sursis
que vous sursissiez	que vous eussiez sursis
qu'ils sursissent	qu'ils eussent sursis

IMPERATIVE

Present	*Perfect*
sursois	aie sursis
sursoyons	ayons sursis
sursoyez	ayez sursis

PARTICIPLE

Present	*Past*
sursoyant	sursis
	ayant sursis

GERUND

Present	*Perfect*
sursoyant	ayant sursis

- Conditional perfect 2: same as pluperfect subjunctive.
- Double-compound tenses: *j'ai eu sursis* (➜ §92, §141, §154).
- **Surseoir** follows the **oi** forms of **asseoir**, except that the **e** of the infinitive is retained in the future and the conditional: *je surseoirai, je surseoirais.*

3rd conjugation

INDICATIVE	
Present	*Perfect*
je *chois*	j'ai chu
tu *chois*	tu as chu
il choit	il a chu
nous *choyons*	nous avons chu
vous *choyez*	vous avez chu
ils choient	ils ont chu
Imperfect	*Pluperfect*
	j'avais chu
	tu avais chu
	il avait chu
	nous avions chu
	vous aviez chu
	ils avaient chu
Past historic	*Past anterior*
je *chus*	j'eus chu
tu *chus*	tu eus chu
il chut	il eut chu
nous *chûmes*	nous eûmes chu
vous *chûtes*	vous eûtes chu
ils churent	ils eurent chu
Future	*Future perfect*
je *choirai / cherrai*	j'aurai chu
tu *choiras / cherras*	tu auras chu
il *choira / cherra*	il aura chu
nous *choirons / cherrons*	nous aurons chu
vous *choirez / cherrez*	vous aurez chu
ils *choiront / cherront*	ils auront chu

CONDITIONAL	
Present	*Perfect*
je *choirais / cherrais*	j'aurais chu
tu *choirais / cherrais*	tu aurais chu
il *choirait / cherrait*	il aurait chu
nous *choirions / cherrions*	nous aurions chu
vous *choiriez / cherriez*	vous auriez chu
ils *choiraient / cherraient*	ils auraient chu

INFINITIVE	
Present	*Perfect*
choir	avoir chu

SUBJUNCTIVE

Present	Perfect
	que j'*aie chu*
	que tu *aies chu*
	qu'il *ait chu*
	que nous *ayons chu*
	que vous *ayez chu*
	qu'ils *aient chu*

Imperfect	Pluperfect
	que j'*eusse chu*
	que tu *eusses chu*
qu'il chût	qu'il *eût chu*
	que nous *eussions chu*
	que vous *eussiez chu*
	qu'ils *eussent chu*

IMPERATIVE

Present	Perfect
	aie chu
	ayons chu
	ayez chu

PARTICIPLE

Present	Past
	chu
	ayant chu

GERUND

Present	Perfect
	en ayant chu

• Conditional perfect 2: same as pluperfect subjunctive.

• Double-compound tenses: *j'ai eu chu* (→ §92, §141, §154).

• While **choir** most commonly takes the auxiliary **avoir,** it can also be conjugated with **être.**

• The forms listed in italics are completely obsolete.

INDICATIVE	
Present	*Perfect*
il échoit / *échet*	il est échu
ils échoient / *échéent*	ils sont échus
Imperfect	*Pluperfect*
il échoyait	il était échu
ils échoyaient	ils étaient échus
Past historic	*Past anterior*
il échut	il fut échu
ils échurent	ils furent échus
Future	*Future perfect*
il échoira / *écherra*	il sera échu
ils échoiront / *écherront*	ils seront échus
CONDITIONAL	
Present	*Perfect*
il échoirait / *écherrait*	il serait échu
ils échoiraient / *écherraient*	ils seraient échus
INFINITIVE	
Present	*Perfect*
échoir	être échu

SUBJUNCTIVE	
Present	*Perfect*
qu'il échoie	qu'il soit échu
	qu'ils soient échus
Imperfect	*Pluperfect*
qu'il échût	qu'il fût échu
	qu'ils fussent échus

IMPERATIVE	
Present	*Perfect*

PARTICIPLE	
Present	*Past*
échéant	échu
	étant échu

GERUND	
Present	*Perfect*
en échéant	en étant échu

- Conditional perfect 2: same as pluperfect subjunctive.
- **Échoir** is sometimes conjugated with **avoir**, often as a deliberate archaism.
- The forms listed in italics are completely obsolete.

INDICATIVE	
Present	*Perfect*
je déchois	j'ai déchu
tu déchois	tu as déchu
il déchoit / *déchet*	il a déchu
nous déchoyons	nous avons déchu
vous déchoyez	vous avez déchu
ils déchoient	ils ont déchu
Imperfect	*Pluperfect*
	j'avais déchu
	tu avais déchu
	il avait déchu
	nous avions déchu
	vous aviez déchu
	ils avaient déchu
Past historic	*Past anterior*
je déchus	j'eus déchu
tu déchus	tu eus déchu
il déchut	il eut déchu
nous déchûmes	nous eûmes déchu
vous déchûtes	vous eûtes déchu
ils déchurent	ils eurent déchu
Future	*Future perfect*
je déchoirai / *décherrai*	j'aurai déchu
tu déchoiras / *décherras*	tu auras déchu
il déchoira / *décherra*	il aura déchu
nous déchoirons / *décherrons*	nous aurons déchu
vous déchoirez / *décherrez*	vous aurez déchu
ils déchoiront / *décherront*	ils auront déchu

CONDITIONAL	
Present	*Perfect*
je déchoirais / *décherrais*	j'aurais déchu
tu déchoirais / *décherrais*	tu aurais déchu
il déchoirait / *décherrait*	il aurait déchu
nous déchoirions / *décherrions*	nous aurions déchu
vous déchoiriez / *décherriez*	vous auriez déchu
ils déchoiraient / *décherraient*	ils auraient déchu

INFINITIVE	
Present	*Perfect*
déchoir	avoir déchu

SUBJUNCTIVE

Present	*Perfect*
que je déchoie	que j'aie déchu
que tu déchoies	que tu aies déchu
qu'il déchoie	qu'il ait déchu
que nous déchoyions	que nous ayons déchu
que vous déchoyiez	que vous ayez déchu
qu'ils déchoient	qu'ils aient déchu

Imperfect	*Pluperfect*
que je déchusse	que j'eusse déchu
que tu déchusses	que tu eusses déchu
qu'il déchût	qu'il eût déchu
que nous déchussions	que nous eussions déchu
que vous déchussiez	que vous eussiez déchu
qu'ils déchussent	qu'ils eussent déchu

IMPERATIVE

Present	*Perfect*

PARTICIPLE

Present	*Past*
	déchu
	ayant déchu

GERUND

Present	*Perfect*
	en ayant déchu

- Conditional perfect 2: same as pluperfect subjunctive.
- Double-compound tenses: *j'ai eu déchu* (→ §92, §141, §154).
- **Déchoir** can take either **avoir** or **être**, depending on whether the em͏ on the action or the result:

*Il **a** déchu rapidement.* (He declined rapidly.)

*Il **est** définitivement déchu.* (He is completely in decline.)

- The forms listed in italics are completely obsolete.

INDICATIVE	
Present	*Perfect*
je rends	j'ai rendu
tu rends	tu as rendu
il rend	il a rendu
nous rendons	nous avons rendu
vous rendez	vous avez rendu
ils rendent	ils ont rendu
Imperfect	*Pluperfect*
je rendais	j'avais rendu
tu rendais	tu avais rendu
il rendait	il avait rendu
nous rendions	nous avions rendu
vous rendiez	vous aviez rendu
ils rendaient	ils avaient rendu
Past historic	*Past anterior*
je rendis	j'eus rendu
tu rendis	tu eus rendu
il rendit	il eut rendu
nous rendîmes	nous eûmes rendu
vous rendîtes	vous eûtes rendu
ils rendirent	ils eurent rendu
Future	*Future perfect*
je rendrai	j'aurai rendu
tu rendras	tu auras rendu
il rendra	il aura rendu
nous rendrons	nous aurons rendu
vous rendrez	vous aurez rendu
ils rendront	ils auront rendu

CONDITIONAL	
Present	*Perfect*
je rendrais	j'aurais rendu
tu rendrais	tu aurais rendu
il rendrait	il aurait rendu
nous rendrions	nous aurions rendu
vous rendriez	vous auriez rendu
ils rendraient	ils auraient rendu

INFINITIVE	
Present	*Perfect*
...re	avoir rendu

SUBJUNCTIVE

Present	*Perfect*
que je rende	que j'aie rendu
que tu rendes	que tu aies rendu
qu'il rende	qu'il ait rendu
que nous rendions	que nous ayons rendu
que vous rendiez	que vous ayez rendu
qu'ils rendent	qu'ils aient rendu

Imperfect	*Pluperfect*
que je rendisse	que j'eusse rendu
que tu rendisses	que tu eusses rendu
qu'il rendît	qu'il eût rendu
que nous rendissions	que nous eussions rendu
que vous rendissiez	que vous eussiez rendu
qu'ils rendissent	qu'ils eussent rendu

IMPERATIVE

Present	*Perfect*
rends	aie rendu
rendons	ayons rendu
rendez	ayez rendu

PARTICIPLE

Present	*Past*
rendant	rendu
	ayant rendu

GERUND

Present	*Perfect*
rendant	ayant rendu

- Conditional perfect 2: same as pluperfect subjunctive.
- Double-compound tenses: *j'ai eu rendu* (→ §92, §141, §154).
- → §22 for the extensive list of verbs that follow this model (but not **prendre** and its compounds → §59). Among others are **rompre**, **corrompre**, and **interrompre**, which differ only in adding a t after the p in the 3rd person singular of the present indicative: *il rompt*.

INDICATIVE	
Present	*Perfect*
je prends	j'ai pris
tu prends	tu as pris
il prend	il a pris
nous prenons	nous avons pris
vous prenez	vous avez pris
ils prennent	ils ont pris
Imperfect	*Pluperfect*
je prenais	j'avais pris
tu prenais	tu avais pris
il prenait	il avait pris
nous prenions	nous avions pris
vous preniez	vous aviez pris
ils prenaient	ils avaient pris
Past historic	*Past anterior*
je pris	j'eus pris
tu pris	tu eus pris
il prit	il eut pris
nous prîmes	nous eûmes pris
vous prîtes	vous eûtes pris
ils prirent	ils eurent pris
Future	*Future perfect*
je prendrai	j'aurai pris
tu prendras	tu auras pris
il prendra	il aura pris
nous prendrons	nous aurons pris
vous prendrez	vous aurez pris
ils prendront	ils auront pris

CONDITIONAL	
Present	*Perfect*
je prendrais	j'aurais pris
tu prendrais	tu aurais pris
il prendrait	il aurait pris
nous prendrions	nous aurions pris
vous prendriez	vous auriez pris
ils prendraient	ils auraient pris

INFINITIVE	
Present	*Perfect*
prendre	avoir pris

SUBJUNCTIVE

Present	*Perfect*
que je prenne	que j'aie pris
que tu prennes	que tu aies pris
qu'il prenne	qu'il ait pris
que nous prenions	que nous ayons pris
que vous preniez	que vous ayez pris
qu'ils prennent	qu'ils aient pris

Imperfect	*Pluperfect*
que je prisse	que j'eusse pris
que tu prisses	que tu eusses pris
qu'il prît	qu'il eût pris
que nous prissions	que nous eussions pris
que vous prissiez	que vous eussiez pris
qu'ils prissent	qu'ils eussent pris

IMPERATIVE

Present	*Perfect*
prends	aie pris
prenons	ayons pris
prenez	ayez pris

PARTICIPLE

Present	*Past*
prenant	pris
	ayant pris

GERUND

Present	*Perfect*
en prenant	en ayant pris

- Conditional perfect 2: same as pluperfect subjunctive.
- Double-compound tenses: *j'ai eu pris* (→ §92, §141, §154).
- Compounds of **prendre** (→ §22) follow this model.

INDICATIVE

Present	*Perfect*
je bats	j'ai battu
tu bats	tu as battu
il bat	il a battu
nous battons	nous avons battu
vous battez	vous avez battu
ils battent	ils ont battu

Imperfect	*Pluperfect*
je battais	j'avais battu
tu battais	tu avais battu
il battait	il avait battu
nous battions	nous avions battu
vous battiez	vous aviez battu
ils battaient	ils avaient battu

Past historic	*Past anterior*
je battis	j'eus battu
tu battis	tu eus battu
il battit	il eut battu
nous battîmes	nous eûmes battu
vous battîtes	vous eûtes battu
ils battirent	ils eurent battu

Future	*Future perfect*
je battrai	j'aurai battu
tu battras	tu auras battu
il battra	il aura battu
nous battrons	nous aurons battu
vous battrez	vous aurez battu
ils battront	ils auront battu

CONDITIONAL

Present	*Perfect*
je battrais	j'aurais battu
tu battrais	tu aurais battu
il battrait	il aurait battu
nous battrions	nous aurions battu
vous battriez	vous auriez battu
ils battraient	ils auraient battu

INFINITIVE

Present	*Perfect*
battre	avoir battu

SUBJUNCTIVE

Present	*Perfect*
que je batte	que j'aie battu
que tu battes	que tu aies battu
qu'il batte	qu'il ait battu
que nous battions	que nous ayons battu
que vous battiez	que vous ayez battu
qu'ils battent	qu'ils aient battu

Imperfect	*Pluperfect*
que je battisse	que j'eusse battu
que tu battisses	que tu eusses battu
qu'il battît	qu'il eût battu
que nous battissions	que nous eussions battu
que vous battissiez	que vous eussiez battu
qu'ils battissent	qu'ils eussent battu

IMPERATIVE

Present	*Perfect*
bats	aie battu
battons	ayons battu
battez	ayez battu

PARTICIPLE

Present	*Past*
battant	battu
	ayant battu

GERUND

Present	*Perfect*
battant	ayant battu

• Conditional perfect 2: same as pluperfect subjunctive.
• Double-compound tenses: *j'ai eu battu* (→ §92, §141, §154).
• Compounds of **battre** (→ §22) follow this model.

3rd conjugation

INDICATIVE	
Present	*Perfect*
je mets	j'ai mis
tu mets	tu as mis
il met	il a mis
nous mettons	nous avons mis
vous mettez	vous avez mis
ils mettent	ils ont mis
Imperfect	*Pluperfect*
je mettais	j'avais mis
tu mettais	tu avais mis
il mettait	il avait mis
nous mettions	nous avions mis
vous mettiez	vous aviez mis
ils mettaient	ils avaient mis
Past historic	*Past anterior*
je mis	j'eus mis
tu mis	tu eus mis
il mit	il eut mis
nous mîmes	nous eûmes mis
vous mîtes	vous eûtes mis
ils mirent	ils eurent mis
Future	*Future perfect*
je mettrai	j'aurai mis
tu mettras	tu auras mis
il mettra	il aura mis
vous mettrons	nous aurons mis
vous mettrez	vous aurez mis
ils mettront	ils auront mis

CONDITIONAL	
Present	*Perfect*
je mettrais	j'aurais mis
tu mettrais	tu aurais mis
il mettrait	il aurait mis
nous mettrions	nous aurions mis
vous mettriez	vous auriez mis
ils mettraient	ils auraient mis

INFINITIVE	
Present	*Perfect*
mettre	avoir mis

SUBJUNCTIVE

Present	*Perfect*
que je mette	que j'aie mis
que tu mettes	que tu aies mis
qu'il mette	qu'il ait mis
que nous mettions	que nous ayons mis
que vous mettiez	que vous ayez mis
qu'ils mettent	qu'ils aient mis

Imperfect	*Pluperfect*
que je misse	que j'eusse mis
que tu misses	que tu eusses mis
qu'il mît	qu'il eût mis
que nous missions	que nous eussions mis
que vous missiez	que vous eussiez mis
qu'ils missent	qu'ils eussent mis

IMPERATIVE

Present	*Perfect*
mets	aie mis
mettons	ayons mis
mettez	ayez mis

PARTICIPLE

Present	*Past*
mettant	mis
	ayant mis

GERUND

Present	*Perfect*
mettant	ayant mis

• Conditional perfect 2: same as pluperfect subjunctive.
• Double-compound tenses: *j'ai eu mis* ((→ §92, §141, §154).
• Compounds of **mettre** (→ §22) follow this model.

INDICATIVE	
Present	*Perfect*
je peins	j'ai peint
tu peins	tu as peint
il peint	il a peint
nous peignons	nous avons peint
vous peignez	vous avez peint
ils peignent	ils ont peint
Imperfect	*Pluperfect*
je peignais	j'avais peint
tu peignais	tu avais peint
il peignait	il avait peint
nous peignions	nous avions peint
vous peigniez	vous aviez peint
ils peignaient	ils avaient peint
Past historic	*Past anterior*
je peignis	j'eus peint
tu peignis	tu eus peint
il peignit	il eut peint
nous peignîmes	nous eûmes peint
vous peignîtes	vous eûtes peint
ils peignirent	ils eurent peint
Future	*Future perfect*
je peindrai	j'aurai peint
tu peindras	tu auras peint
il peindra	il aura peint
nous peindrons	nous aurons peint
vous peindrez	vous aurez peint
ils peindront	ils auront peint

CONDITIONAL	
Present	*Perfect*
je peindrais	j'aurais peint
tu peindrais	tu aurais peint
il peindrait	il aurait peint
nous peindrions	nous aurions peint
vous peindriez	vous auriez peint
ils peindraient	ils auraient peint

INFINITIVE	
Present	*Perfect*
peindre	avoir peint

SUBJUNCTIVE

Present	*Perfect*
que je peigne	que j'aie peint
que tu peignes	que tu aies peint
qu'il peigne	qu'il ait peint
que nous peignions	que nous ayons peint
que vous peigniez	que vous ayez peint
qu'ils peignent	qu'ils aient peint

Imperfect	*Pluperfect*
que je peignisse	que j'eusse peint
que tu peignisses	que tu eusses peint
qu'il peignît	qu'il eût peint
que nous peignissions	que nous eussions peint
que vous peignissiez	que vous eussiez peint
qu'ils peignissent	qu'ils eussent peint

IMPERATIVE

Present	*Perfect*
peins	aie peint
peignons	ayons peint
peignez	ayez peint

PARTICIPLE

Present	*Past*
peignant	peint
	ayant peint

GERUND

Present	*Perfect*
peignant	ayant peint

• Conditional perfect 2: same as pluperfect subjunctive.

• Double-compound tenses: *j'ai eu peint* (→ §92, §141, §154).

• Astreindre, atteindre, ceindre, feindre, enfreindre, empreindre, geindre, teindre, and their compounds (→ §22) follow this model.

INDICATIVE

Present	*Perfect*
je joins	j'ai joint
tu joins	tu as joint
il joint	il a joint
nous joignons	nous avons joint
vous joignez	vous avez joint
ils joignent	ils ont joint

Imperfect	*Pluperfect*
je joignais	j'avais joint
tu joignais	tu avais joint
il joignait	il avait joint
nous joignions	nous avions joint
vous joigniez	vous aviez joint
ils joignaient	ils avaient joint

Past historic	*Past anterior*
je joignis	j'eus joint
tu joignis	tu eus joint
il joignit	il eut joint
nous joignîmes	nous eûmes joint
vous joignîtes	vous eûtes joint
ils joignirent	ils eurent joint

Future	*Future perfect*
je joindrai	j'aurai joint
tu joindras	tu auras joint
il joindra	il aura joint
nous joindrons	nous aurons joint
vous joindrez	vous aurez joint
ils joindront	ils auront joint

CONDITIONAL

Present	*Perfect*
je joindrais	j'aurais joint
tu joindrais	tu aurais joint
il joindrait	il aurait joint
nous joindrions	nous aurions joint
vous joindriez	vous auriez joint
ils joindraient	ils auraient joint

INFINITIVE

Present	*Perfect*
joindre	avoir joint

SUBJUNCTIVE

Present	*Perfect*
que je joigne	que j'aie joint
que tu joignes	que tu aies joint
qu'il joigne	qu'il ait joint
que nous joignions	que nous ayons joint
que vous joiniez	que vous ayez joint
qu'ils joignent	qu'ils aient joint

Imperfect	*Pluperfect*
que je joignisse	que j'eusse joint
que tu joignisses	que tu eusses joint
qu'il joignît	qu'il eût joint
que nous joignissions	que nous eussions joint
que vous joignissiez	que vous eussiez joint
qu'ils joignissent	qu'ils eussent joint

IMPERATIVE

Present	*Perfect*
joins	aie joint
joignons	ayons joint
joignez	ayez joint

PARTICIPLE

Present	*Past*
joignant	joint
	ayant joint

GERUND

Present	*Perfect*
joignant	ayant joint

- Conditional perfect 2: same as pluperfect subjunctive.
- Double-compound tenses: *j'ai eu joint* (→ §92, §141, §154).
- Compounds of **joindre** (→ §22) and the archaic verbs **poindre** and **oindre** follow this model.
- With the intransitive meaning "begin to appear," **poindre** has only the forms *il point, il poindra, il poindrait,* and *il a point.* There is a tendency to substitute the regular verb *pointer.*
- **Oindre** has disappeared from use, except for the infinitive and the past participle *oint, oints, ointe, ointes.*

INDICATIVE

Present	*Perfect*
je crains	j'ai craint
tu crains	tu as craint
il craint	il a craint
nous craignons	nous avons craint
vous craignez	vous avez craint
ils craignent	ils ont craint

Imperfect	*Pluperfect*
je craignais	j'avais craint
tu craignais	tu avais craint
il craignait	il avait craint
nous craignions	nous avions craint
vous craigniez	vous aviez craint
ils craignaient	ils avaient craint

Past historic	*Past anterior*
je craignis	j'eus craint
tu craignis	tu eus craint
il craignit	il eut craint
nous craignîmes	nous eûmes craint
vous craignîtes	vous eûtes craint
ils craignirent	ils eurent craint

Future	*Future perfect*
je craindrai	j'aurai craint
tu craindras	tu auras craint
il craindra	il aura craint
nous craindrons	nous aurons craint
vous craindrez	vous aurez craint
ils craindront	ils auront craint

CONDITIONAL

Present	*Perfect*
je craindrais	j'aurais craint
tu craindrais	tu aurais craint
il craindrait	il aurait craint
nous craindrions	nous aurions craint
vous craindriez	vous auriez craint
ils craindraient	ils auraient craint

INFINITIVE

Present	*Perfect*
craindre	avoir craint

SUBJUNCTIVE

Present	*Perfect*
que je craigne	que j'aie craint
que tu craignes	que tu aies craint
qu'il craigne	qu'il ait craint
que nous craignions	que nous ayons craint
que vous craigniez	que vous ayez craint
qu'ils craignent	qu'ils aient craint

Imperfect	*Pluperfect*
que je craignisse	que j'eusse craint
que tu craignisses	que tu eusses craint
qu'il craignît	qu'il eût craint
que nous craignissions	que nous eussions craint
que vous craignissiez	que vous eussiez craint
qu'ils craignissent	qu'ils eussent craint

IMPERATIVE

Present	*Perfect*
crains	aie craint
craignons	ayons craint
craignez	ayez craint

PARTICIPLE

Present	*Past*
craignant	craint
	ayant craint

GERUND

Present	*Perfect*
craignant	ayant craint

- Conditional perfect 2: same as pluperfect subjunctive.
- Double-compound tenses: *j'ai eu craint* (→ §92, §141, §154).
- Contraindre and plaindre follow this model.

INDICATIVE

Present	Perfect
je vaincs	j'ai vaincu
tu vaincs	tu as vaincu
il vainc	il a vaincu
nous vainquons	nous avons vaincu
vous vainquez	vous avez vaincu
ils vainquent	ils ont vaincu

Imperfect	Pluperfect
je vainquais	j'avais vaincu
tu vainquais	tu avais vaincu
il vainquait	il avait vaincu
nous vainquions	nous avions vaincu
vous vainquiez	vous aviez vaincu
ils vainquaient	ils avaient vaincu

Past historic	Past anterior
je vainquis	j'eus vaincu
tu vainquis	tu eus vaincu
il vainquit	il eut vaincu
nous vainquîmes	nous eûmes vaincu
vous vainquîtes	vous eûtes vaincu
ils vainquirent	ils eurent vaincu

Future	Future perfect
je vaincrai	j'aurai vaincu
tu vaincras	tu auras vaincu
il vaincra	il aura vaincu
nous vaincrons	nous aurons vaincu
vous vaincrez	vous aurez vaincu
ils vaincront	ils auront vaincu

CONDITIONAL

Present	Perfect
je vaincrais	j'aurais vaincu
tu vaincrais	tu aurais vaincu
il vaincrait	il aurait vaincu
nous vaincrions	nous aurions vaincu
vous vaincriez	vous auriez vaincu
ils vaincraient	ils auraient vaincu

INFINITIVE

Present	Perfect
vaindre	avoir vaincu

SUBJUNCTIVE

Present	*Perfect*
que je vainque	que j'aie vaincu
que tu vainques	que tu aies vaincu
qu'il vainque	qu'il ait vaincu
que nous vainquions	que nous ayons vaincu
que vous vainquiez	que vous ayez vaincu
qu'ils vainquent	qu'ils aient vaincu

Imperfect	*Pluperfect*
que je vainquisse	que j'eusse vaincu
que tu vainquisses	que tu eusses vaincu
qu'il vainquît	qu'il eût vaincu
que nous vainquissions	que nous eussions vaincu
que vous vainquissiez	que vous eussiez vaincu
qu'ils vainquissent	qu'ils eussent vaincu

IMPERATIVE

Present	*Perfect*
vaincs	aie vaincu
vainquons	ayons vaincu
vainquez	ayez vaincu

PARTICIPLE

Present	*Past*
vainquant	vaincu
	ayant vaincu

GERUND

Present	*Perfect*
vainquant	ayant vaincu

• Conditional perfect 2: same as pluperfect subjunctive.

• Double-compound tenses: *j'ai eu vaincu* (→ §92, §141, §154).

• The only irregularity of **vaincre** is that it does not add a final **t** to the 3rd person singular in the present indicative: *il vainc*. Also, the **c** changes to **qu** before vowels, except **u**: *nous vainquons*.

• **Convaincre** follows this model.

INDICATIVE	
Present	*Perfect*
je trais	j'ai trait
tu trais	tu as trait
il trait	il a trait
nous trayons	nous avons trait
vous trayez	vous avez trait
ils traient	ils ont trait
Imperfect	*Pluperfect*
je trayais	j'avais trait
tu trayais	tu avais trait
il trayait	il avait trait
nous trayions	nous avions trait
vous trayiez	vous aviez trait
ils trayaient	ils avaient trait
Past historic	*Past anterior*
	j'eus trait
	tu eus trait
	il eut trait
	nous eûmes trait
	vous eûtes trait
	ils eurent trait
Future	*Future perfect*
je trairai	j'aurai trait
tu trairas	tu auras trait
il traira	il aura trait
nous trairons	nous aurons trait
vous trairez	vous aurez trait
ils trairont	ils auront trait

CONDITIONAL	
Present	*Perfect*
je trairais	j'aurais trait
tu trairais	tu aurais trait
il trairait	il aurait trait
nous trairions	nous aurions trait
vous trairiez	vous auriez trait
ils trairaient	ils auraient trait

INFINITIVE	
Present	*Perfect*
traire	avoir trait

SUBJUNCTIVE

Present	*Perfect*
que je traie	que j'aie trait
que tu traies	que tu aies trait
qu'il traie	qu'il ait trait
que nous trayions	que nous ayons trait
que vous trayiez	que vous ayez trait
qu'ils traient	qu'ils aient trait

Imperfect	*Pluperfect*
	que j'eusse trait
	que tu eusses trait
	qu'il eût trait
	que nous eussions trait
	que vous eussiez trait
	qu'ils eussent trait

IMPERATIVE

Present	*Perfect*
trais	aie trait
trayons	ayons trait
trayez	ayez trait

PARTICIPLE

Present	*Past*
trayant	trait
	ayant trait

GERUND

Present	*Perfect*
trayant	ayant trait

• Conditional perfect 2: same as pluperfect subjunctive.

• Double-compound tenses: *j'ai eu trait* (→ §92, §141, §154).

• Compounds of **traire** with meanings related to "pull," such as **extraire**, **distraire**, etc. (→ §22), follow this model, as also does **braire**, which is used only in the 3rd person in the present indicative, the future, and the conditional.

INDICATIVE

Present	*Perfect*
je fais	j'ai fait
tu fais	tu as fait
il fait	il a fait
nous faisons	nous avons fait
vous faites	vous avez fait
ils font	ils ont fait

Imperfect	*Pluperfect*
je faisais	j'avais fait
tu faisais	tu avais fait
il faisait	il avait fait
nous faisions	nous avions fait
vous faisiez	vous aviez fait
ils faisaient	ils avaient fait

Past historic	*Past anterior*
je fis	j'eus fait
tu fis	tu eus fait
il fit	il eut fait
nous fîmes	nous eûmes fait
vous fîtes	vous eûtes fait
ils firent	ils eurent fait

Future	*Future perfect*
je ferai	j'aurai fait
tu feras	tu auras fait
il fera	il aura fait
nous ferons	nous aurons fait
vous ferez	vous aurez fait
ils feront	ils auront fait

CONDITIONAL

Present	*Perfect*
je ferais	j'aurais fait
tu ferais	tu aurais fait
il ferait	il aurait fait
nous ferions	nous aurions fait
vous feriez	vous auriez fait
ils feraient	ils auraient fait

INFINITIVE

Present	*Perfect*
faire	avoir fait

SUBJUNCTIVE	
Present	*Perfect*
que je fasse	que j'aie fait
que tu fasses	que tu aies fait
qu'il fasse	qu'il ait fait
que nous fassions	que nous ayons fait
que vous fassiez	que vous ayez fait
qu'ils fassent	qu'ils aient fait
Imperfect	*Pluperfect*
que je fisse	que j'eusse fait
que tu fisses	que tu eusses fait
qu'il fît	qu'il eût fait
que nous fissions	que nous eussions fait
que vous fissiez	que vous eussiez fait
qu'ils fissent	qu'ils eussent fait

IMPERATIVE	
Present	*Perfect*
fais	aie fait
faisons	ayons fait
faites	ayez fait

PARTICIPLE	
Present	*Past*
faisant	fait
	ayant fait

GERUND	
Present	*Perfect*
faisant	ayant fait

- Conditional perfect 2: same as pluperfect subjunctive.
- Double-compound tenses: *j'ai eu fait* (→ §92, §141, §154).
- Although the spelling has **fai-**, the pronunciations are *nous fesons* [fəzɔ̃], *je* fes*ais* [fəzɛ], *nous* fes*ions* [fəzjɔ̃], and fes*ant* [fəzɑ̃]. On the other hand, the spelling of the future and the conditional, *je ferai, je ferais,* with *e*, is in accordance with the pronunciation.
- Note the 2nd person plural in the present, *vous faites,* and the imperative, *faites.* * *Vous faisez* and *Faisez are vulgar barbarisms.
- Compounds of *faire* (→ §22) follow this model.

INDICATIVE

Present	*Perfect*
je plais	j'ai plu
tu plais	tu as plu
il plaît	il a plu
nous plaisons	nous avons plu
vous plaisez	vous avez plu
ils plaisent	ils ont plu

Imperfect	*Pluperfect*
je plaisais	j'avais plu
tu plaisais	tu avais plu
il plaisait	il avait plu
nous plaisions	nous avions plu
vous plaisiez	vous aviez plu
ils plaisaient	ils avaient plu

Past historic	*Past anterior*
je plus	j'eus plu
tu plus	tu eus plu
il plut	il eut plu
nous plûmes	nous eûmes plu
vous plûtes	vous eûtes plu
ils plurent	ils eurent plu

Future	*Future perfect*
je plairai	j'aurai plu
tu plairas	tu auras plu
il plaira	il aura plu
nous plairons	nous aurons plu
vous plairez	vous aurez plu
ils plairont	ils auront plu

CONDITIONAL

Present	*Perfect*
je plairais	j'aurais plu
tu plairais	tu aurais plu
il plairait	il aurait plu
nous plairions	nous aurions plu
vous plairiez	vous auriez plu
ils plairaient	ils auraient plu

INFINITIVE

Present	*Perfect*
plaire	avoir plu

SUBJUNCTIVE

Present	Perfect
que je plaise	que j'aie plu
que tu plaises	que tu aies plu
qu'il plaise	qu'il ait plu
que nous plaisions	que nous ayons plu
que vous plaisiez	que vous ayez plu
qu'ils plaisent	qu'ils aient plu

Imperfect	Pluperfect
que je plusse	que j'eusse plu
que tu plusses	que tu eusses plu
qu'il plût	qu'il eût plu
que nous plussions	que nous eussions plu
que vous plussiez	que vous eussiez plu
qu'ils plussent	qu'ils eussent plu

IMPERATIVE

Present	Perfect
plais	aie plu
plaisons	ayons plu
plaisez	ayez plu

PARTICIPLE

Present	Past
plaisant	plu
	ayant plu

GERUND

Present	Perfect
plaisant	ayant plu

• Conditional perfect 2: same as pluperfect subjunctive.

• Double-compound tenses: *j'ai eu plu* (→ §92, §141, §154).

• **Complaire** and **déplaire** follow this model, as does **taire**, which, however, does not take a circumflex accent in the present indicative: *il tait*. The past participle of **taire** is variable:

Les plaintes se sont tues. (The complaints quietened down.)

• An official recommendation made in 1990 would allow *il plait*, without a circumflex accent, on the analogy of *fait* and *tait*.

INDICATIVE	
Present	*Perfect*
je connais	j'ai connu
tu connais	tu as connu
il connaît	il a connu
nous connaissons	nous avons connu
vous connaissez	vous avez connu
ils connaissent	ils ont connu
Imperfect	*Pluperfect*
je connaissais	j'avais connu
tu connaissais	tu avais connu
il connaissait	il avait connu
nous connaissions	nous avions connu
vous connaissiez	vous aviez connu
ils connaissaient	ils avaient connu
Past historic	*Past anterior*
je connus	j'eus connu
tu connus	tu eus connu
il connut	il eut connu
nous connûmes	nous eûmes connu
vous connûtes	vous eûtes connu
ils connurent	ils eurent connu
Future	*Future perfect*
je connaîtrai	j'aurai connu
tu connaîtras	tu auras connu
il connaîtra	il aura connu
nous connaîtrons	nous aurons connu
vous connaîtrez	vous aurez connu
ils connaîtront	ils auront connu

CONDITIONAL	
Present	*Perfect*
je connaîtrais	j'aurais connu
tu connaîtrais	tu aurais connu
il connaîtrait	il aurait connu
nous connaîtrions	nous aurions connu
vous connaîtriez	vous auriez connu
ils connaîtraient	ils auraient connu

INFINITIVE	
Present	*Perfect*
connaître	avoir connu

SUBJUNCTIVE

Present	*Perfect*
que je connaisse	que j'aie connu
que tu connaisses	que tu aies connu
qu'il connaisse	qu'il ait connu
que nous connaissions	que nous ayons connu
que vous connaissiez	que vous ayez connu
qu'ils connaissent	qu'ils aient connu

Imperfect	*Pluperfect*
que je connusse	que j'eusse connu
que tu connusses	que tu eusses connu
qu'il connût	qu'il eût connu
que nous connussions	que nous eussions connu
que vous connussiez	que vous eussiez connu
qu'ils connussent	qu'ils eussent connu

IMPERATIVE

Present	*Perfect*
connais	aie connu
connaissons	ayons connu
connaissez	ayez connu

PARTICIPLE

Present	*Past*
connaissant	connu
	ayant connu

GERUND

Present	*Perfect*
connaissant	ayant connu

- Conditional perfect 2: same as pluperfect subjunctive.
- Double-compound tenses: *j'ai eu connu* (→ §92, §141, §154).
- **Connaître**, **paraître**, and all their compounds (→ §22) follow this model.
- All verbs ending in –**aître** and -**oître** take a circumflex accent on the **i** preceding the **t**. However, an official recommendation in 1990 would allow *spellings* without a circumflex accent for verbs ending in –**aître** and –**oître** (*paraitre, il parait, il paraitra*), with the exception of **croître** (→ §73).

INDICATIVE

Present	*Perfect*
je nais	je suis né
tu nais	tu es né
il naît	il est né
nous naissons	nous sommes nés
vous naissez	vous êtes nés
ils naissent	ils sont nés

Imperfect	*Pluperfect*
je naissais	j'étais né
tu naissais	tu étais né
il naissait	il était né
nous naissions	nous étions nés
vous naissiez	vous étiez nés
ils naissaient	ils étaient nés

Past historic	*Past anterior*
je naquis	je fus né
tu naquis	tu fus né
il naquit	il fut né
nous naquîmes	nous fûmes nés
vous naquîtes	vous fûtes nés
ils naquirent	ils furent nés

Future	*Future perfect*
je naîtrai	je serai né
tu naîtras	tu seras né
il naîtra	il sera né
nous naîtrons	nous serons nés
vous naîtrez	vous serez nés
ils naîtront	ils seront nés

CONDITIONAL

Present	*Perfect*
je naîtrais	je serais né
tu naîtrais	tu serais né
il naîtrait	il serait né
nous naîtrions	nous serions nés
vous naîtriez	vous seriez nés
ils naîtraient	ils seraient nés

INFINITIVE

Present	*Perfect*
naître	être né

SUBJUNCTIVE

Present	*Perfect*
que je naisse	que je sois né
que tu naisses	que tu sois né
qu'il naisse	qu'il soit né
que nous naissions	que nous soyons nés
que vous naissiez	que vous soyez nés
qu'ils naissent	qu'ils soient nés

Imperfect	*Pluperfect*
que je naquisse	que je fusse né
que tu naquisses	que tu fusses né
qu'il naquît	qu'il fût né
que nous naquissions	que nous fussions nés
que vous naquissiez	que vous fussiez nés
qu'ils naquissent	qu'ils fussent nés

IMPERATIVE

Present	*Perfect*
nais	sois né
naissons	soyons nés
naissez	soyez nés

PARTICIPLE

Present	*Past*
naissant	né
	étant né

GERUND

Present	*Perfect*
naissant	étant né

• Conditional perfect 2: same as pluperfect subjunctive.

→ §69, note

INDICATIVE	
Present	*Perfect*
je pais	
tu pais	
il paît	
nous paissons	
vous paissez	
ils paissent	
Imperfect	*Pluperfect*
je paissais	
tu paissais	
il paissait	
nous paissions	
vous paissiez	
ils paissaient	
Past historic	*Past anterior*
Future	*Future perfect*
je paîtrai	
tu paîtras	
il paîtra	
nous paîtrons	
vous paîtrez	
ils paîtront	

CONDITIONAL	
Present	*Perfect*
je paîtrais	
tu paîtrais	
il paîtrait	
nous paîtrions	
vous paîtriez	
ils paîtraient	

INFINITIVE	
Present	*Perfect*
paître	

SUBJUNCTIVE

Present	Perfect
que je paisse	
que tu paisses	
qu'il paisse	
que nous paissions	
que vous paissiez	
qu'ils paissent	

Imperfect	Pluperfect

IMPERATIVE

Present	Perfect
pais	
paissez	
paissez	

PARTICIPLE

Present	Past
paissant	

GERUND

Present	Perfect
en paissant	

• **Paître** has no compound tenses. It is used only in the simple tenses shown above.
• The past participle **pu** is invariable and is used only in falconry.
• → §69, note

INDICATIVE	
Present	*Perfect*
je repais	j'ai repu
tu repais	tu as repu
il repaît	il a repu
nous repaissons	nous avons repu
vous repaissez	vous avez repu
ils repaissent	ils ont repu
Imperfect	*Pluperfect*
je repaissais	j'avais repu
tu repaissais	tu avais repu
il repaissait	il avait repu
nous repaissions	nous avions repu
vous repaissiez	vous aviez repu
ils repaissaient	ils avaient repu
Past historic	*Past anterior*
je repus	j'eus repu
tu repus	tu eus repu
il reput	il eut repu
nous repûmes	nous eûmes repu
vous repûtes	vous eûtes repu
ils repurent	ils eurent repu
Future	*Future perfect*
je repaîtrai	j'aurai repu
tu repaîtras	tu auras repu
il repaîtra	il aura repu
nous repaîtrons	nous aurons repu
vous repaîtrez	vous aurez repu
ils repaîtront	ils auront repu

CONDITIONAL	
Present	*Perfect*
je repaîtrais	j'aurais repu
tu repaîtrais	tu aurais repu
il repaîtrait	il aurait repu
nous repaîtrions	nous aurions repu
vous repaîtriez	vous auriez repu
ils repaîtraient	ils auraient repu

INFINITIVE	
Present	*Perfect*
repaître	avoir repu

SUBJUNCTIVE

Present	*Perfect*
que je repaisse	que j'aie repu
que tu repaisses	que tu aies repu
qu'il repaisse	qu'il ait repu
que nous repaissions	que nous ayons repu
que vous repaissiez	que vous ayez repu
qu'ils repaissent	qu'ils aient repu

Imperfect	*Pluperfect*
que je repusse	que j'eusse repu
que tu repusses	que tu eusses repu
qu'il repût	qu'il eût repu
que nous repussions	que nous eussions repu
que vous repussiez	que vous eussiez repu
qu'ils repussent	qu'ils eussent repu

IMPERATIVE

Present	*Perfect*
repais	aie repu
repaissez	ayons repu
repaissez	ayez repu

PARTICIPLE

Present	*Past*
repaissant	repu
	ayant repu

GERUND

Present	*Perfect*
en repaissant	en ayant repu

- Conditional perfect 2: same as pluperfect subjunctive.
- Double-compound tenses: *j'ai eu repu* (→ §92, §141, §154).
- → §69, note

INDICATIVE	
Present	*Perfect*
je croîs	j'ai crû
tu croîs	tu as crû
il croît	il a crû
nous croissons	nous avons crû
vous croissez	vous avez crû
ils croissent	ils ont crû
Imperfect	*Pluperfect*
je croissais	j'avais crû
tu croissais	tu avais crû
il croissait	il avait crû
nous croissions	nous avions crû
vous croissiez	vous aviez crû
ils croissaient	ils avaient crû
Past historic	*Past anterior*
je crûs	j'eus crû
tu crûs	tu eus crû
il crût	il eut crû
nous crûmes	nous eûmes crû
vous crûtes	vous eûtes crû
ils crûrent	ils eurent crû
Future	*Future perfect*
je croîtrai	j'aurai crû
tu croîtras	tu auras crû
il croîtra	il aura crû
nous croîtrons	nous aurons crû
vous croîtrez	vous aurez crû
ils croîtront	ils auront crû

CONDITIONAL	
Present	*Perfect*
je croîtrais	j'aurais crû
tu croîtrais	tu aurais crû
il croîtrait	il aurait crû
nous croîtrions	nous aurions crû
vous croîtriez	vous auriez crû
ils croîtraient	ils auraient crû

INFINITIVE	
Present	*Perfect*
croître	avoir crû

SUBJUNCTIVE

Present	*Perfect*
que je croisse	que j'aie crû
que tu croisses	que tu aies crû
qu'il croisse	qu'il ait crû
que nous croissions	que nous ayons crû
que vous croissiez	que vous ayez crû
qu'ils croissent	qu'ils aient crû

Imperfect	*Pluperfect*
que je crûsse	que j'eusse crû
que tu crûsses	que tu eusses crû
qu'il crût	qu'il eût crû
que nous crûssions	que nous eussions crû
que vous crûssiez	que vous eussiez crû
qu'ils crûssent	qu'ils eussent crû

IMPERATIVE

Present	*Perfect*
croîs	aie crû
croissons	ayons crû
croissez	ayez crû

PARTICIPLE

Present	*Past*
croissant	crû
	ayant crû

GERUND

Present	*Perfect*
croissant	ayant crû

• Conditional perfect 2: same as pluperfect subjunctive.

• Double-compound tenses: *j'ai eu crû* (→ §92, §141, §154).

• **Accroître**, **décroître**, and **recroître** follow this model. However, only **croître** has a circumflex accent, to distinguish it from the corresponding forms of **croire**, in the following forms: *je croîs, tu croîs, je crûs, tu crûs, il crût, ils crûrent, que je crûsse*, and *crû, crûe, crûs, crûes*. Note, however, the past participle *recrû*.

3rd conjugation

INDICATIVE	
Present	*Perfect*
je crois	j'ai cru
tu crois	tu as cru
il croit	il a cru
nous croyons	nous avons cru
vous croyez	vous avez cru
ils croient	ils ont cru
Imperfect	*Pluperfect*
je croyais	j'avais cru
tu croyais	tu avais cru
il croyait	il avait cru
nous croyions	nous avions cru
vous croyiez	vous aviez cru
ils croyaient	ils avaient cru
Past historic	*Past anterior*
je crus	j'eus cru
tu crus	tu eus cru
il crut	il eut cru
nous crûmes	nous eûmes cru
vous crûtes	vous eûtes cru
ils crurent	ils eurent cru
Future	*Future perfect*
je croirai	j'aurai cru
tu croiras	tu auras cru
il croira	il aura cru
nous croirons	nous aurons cru
vous croirez	vous aurez cru
ils croiront	ils auront cru

CONDITIONAL	
Present	*Perfect*
je croirais	j'aurais cru
tu croirais	tu aurais cru
il croirait	il aurait cru
nous croirions	nous aurions cru
vous croiriez	vous auriez cru
ils croiraient	ils auraient cru

INFINITIVE	
Present	*Perfect*
croire	avoir cru

SUBJUNCTIVE

Present	*Perfect*
que je croie	que j'aie cru
que tu croies	que tu aies cru
qu'il croie	qu'il ait cru
que nous croyions	que nous ayons cru
que vous croyiez	que vous ayez cru
qu'ils croient	qu'ils aient cru

Imperfect	*Pluperfect*
que je crusse	que j'eusse cru
que tu crusses	que tu eusses cru
qu'il crût	qu'il eût cru
que nous crussions	que nous eussions cru
que vous crussiez	que vous eussiez cru
qu'ils crussent	qu'ils eussent cru

IMPERATIVE

Present	*Perfect*
crois	aie cru
croyons	ayons cru
croyez	ayez cru

PARTICIPLE

Present	*Past*
croyant	cru
	ayant cru

GERUND

Present	*Perfect*
croyant	ayant cru

• Conditional perfect 2: same as pluperfect subjunctive.
• Double-compound tenses: *j'ai eu cru* (→ §92, §141, §154).

INDICATIVE

Present	*Perfect*
je bois	j'ai bu
tu bois	tu as bu
il boit	il a bu
nous buvons	nous avons bu
vous buvez	vous avez bu
ils boivent	ils ont bu

Imperfect	*Pluperfect*
je buvais	j'avais bu
tu buvais	tu avais bu
il buvait	il avait bu
nous buvions	nous avions bu
vous buviez	vous aviez bu
ils buvaient	ils avaient bu

Past historic	*Past anterior*
je bus	j'eus bu
tu bus	tu eus bu
il but	il eut bu
nous bûmes	nous eûmes bu
vous bûtes	vous eûtes bu
ils burent	ils eurent bu

Future	*Future perfect*
je boirai	j'aurai bu
tu boiras	tu auras bu
il boira	il aura bu
nous boirons	nous aurons bu
vous boirez	vous aurez bu
ils boiront	ils auront bu

CONDITIONAL

Present	*Perfect*
je boirais	j'aurais bu
tu boirais	tu aurais bu
il boirait	il aurait bu
nous boirions	nous aurions bu
vous boiriez	vous auriez bu
ils boiraient	ils auraient bu

INFINITIVE

Present	*Perfect*
boire	avoir bu

SUBJUNCTIVE

Present	*Perfect*
que je boive	que j'aie bu
que tu boives	que tu aies bu
qu'il boive	qu'il ait bu
que nous buvions	que nous ayons bu
que vous buviez	que vous ayez bu
qu'ils boivent	qu'ils aient bu

Imperfect	*Pluperfect*
que je busse	que j'eusse bu
que tu busses	que tu eusses bu
qu'il bût	qu'il eût bu
que nous bussions	que nous eussions bu
que vous bussiez	que vous eussiez bu
qu'ils bussent	qu'ils eussent bu

IMPERATIVE

Present	*Perfect*
bois	aie bu
buvons	ayons bu
buvez	ayez bu

PARTICIPLE

Present	*Past*
buvant	bu
	ayant bu

GERUND

Present	*Perfect*
buvant	ayant bu

• Conditional perfect 2: same as pluperfect subjunctive.

• Double-compound tenses: *j'ai eu bu* (→ §92, §141, §154).

INDICATIVE	
Present	*Perfect*
je clos	j'ai clos
tu clos	tu as clos
il clôt	il a clos
	nous avons clos
	vous avez clos
ils closent	ils ont clos
Imperfect	*Pluperfect*
	j'avais clos
	tu avais clos
	il avait clos
	nous avions clos
	vous aviez clos
	ils avaient clos
Past historic	*Past anterior*
	j'eus clos
	tu eus clos
	il eut clos
	nous eûmes clos
	vous eûtes clos
	ils eurent clos
Future	*Future perfect*
je clorai	j'aurai clos
tu cloras	tu auras clos
il clora	il aura clos
nous clorons	nous aurons clos
vous clorez	vous aurez clos
ils cloront	ils auront clos

CONDITIONAL	
Present	*Perfect*
je clorais	j'aurais clos
tu clorais	tu aurais clos
il clorait	il aurait clos
nous clorions	nous aurions clos
vous cloriez	vous auriez clos
ils cloraient	ils auraient clos

INFINITIVE	
Present	*Perfect*
clore	avoir clos

SUBJUNCTIVE

Present	*Perfect*
que je close	que j'aie clos
que tu closes	que tu aies clos
qu'il close	qu'il ait clos
que nous closions	que nous ayons clos
que vous closiez	que vous ayez clos
qu'ils closent	qu'ils aient clos

Imperfect	*Pluperfect*
	que j'eusse clos
	que tu eusses clos
	qu'il eût clos
	que nous eussions clos
	que vous eussiez clos
	qu'ils eussent clos

IMPERATIVE

Present	*Perfect*
clos	aie clos
	ayons clos
	ayez clos

PARTICIPLE

Present	*Past*
closant	clos
	ayant clos

GERUND

Present	*Perfect*
en closant	en ayant clos

- Conditional perfect 2: same as pluperfect subjunctive.
- Double-compound forms: *j'ai eu clos* (➔ §92, §141, §154).
- The imperfect, *il closait*, and the past historic, *il closit*, can occasionally be found.
- **Éclore** is hardly used except in the 3rd person. The Académie française spells *il éclot* without a circumflex accent.
- **Enclore** has the forms *nous enclosons, vous enclosez*, and in the *imperative enclosons, enclosez*. The Académie française spells *il enclot*, without a circumflex accent.
- **Déclore** does not take a circumflex accent in the present indicative: *il déclot*. It is hardly used except in the infinitive and the past participle (*déclos, déclose*).

INDICATIVE

Present	Perfect
je conclus	j'ai conclu
tu conclus	tu as conclu
il conclut	il a conclu
nous concluons	nous avons conclu
vous concluez	vous avez conclu
ils concluent	ils ont conclu

Imperfect	Pluperfect
je concluais	j'avais conclu
tu concluais	tu avais conclu
il concluait	il avait conclu
nous concluions	nous avions conclu
vous concluiez	vous aviez conclu
ils concluaient	ils avaient conclu

Past historic	Past anterior
je conclus	j'eus conclu
tu conclus	tu eus conclu
il conclut	il eut conclu
nous conclûmes	nous eûmes conclu
vous conclûtes	vous eûtes conclu
ils conclurent	ils eurent conclu

Future	Future perfect
je conclurai	j'aurai conclu
tu concluras	tu auras conclu
il conclura	il aura conclu
nous conclurons	nous aurons conclu
vous conclurez	vous aurez conclu
ils concluront	ils auront conclu

CONDITIONAL

Present	Perfect
je conclurais	j'aurais conclu
tu conclurais	tu aurais conclu
il conclurait	il aurait conclu
nous conclurions	nous aurions conclu
vous concluriez	vous auriez conclu
ils concluraient	ils auraient conclu

INFINITIVE

Present	Perfect
conclure	avoir conclu

SUBJUNCTIVE

Present	*Perfect*
que je conclue	que j'aie conclu
que tu conclues	que tu aies conclu
qu'il conclue	qu'il ait conclu
que nous concluions	que nous ayons conclu
que vous concluiez	que vous ayez conclu
qu'ils concluent	qu'ils aient conclu

Imperfect	*Pluperfect*
que je conclusse	que j'eusse conclu
que tu conclusses	que tu eusses conclu
qu'il conclût	qu'il eût conclu
que nous conclussions	que nous eussions conclu
que vous conclussiez	que vous eussiez conclu
qu'ils conclussent	qu'ils eussent conclu

IMPERATIVE

Present	*Perfect*
conclus	aie conclu
concluons	ayons conclu
concluez	ayez conclu

PARTICIPLE

Present	*Past*
concluant	conclu
	ayant conclu

GERUND

Present	*Perfect*
concluant	conclu
	ayant conclu

• Conditional perfect 2: same as pluperfect subjunctive.

• Double-compound forms: *j'ai eu conclus* (→ §92, §141, §154).

• **Inclure** has the past participle *inclus, incluse, incluses*. Note the opposition between *exclu(e)* and *inclus(e)*.

• **78Occlure** has the past participle *occlus, occluse, occluses*.

3rd conjugation

INDICATIVE

Present	*Perfect*
j'absous	j'ai absous
tu absous	tu as absous
il absout	il a absous
nous absolvons	nous avons absous
vous absolvez	vous avez absous
ils absolvent	ils ont absous

Imperfect	*Pluperfect*
j'absolvais	j'avais absous
tu absolvais	tu avais absous
il absolvait	il avait absous
nous absolvions	nous avions absous
vous absolviez	vous aviez absous
ils absolvaient	ils avaient absous

Past historic	*Past anterior*
	j'eus absous
	tu eus absous
	il eut absous
	nous eûmes absous
	vous eûtes absous
	ils eurent absous

Future	*Future perfect*
j'absoudrai	j'aurai absous
tu absoudras	tu auras absous
il absoudra	il aura absous
nous absoudrons	nous aurons absous
vous absoudrez	vous aurez absous
ils absoudront	ils auront absous

CONDITIONAL

Present	*Perfect*
j'absoudrais	j'aurais absous
tu absoudrais	tu aurais absous
il absoudrait	il aurait absous
nous absoudrions	nous aurions absous
vous absoudriez	vous auriez absous
ils absoudraient	ils auraient absous

INFINITIVE

Present	*Perfect*
absoudre	avoir absous

SUBJUNCTIVE

Present	*Perfect*
que j'absolve	que j'aie absous
que tu absolves	que tu aies absous
qu'il absolve	qu'il ait absous
que nous absolvions	que nous ayons absous
que vous absolviez	que vous ayez absous
qu'ils absolvent	qu'ils aient absous

Imperfect	*Pluperfect*
	que j'eusse absous
	que tu eusses absous
	qu'il eût absous
	que nous eussions absous
	que vous eussiez absous
	qu'ils eussent absous

IMPERATIVE

Present	*Perfect*
absous	aie absous
absolvons	ayons absous
absolvez	ayez absous

PARTICIPLE

Present	*Past*
absolvant	absous, absoute
	ayant absous

GERUND

Present	*Perfect*
absolvant	ayant absous

• Conditional perfect 2: same as pluperfect subjunctive.

• Double-compound forms: *j'ai eu absous* (→ §92, §141, §154).

• **Absoudre**. *Absous, absoute* has eliminated the earlier past participle *absolu*, which has survived only as an adjective. The past historic *absolus* is not used.

• **Dissoudre** follows the model of absoudre and has the past participle *dissous, dissoute*. *Dissolu* is now only an adjective.

• **Résoudre** has the past historic *je résolus* and the imperfect subjunctive *que je résolusse*. The past participle is *résolu*, which is also an adjective meaning "resolute." There is also a second past participle, *résous*, with the very rare feminine *résoute*.

3rd conjugation

INDICATIVE

Present	*Perfect*
je couds	j'ai cousu
tu couds	tu as cousu
il coud	il a cousu
nous cousons	nous avons cousu
vous cousez	vous avez cousu
ils cousent	ils ont cousu

Imperfect	*Pluperfect*
je cousais	j'avais cousu
tu cousais	tu avais cousu
il cousait	il avait cousu
nous cousions	nous avions cousu
vous cousiez	vous aviez cousu
ils cousaient	ils avaient cousu

Past historic	*Past anterior*
je cousis	j'eus cousu
tu cousis	tu eus cousu
il cousit	il eut cousu
nous cousîmes	nous eûmes cousu
vous cousîtes	vous eûtes cousu
ils cousirent	ils eurent cousu

Future	*Future perfect*
je coudrai	j'aurai cousu
tu coudras	tu auras cousu
il coudra	il aura cousu
nous coudrons	nous aurons cousu
vous coudrez	vous aurez cousu
ils coudront	ils auront cousu

CONDITIONAL

Present	*Perfect*
je coudrais	j'aurais cousu
tu coudrais	tu aurais cousu
il coudrait	il aurait cousu
nous coudrions	nous aurions cousu
vous coudriez	vous auriez cousu
ils coudraient	ils auraient cousu

INFINITIVE

Present	*Perfect*
coudre	avoir cousu

SUBJUNCTIVE

Present	*Perfect*
que je couse	que j'aie cousu
que tu couses	que tu aies cousu
qu'il couse	qu'il ait cousu
que nous cousions	que nous ayons cousu
que vous cousiez	que vous ayez cousu
qu'ils cousent	qu'ils aient cousu

Imperfect	*Pluperfect*
que je cousisse	que j'eusse cousu
que tu cousisses	que tu eusses cousu
qu'il cousît	qu'il eût cousu
que nous cousissions	que nous eussions cousu
que vous cousissiez	que vous eussiez cousu
qu'ils cousissent	qu'ils eussent cousu

IMPERATIVE

Present	*Perfect*
couds	aie cousu
cousons	ayons cousu
cousez	ayez cousu

PARTICIPLE

Present	*Past*
cousant	cousu
	ayant cousu

GERUND

Present	*Perfect*
cousant	ayant cousu

- Conditional perfect 2: same as pluperfect subjunctive.
- Double-compound tenses: *j'ai eu cousu* (→ §92, §141, §154).
- **Découdre** and **recoudre** follow this model.

INDICATIVE

Present	*Perfect*
je mouds	j'ai moulu
tu mouds	tu as moulu
il moud	il a moulu
nous moulons	nous avons moulu
vous moulez	vous avez moulu
ils moulent	ils ont moulu

Imperfect	*Pluperfect*
je moulais	j'avais moulu
tu moulais	tu avais moulu
il moulait	il avait moulu
nous moulions	nous avions moulu
vous mouliez	vous aviez moulu
ils moulaient	ils avaient moulu

Past historic	*Past anterior*
je moulus	j'eus moulu
tu moulus	tu eus moulu
il moulut	il eut moulu
nous moulûmes	nous eûmes moulu
vous moulûtes	vous eûtes moulu
ils moulurent	ils eurent moulu

Future	*Future perfect*
je moudrai	j'aurai moulu
tu moudras	tu auras moulu
il moudra	il aura moulu
nous moudrons	nous aurons moulu
vous moudrez	vous aurez moulu
ils moudront	ils auront moulu

CONDITIONAL

Present	*Perfect*
je moudrais	j'aurais moulu
tu moudrais	tu aurais moulu
il moudrait	il aurait moulu
nous moudrions	nous aurions moulu
vous moudriez	vous auriez moulu
ils moudraient	ils auraient moulu

INFINITIVE

Present	*Perfect*
moudre	avoir moulu

SUBJUNCTIVE

Present

que je moule
que tu moules
qu'il moule
que nous moulions
que vous mouliez
qu'ils moulent

Imperfect

que je moulusse
que tu moulusses
qu'il moulût
que nous moulussions
que vous moulussiez
qu'ils moulussent

Perfect

que j'aie moulu
que tu aies moulu
qu'il ait moulu
que nous ayons moulu
que vous ayez moulu
qu'ils aient moulu

Pluperfect

que j'eusse moulu
que tu eusses moulu
qu'il eût moulu
que nous eussions moulu
que vous eussiez moulu
qu'ils eussent moulu

IMPERATIVE

Present

mouds
moulons
moulez

Perfect

aie moulu
ayons moulu
ayez moulu

PARTICIPLE

Present

moulant

Past

moulu
ayant moulu

GERUND

Present

moulant

Perfect

ayant moulu

- Conditional perfect 2: same as pluperfect subjunctive.
- Double-compound tenses: *j'ai eu moulu* (➔ §92, §141, §154).
- **Émoudre** and **remoudre** follow this model.

INDICATIVE	
Present	*Perfect*
je suis	j'ai suivi
tu suis	tu as suivi
il suit	il a suivi
nous suivons	nous avons suivi
vous suivez	vous avez suivi
ils suivent	ils ont suivi
Imperfect	*Pluperfect*
je suivais	j'avais suivi
tu suivais	tu avais suivi
il suivait	il avait suivi
nous suivions	nous avions suivi
vous suiviez	vous aviez suivi
ils suivaient	ils avaient suivi
Past historic	*Past anterior*
je suivis	j'eus suivi
tu suivis	tu eus suivi
il suivit	il eut suivi
nous suivîmes	nous eûmes suivi
vous suivîtes	vous eûtes suivi
ils suivirent	ils eurent suivi
Future	*Future perfect*
je suivrai	j'aurai suivi
tu suivras	tu auras suivi
il suivra	il aura suivi
nous suivrons	nous aurons suivi
vous suivrez	vous aurez suivi
ils suivront	ils auront suivi

CONDITIONAL	
Present	*Perfect*
je suivrais	j'aurais suivi
tu suivrais	tu aurais suivi
il suivrait	il aurait suivi
nous suivrions	nous aurions suivi
vous suivriez	vous auriez suivi
ils suivraient	ils auraient suivi

INFINITIVE	
Present	*Perfect*
suivre	avoir suivi

SUBJUNCTIVE

Present	*Perfect*
que je suive	que j'aie suivi
que tu suives	que tu aies suivi
qu'il suive	qu'il ait suivi
que nous suivions	que nous ayons suivi
que vous suiviez	que vous ayez suivi
qu'ils suivent	qu'ils aient suivi

Imperfect	*Pluperfect*
que je suivisse	que j'eusse suivi
que tu suivisses	que tu eusses suivi
qu'il suivît	qu'il eût suivi
que nous suivissions	que nous eussions suivi
que vous suivissiez	que vous eussiez suivi
qu'ils suivissent	qu'ils eussent suivi

IMPERATIVE

Present	*Perfect*
suis	aie suivi
suivons	ayons suivi
suivez	ayez suivi

PARTICIPLE

Present	*Past*
suivant	suivi
	ayant suivi

GERUND

Present	*Perfect*
suivant	ayant suivi

• Double-compound tenses: *j'ai eu suivi* (→ §92, §141, §154).
• **S'ensuivre** (with the auxiliary **être**) and **poursuivre** follow this model.

INDICATIVE	
Present	*Perfect*
je vis	j'ai vécu
tu vis	tu as vécu
il vit	il a vécu
nous vivons	nous avons vécu
vous vivez	vous avez vécu
ils vivent	ils ont vécu
Imperfect	*Pluperfect*
je vivais	j'avais vécu
tu vivais	tu avais vécu
il vivait	il avait vécu
nous vivions	nous avions vécu
vous viviez	vous aviez vécu
ils vivaient	ils avaient vécu
Past historic	*Past anterior*
je vécus	j'eus vécu
tu vécus	tu eus vécu
il vécut	il eut vécu
nous vécûmes	nous eûmes vécu
vous vécûtes	vous eûtes vécu
ils vécurent	ils eurent vécu
Future	*Future perfect*
je vivrai	j'aurai vécu
tu vivras	tu auras vécu
il vivra	il aura vécu
nous vivrons	nous aurons vécu
vous vivrez	vous aurez vécu
ils vivront	ils auront vécu

CONDITIONAL	
Present	*Perfect*
je vivrais	j'aurais vécu
tu vivrais	tu aurais vécu
il vivrait	il aurait vécu
nous vivrions	nous aurions vécu
vous vivriez	vous auriez vécu
ils vivraient	ils auraient vécu

INFINITIVE	
Present	*Perfect*
vivre	avoir vécu

SUBJUNCTIVE

Present	*Perfect*
que je vive	que j'aie vécu
que tu vives	que tu aies vécu
qu'il vive	qu'il ait vécu
que nous vivions	que nous ayons vécu
que vous viviez	que vous ayez vécu
qu'ils vivent	qu'ils aient vécu

Imperfect	*Pluperfect*
que je vécusse	que j'eusse vécu
que tu vécusses	que tu eusses vécu
qu'il vécût	qu'il eût vécu
que nous vécussions	que nous eussions vécu
que vous vécussiez	que vous eussiez vécu
qu'ils vécussent	qu'ils eussent vécu

IMPERATIVE

Present	*Perfect*
vis	aie vécu
vivons	ayons vécu
vivez	ayez vécu

PARTICIPLE

Present	*Past*
vivant	vécu
	ayant vécu

GERUND

Present	*Perfect*
vivant	ayant vécu

- Conditional perfect 2: same as pluperfect subjunctive.
- Double-compound tenses: *j'ai eu vécu* (→ §92, §141, §154).
- **Revivre** and **survivre** follow this model. The past participle *survécu* is invariable.

INDICATIVE	
Present	*Perfect*
je lis	j'ai lu
tu lis	tu as lu
il lit	il a lu
nous lisons	nous avons lu
vous lisez	vous avez lu
ils lisent	ils ont lu
Imperfect	*Pluperfect*
je lisais	j'avais lu
tu lisais	tu avais lu
il lisait	il avait lu
nous lisions	nous avions lu
vous lisiez	vous aviez lu
ils lisaient	ils avaient lu
Past historic	*Past anterior*
je lus	j'eus lu
tu lus	tu eus lu
il lut	il eut lu
nous lûmes	nous eûmes lu
vous lûtes	vous eûtes lu
ils lurent	ils eurent lu
Future	*Future perfect*
je lirai	j'aurai lu
tu liras	tu auras lu
il lira	il aura lu
nous lirons	nous aurons lu
vous lirez	vous aurez lu
ils liront	ils auront lu

CONDITIONAL	
Present	*Perfect*
je lirais	j'aurais lu
tu lirais	tu aurais lu
il lirait	il aurait lu
nous lirions	nous aurions lu
vous liriez	vous auriez lu
ils liraient	ils auraient lu

INFINITIVE	
Present	*Perfect*
lire	avoir lu

SUBJUNCTIVE

Present	*Perfect*
que je lise	que j'aie lu
que tu lises	que tu aies lu
qu'il lise	qu'il ait lu
que nous lisions	que nous ayons lu
que vous lisiez	que vous ayez lu
qu'ils lisent	qu'ils aient lu

Imperfect	*Pluperfect*
que je lusse	que j'eusse lu
que tu lusses	que tu eusses lu
qu'il lût	qu'il eût lu
que nous lussions	que nous eussions lu
que vous lussiez	que vous eussiez lu
qu'ils lussent	qu'ils eussent lu

IMPERATIVE

Present	*Perfect*
lis	aie lu
lisons	ayons lu
lisez	ayez lu

PARTICIPLE

Present	*Past*
lisant	lu
	ayant lu

GERUND

Present	*Perfect*
lisant	ayant lu

- Conditional perfect 2: same as pluperfect subjunctive.
- Double-compound tenses: *j'ai eu lu* (→ §92, §141, §154).
- **Élire**, **réélire**, and **relire** follow this model.

INDICATIVE

Present	*Perfect*
je dis	j'ai dit
tu dis	tu as dit
il dit	il a dit
nous disons	nous avons dit
vous dites	vous avez dit
ils disent	ils ont dit

Imperfect	*Pluperfect*
je disais	j'avais dit
tu disais	tu avais dit
il disait	il avait dit
nous disions	nous avions dit
vous disiez	vous aviez dit
ils disaient	ils avaient dit

Past historic	*Past anterior*
je dis	j'eus dit
tu dis	tu eus dit
il dit	il eut dit
nous dîmes	nous eûmes dit
vous dîtes	vous eûtes dit
ils dirent	ils eurent dit

Future	*Future perfect*
je dirai	j'aurai dit
tu diras	tu auras dit
il dira	il aura dit
nous dirons	nous aurons dit
vous direz	vous aurez dit
ils diront	ils auront dit

CONDITIONAL

Present	*Perfect*
je dirais	j'aurais dit
tu dirais	tu aurais dit
il dirait	il aurait dit
nous dirions	nous aurions dit
vous diriez	vous auriez dit
ils diraient	ils auraient dit

INFINITIVE

Present	*Perfect*
dire	avoir dit

SUBJUNCTIVE	
Present	*Perfect*
que je dise	que j'aie dit
que tu dises	que tu aies dit
qu'il dise	qu'il ait dit
que nous disions	que nous ayons dit
que vous disiez	que vous ayez dit
qu'ils disent	qu'ils aient dit
Imperfect	*Pluperfect*
que je disse	que j'eusse dit
que tu disses	que tu eusses dit
qu'il dît	qu'il eût dit
que nous dissions	que nous eussions dit
que vous dissiez	que vous eussiez dit
qu'ils dissent	qu'ils eussent dit

IMPERATIVE	
Present	*Perfect*
dis	aie dit
disons	ayons dit
dites	ayez dit

PARTICIPLE	
Present	*Past*
disant	dit
	ayant dit

GERUND	
Present	*Perfect*
disant	ayant dit

• Conditional perfect 2: same as pluperfect subjunctive.

• Double-compound tenses: *j'ai eu dit* (→ §92, §141, §154).

• Redire follows this model.

Contredire, dédire, interdire, médire, and prédire *have (vous) contredisez, dédisez, interdisez, médisez,* and *prédisez* in the present indicative and the imperative.

• Except for the past participle *maudit, maudite,* maudire follows the model of finir: *nous maudissons, vous maudissez, ils maudissent, je maudissais,* etc.,

INDICATIVE	
Present	*Perfect*
je ris	j'ai ri
tu ris	tu as ri
il rit	il a ri
nous rions	nous avons ri
vous riez	vous avez ri
ils rient	ils ont ri
Imperfect	*Pluperfect*
je riais	j'avais ri
tu riais	tu avais ri
il riait	il avait ri
nous riions	nous avions ri
vous riiez	vous aviez ri
ils riaient	ils avaient ri
Past historic	*Past anterior*
je ris	j'eus ri
tu ris	tu eus ri
il rit	il eut ri
nous rîmes	nous eûmes ri
vous rîtes	vous eûtes ri
ils rirent	ils eurent ri
Future	*Future perfect*
je rirai	j'aurai ri
tu riras	tu auras ri
il rira	il aura ri
nous rirons	nous aurons ri
vous rirez	vous aurez ri
ils riront	ils auront ri

CONDITIONAL	
Present	*Perfect*
je rirais	j'aurais ri
tu rirais	tu aurais ri
il rirait	il aurait ri
nous ririons	nous aurions ri
vous ririez	vous auriez ri
ils riraient	ils auraient ri

INFINITIVE	
Present	*Perfect*
rire	avoir ri

SUBJUNCTIVE

Present	*Perfect*
que je rie	que j'aie ri
que tu ries	que tu aies ri
qu'il rie	qu'il ait ri
que nous riions	que nous ayons ri
que vous riiez	que vous ayez ri
qu'ils rient	qu'ils aient ri

Imperfect (rare)	*Pluperfect*
que je risse	que j'eusse ri
que tu risses	que tu eusses ri
qu'il rît	qu'il eût ri
que nous rissions	que nous eussions ri
que vous rissiez	que vous eussiez ri
qu'ils rissent	qu'ils eussent ri

IMPERATIVE

Present	*Perfect*
ris	aie ri
rions	ayons ri
riez	ayez ri

PARTICIPLE

Present	*Past*
riant	ri
	ayant ri

GERUND

Present	*Perfect*
riant	ayant ri

and *maudissant*.

• Conditional perfect 2: same as pluperfect subjunctive.

• Double-compound tenses: *j'ai eu ri* (→ §92, §141, §154).

• Note the double i in the 1st and 2nd persons plural of the present indicative and the imperfect subjunctive.

• **Sourire** follows this model. The past participle is invariable, even in reflexive

INDICATIVE	
Present	*Perfect*
j'écris	j'ai écrit
tu écris	tu as écrit
il écrit	il a écrit
nous écrivons	nous avons écrit
vous écrivez	vous avez écrit
ils écrivent	ils ont écrit
Imperfect	*Pluperfect*
j'écrivais	j'avais écrit
tu écrivais	tu avais écrit
il écrivait	il avait écrit
nous écrivions	nous avions écrit
vous écriviez	vous aviez écrit
ils écrivaient	ils avaient écrit
Past historic	*Past anterior*
j'écrivis	j'eus écrit
tu écrivis	tu eus écrit
il écrivit	il eut écrit
nous écrivîmes	nous eûmes écrit
vous écrivîtes	vous eûtes écrit
ils écrivirent	ils eurent écrit
Future	*Future perfect*
j'écrirai	j'aurai écrit
tu écriras	tu auras écrit
il écrira	il aura écrit
nous écrirons	nous aurons écrit
vous écrirez	vous aurez écrit
ils écriront	ils auront écrit

CONDITIONAL	
Present	*Perfect*
j'écrirais	j'aurais écrit
tu écrirais	tu aurais écrit
il écrirait	il aurait écrit
nous écririons	nous aurions écrit
vous écririez	vous auriez écrit
ils écriraient	ils auraient écrit

INFINITIVE	
Present	*Perfect*
écrire	avoir écrit

SUBJUNCTIVE	
Present	*Perfect*
que j'écrive	que j'aie écrit
que tu écrives	que tu aies écrit
qu'il écrive	qu'il ait écrit
que nous écrivions	que nous ayons écrit
que vous écriviez	que vous ayez écrit
qu'ils écrivent	qu'ils aient écrit
Imperfect	*Pluperfect*
que j'écrivisse	que j'eusse écrit
que tu écrivisses	que tu eusses écrit
qu'il écrivît	qu'il eût écrit
que nous écrivissions	que nous eussions écrit
que vous écrivissiez	que vous eussiez écrit
qu'ils écrivissent	qu'ils eussent écrit

IMPERATIVE	
Present	*Perfect*
écris	aie écrit
écrivons	ayons écrit
écrivez	ayez écrit

PARTICIPLE	
Present	*Past*
écrivant	écrit
	ayant écrit

GERUND	
Present	*Perfect*
écrivant	ayant écrit

constructions.
- Conditional perfect 2: same as pluperfect subjunctive.
- Double-compound tenses: *j'ai eu écrit* (➔ §92, §141, §154).
- Récrire, décrire, and all the compounds ending in –scrire (➔ §22) follow

INDICATIVE

Present	*Perfect*
je confis	j'ai confit
tu confis	tu as confit
il confit	il a confit
nous confisons	nous avons confit
vous confisez	vous avez confit
ils confisent	ils ont confit

Imperfect	*Pluperfect*
je confisais	j'avais confit
tu confisais	tu avais confit
il confisait	il avait confit
nous confisions	nous avions confit
vous confisiez	vous aviez confit
ils confisaient	ils avaient confit

Past historic	*Past anterior*
je confis	j'eus confit
tu confis	tu eus confit
il confit	il eut confit
nous confîmes	nous eûmes confit
vous confîtes	vous eûtes confit
ils confirent	ils eurent confit

Future	*Future perfect*
je confirai	j'aurai confit
tu confiras	tu auras confit
il confira	il aura confit
nous confirons	nous aurons confit
vous confirez	vous aurez confit
ils confiront	ils auront confit

CONDITIONAL

Present	*Perfect*
je confirais	j'aurais confit
tu confirais	tu aurais confit
il confirait	il aurait confit
nous confirions	nous aurions confit
vous confiriez	vous auriez confit
ils confiraient	ils auraient confit

INFINITIVE

Present	*Perfect*
confire	avoir confit

SUBJUNCTIVE

Present	*Perfect*
que je confise	que j'aie confit
que tu confises	que tu aies confit
qu'il confise	qu'il ait confit
que nous confisions	que nous ayons confit
que vous confisiez	que vous ayez confit
qu'ils confisent	qu'ils aient confit

Imperfect	*Pluperfect*
que je confisse	que j'eusse confit
que tu confisses	que tu eusses confit
qu'il confît	qu'il eût confit
que nous confissions	que nous eussions confit
que vous confissiez	que vous eussiez confit
qu'ils confissent	qu'ils eussent confit

IMPERATIVE

Present	*Perfect*
confis	aie confit
confisons	ayons confit
confisez	ayez confit

PARTICIPLE

Present	*Past*
confisant	confit
	ayant confit

GERUND

Present	*Perfect*
confisant	ayant confit

this model.

- Conditional perfect 2: same as pluperfect subjunctive.
- Double-compound tenses: *j'ai eu confit* (→ §92, §141, §154).
- **Circoncire** follows this model but has the past participle *circoncis, circoncise*.
- In the present indicative and the imperative, **frire** is used only in the singular: *je fris, tu fris, il frit, fris*. It is rarely used in the future and the conditional (*je frirai, je frirais*), the past participle (*frit, frite*), and the compound tenses formed with **avoir**. As **frire** is defective in both tenses and persons, the phrase **faire frire** is used as a substitute.

  Ils font frire du poisson. (They are frying fish.)
- **Suffire** follows the model of **confire**. The past participle *suffi* (without t) is

INDICATIVE	
Present	*Perfect*
je cuis	j'ai cuit
tu cuis	tu as cuit
il cuit	il a cuit
nous cuisons	nous avons cuit
vous cuisez	vous avez cuit
ils cuisent	ils ont cuit
Imperfect	*Pluperfect*
je cuisais	j'avais cuit
tu cuisais	tu avais cuit
il cuisait	il avait cuit
nous cuisions	nous avions cuit
vous cuisiez	vous aviez cuit
ils cuisaient	ils avaient cuit
Past historic	*Past anterior*
je cuisis	j'eus cuit
tu cuisis	tu eus cuit
il cuisit	il eut cuit
nous cuisîmes	nous eûmes cuit
vous cuisîtes	vous eûtes cuit
ils cuisirent	ils eurent cuit
Future	*Future perfect*
je cuirai	j'aurai cuit
tu cuiras	tu auras cuit
il cuira	il aura cuit
nous cuirons	nous aurons cuit
vous cuirez	vous aurez cuit
ils cuiront	ils auront cuit

CONDITIONAL	
Present	*Perfect*
je cuirais	j'aurais cuit
tu cuirais	tu aurais cuit
il cuirait	il aurait cuit
nous cuirions	nous aurions cuit
vous cuiriez	vous auriez cuit
ils cuiraient	ils auraient cuit

INFINITIVE	
Present	*Perfect*
cuire	avoir cuit

SUBJUNCTIVE

Present	*Perfect*
que je cuise	que j'aie cuit
que tu cuises	que tu aies cuit
qu'il cuise	qu'il ait cuit
que nous cuisions	que nous ayons cuit
que vous cuisiez	que vous ayez cuit
qu'ils cuisent	qu'ils aient cuit

Imperfect	*Pluperfect*
que je cuisisse	que j'eusse cuit
que tu cuisisses	que tu eusses cuit
qu'il cuisît	qu'il eût cuit
que nous cuisissions	que nous eussions cuit
que vous cuisissiez	que vous eussiez cuit
qu'ils cuisissent	qu'ils eussent cuit

IMPERATIVE

Present	*Perfect*
cuis	aie cuit
cuisons	ayons cuit
cuisez	ayez cuit

PARTICIPLE

Present	*Past*
cuisant	cuit
	ayant cuit

GERUND

Present	*Perfect*
cuisant	ayant cuit

invariable, even in reflexive constructions.

• Conditional perfect 2: same as pluperfect subjunctive.

• Double-compound tenses: *j'ai eu cuit* (➔ §92, §141, §154).

• **Conduire**, **construire**, **luire**, **nuire**, and their compounds (➔ §22) follow this model. Note the invariable past participles *lui* and *nui*. For **reluire** and **luire**, the past historic *je (re)luisis* has been displaced by *je (re)luis… ils (re)luirent*.

WHAT IS A VERB?

Definition of the verb

In French, as in other languages, words are divided into several categories: as well as verbs, there are adjectives, adverbs, prepositions, etc. Several characteristics distinguish the French verb from these other parts of speech, in particular the noun.

89 Conjugation

Verbs have a large number of different forms that can be listed as *conjugations*. The differences in form function as indicators of person, number, tense, aspect, mood, and voice.

Each of the forms *il travaille, nous travaillons, ils travaillèrent, travaillez !, qu'il travaillât* is distinct in speech and in writing. Each also provides different information.

90 Function of the verb

In a sentence, a verb is almost indispensable. If there is no verb, the other words are not linked together, and it is difficult to assign a meaning to the whole that they constitute.

Le professeur enseigne la grammaire aux élèves.
(The teacher teaches grammar to the students.)

If the verb *enseigne* is removed, this sentence becomes incomprehensible. In some cases, however, the *verbal function* can exist without the presence of a verb. Sentences without verbs are called noun sentences.

Mon ami Paul, quel champion ! (My friend Paul, what a champion!)

91 **Verbs and time**

A verb denotes a reality that takes place in time.

Le sapin pousse plus vite que le chêne.
(The pine tree is growing faster than the oak.)

The things designated by the nouns *sapin* and *chêne* can be seen as independent of time. On the other hand, the process designated by the verb *pousse* develops in time. By conjugating the verb in the present tense, as in the above example, the process can be shown as uncompleted. It can also be presented as a completed process, with the verb in the past historic tense (*passé composé*), as in the following example.

Le sapin a poussé plus vite que le chêne.
(The pine tree grew faster than the oak.)

The various types of verbs

The verb classification presented here is based on meaning and function. For another classification → §107–109.

92 **The auxiliary verbs *être* and *avoir***

Être and *avoir* are distinct from all other verbs in the language in that they can be used in two ways.

Être and *avoir* as main verbs

The verbs *être* and *avoir* can be used like other verbs, with their own meanings and constructions.
Être is sometimes used to mean "exist".

Et la lumière fut. (And there was light.)

Être is more often used to introduce a complement.

La conjugaison est amusante. (Conjugating is fun.)
predicative adjective

Albertine est médecin. (Albertine is a doctor.)
predicate noun

Mon meilleur ami est le Président de la République.
predicative noun phrase
(My best friend is the President of the Republic.)

When used with a direct object, *avoir* shows that the subject "possesses" the object.

J'ai sept cents livres de grammaire française.
direct object
(I have seven hundred French grammar books.)

Être and *avoir* as auxiliary verbs

In addition to their use as main verbs, *être* and *avoir* are used as *auxiliary* verbs. They are used with other verbs to form some parts of their conjugations, as follows.

- For verbs that can be used in the passive voice, it is constructed with the auxiliary *être* and the simple form of the past participle.

Le café est cultivé dans plusieurs pays d'Afrique.
passive voice
(Coffee is grown in several countries in Africa.)

- The compound tenses of all verbs are formed with one of the two auxiliaries, *être* or *avoir,* and the simple form of the past participle.

Paul est parti pour New York, mais est arrivé à Montréal.
past historicpast historic
(Paul set out for New York but arrived in Montreal.)

Jeanne avait mangé, mais n'avait rien bu.
pluperfectpluperfect
(Jeanne had eaten but had not drunk anything.)

- Compound tenses in the passive use both auxiliaries: *être* for the passive and *avoir* for the compound form.

Paul a été reçu à son examen. (Paul passed his examination.)
past historic passive

- Double-compound tenses use an auxiliary that is compounded with another auxiliary.

Dès que Pierrette a eu fini son travail, elle est partie.
(As soon as Pierrette had finished her work, she left.)

- The passive of double-compound tenses—it is extremely rare—uses the auxiliary *être* for the passive and a compound tense of the auxiliary *avoir*. There are thus three auxiliaries in succession, two of which are past participles.

  Dès que le Président a eu été opéré, il a repris ses responsabilités.
  (As soon as the President had been operated on, he resumed his responsibilities.)

Use of the auxiliary *être* in compound tenses

- *Être* is the auxiliary used with intransitive verbs (→ §95) that indicate a change of location or state leading to a result. Thus *aller, arriver, devenir, mourir*, etc., are constructed with *être*.

  Il est arrivé à Paris et il est devenu célèbre.
  (He arrived in Paris and he became famous.)

- *Être* is also the auxiliary used in reflexive constructions (→ §101 and §135).

  Elle s'est maquillée, puis elle s'est lavé les mains.
  (She put on her makeup, and then she washed her hands.)

Use of the auxiliary *avoir* in compound tenses

Avoir is the auxiliary used with all verbs that do not require the auxiliary *être*, in particular with transitive verbs (→ §95).

The verb *être* takes the auxiliary *avoir*.

  L'accident a été très grave. (The accident was very serious.)
  past historic of *être*

The verb *avoir* takes the auxiliary *avoir*:

  Le livre a eu beaucoup de succès. (The book was very successful.)
  past historic of *avoir*

For verbs that can take either of the two auxiliaries, refer to §3.

For agreement of the participle → §131–141.

Être: the verb most frequently used in French

As an auxiliary, *avoir* is more frequent than *être*. However, the uses of *être* as an ordinary (non-auxiliary) verb are much more frequent than those of *avoir*, so that, overall, *être* just beats *avoir* as the most frequent verb in the French language. That is why *être* is listed first in the verb tables.

93 Semi-auxiliaries

It is convenient to consider the following seven verbs as semi-auxiliaries
Aller and *venir; devoir, pouvoir, savoir,* and *vouloir; faire*

Uses of *aller* and *venir*

Aller and *venir,* followed by the infinitive of a verb, are used to form *temporal verb periphrases* that indicate a near future and a recent past.

> *Je vais partir.* (I am going to leave.)
> near future

> *Je viens d'arriver.* (I have just arrived.)
> recent past

Uses of *devoir, pouvoir, savoir* and *vouloir*

Certain verbs "modalize" a following verb in the infinitive. They are *devoir,* which indicates necessity and sometimes probability; *pouvoir,* which shows possibility; *savoir,* which indicates know-how; and *vouloir,* which indicates willingness. These combinations are known as *modal verb periphrases.*

> *Elle doit travailler, mais elle veut se reposer.*
> (She has to work, but she wants to rest.)

> *Il sait lire, mais il ne peut pas écrire.*
> (He knows how to read, but he can't write.)

Uses of *faire*

Faire, with a following infinitive, forms a *causative verbal periphrasis*, in which the subject does not perform the action but has someone else do it.

  Alexandre Dumas faisait parfois écrire ses livres par d'autres auteurs.
  (Alexandre Dumas sometimes had his books written by other authors.)

When used with a reflexive pronoun, *faire* and a following infinitive form a *passive verbal periphrasis*.

  Mon ami s'est fait renvoyer du lycée.
  (My friend got himself expelled from high school.)

Faire can also replace another verb in the same way as a pronoun replaces a noun.

  Elle travaille plus qu'elle ne l'a jamais fait. (fait = travaillé)
  (She is working harder than she has ever done.)

94 Verbs of action and verbs of state

A very large number of verbs denote actions performed by a subject: *travailler, manger, marcher, aller, monter,* etc., are action verbs. A much smaller number of verbs indicate the state or condition of the subject. In most cases, verbs of state are used to introduce a subject complement: these are *linking* verbs (→ §95).

However, *exister* is a verb of state that cannot introduce a complement. *Être* is sometimes used without a complement to mean "exist," especially in the impersonal expression *il était une fois.*

  Il était une fois un roi très puissant.
  (Once upon a time there was a very powerful king.)

95 Intransitive, transitive, and linking verbs

Intransitive verbs

Some verbs of action denote processes that do not act upon an object:

aller, dormir, marcher, mugir, etc. These verbs are called *intransi-tive:* they cannot take a direct object, though they may have adverbial modifiers.

> *Ils marchent vers Paris.* (They are walking toward Paris.)
> adverbial of place

Transitive verbs

Other action verbs generally have an *object* that expresses the person or thing affected by the action of the verb, whatever that action may be. These verbs are called *transitive.*

> *Claire construit sa maison.* (Claire is building a house.)
> object

Direct transitive verbs

With some of these verbs, the object is constructed "directly," i.e., without a preposition. It is then a *direct object.*

> *Les abeilles produisent le miel, les termites détruisent les maisons.*
> direct object of *produire*   direct object of *détruire*
> (Bees produce honey, and termites destroy houses.)

If the verb is put into the passive voice, the direct object becomes the subject.

> *Le miel est produit par les abeilles. (Honey is produced by bees.)*
> subject

▶ It is important not to confuse direct objects and nouns used without prepositions as adverbial modifiers.

> *Il boit la nuit, il mange le jour.*
> adverbial of time   adverbial of time
> (He drinks at night and he eats in the daytime.)

Unlike direct objects, however, adverbial modifiers can precede the subject-verb group.

> *La nuit il boit, le jour il mange.*
> (At night, he drinks, and in the daytime, he eats.)

Another distinction is that an adverbial cannot become the subject of a passive verb: **la nuit est bue par lui* (*The night is drunk by him) is impossible.

Indirect transitive verbs

With other verbs, the object is introduced by a preposition, usually *à* or *de*. These are known as *indirect transitive* verbs.

> *Elle ressemble à sa mère.* (She looks like her mother.)
> indirect object of *ressembler*

> *Elle parle de linguistique.* (She is talking about linguistics.)
> indirect object of *parler*

Linking verbs

Most verbs of state introduce a noun or an adjective that shows a characteristic of the subject.

> *Pierre est content : il deviendra pilote de ligne.*
> adjective   noun
> (Pierre is happy: he will become an airline pilot.)

Because they link a subject and a subject complement, these are called *linking* verbs. The linking verbs are *être* and its modalized equivalents: *sembler, paraître, devenir, rester*, etc.

96 Perfective and imperfective verbs

Perfective verbs denote an action that cannot continue beyond a limit that is inherent in the meaning of the verb. For example, it is impossible to continue arriving or finding after you have arrived at your destination or found what you were looking for. *Arriver* and *trouver* are thus perfective verbs.

On the other hand, the action of imperfective verbs can continue indefinitely. Someone who has been walking or looking for something for a long time can always continue walking or looking. *Marcher* and *chercher* are imperfective verbs.

▶ As in the above examples, perfective and imperfective verbs can be transitive or intransitive. Intransitive perfective verbs normally take the auxiliary *être*.

Some verbs are imperfective when they are intransitive, and perfective when they are used transitively. The action of *écrire* or *construire*, without a direct object, can continue indefinitely. There must, however, be a conclusion to *écrire une lettre* or *construire une maison*, so these actions are perfective.

Linking verbs are usually imperfective. However, *devenir* is perfective

The perfective/imperfective distinction should not be confused with the distinction between completed and uncompleted aspect (→ §99).

Six verbal categories

The different forms in a conjugation convey various notions: person, number, tense, aspect, mood, and voice. These notions are *verbal categories*. Every verb form indicates a combination of categories.

Ils / Elles songèrent. (They imagined.)

In this example, *songèrent* conveys information about the person (third), number (plural), tense and aspect (past historic), mood (indicative), and voice (active).

97 **Person**

Only verbs and personal pronouns show differences in person by variations in form. The verb agrees with its subject and is marked by this agreement (→ §115, §116). These marks indicate the person or agent that performs the action of the verb.

Je travaille. (I work.) *Nous travaillons.* (We work.)

The first person *je* is the person speaking. The word *je* indicates both the person speaking and the subject of the verb.

The second person *tu* is the person spoken to. The word *tu* indicates both the person spoken to and the subject of the verb.

In these two cases, the subject is always a personal pronoun, though a common or proper noun can be added in apposition.

Toi, Manon,   *tu connais beaucoup de pays.*
noun in apposition   pronoun subject
(Manon, you know a lot of countries.)

The third person *il* indicates that the subject of the verb does not take part in the communication between the first and the second persons—

in a sense, it is absent. It is sometimes called a non-person.

Unlike the first and second persons, which are human (or humanized, as, for example, when talking to an animal or a thing), the third person can represent an animate being or an inanimate thing. The subject of a verb in the third person may be a third-person personal pronoun, a noun, or a pronoun other than a personal pronoun.

Il / elle sourit. (He/She is smiling.)
personal pronoun

Le lac est agité. (The lake is choppy.)
common noun

Tout est fini. (Everything is finished.)
indefinite pronoun

Impersonal verbs

The third person is also used to conjugate impersonal verbs. These verbs do not have a real subject—can there be a subject performing the action of *il pleut* (it is raining)? But the rules of French conjugation require a pronoun or noun before any conjugated verb except in the imperative and the impersonal moods (→ §100, §164–166).

In some cases, the element following the verb can be seen as the "logical" subject.

Il m'arrive   une étrange aventure.
personal pronoun   logical subject
(A strange adventure happens to me.)

98 Number

The category of number is common to verbs, nouns, adjectives, and most pronouns. In verbs, number is associated with person. The subject of the verb thus determines its number, through subject-verb agreement (→ §116–§129).

Variations in number indicate the quantity of beings or inanimate things that are the subject of the verb: for the singular, only one, but at least two for the plural.

Je travaille. (I work.) *Nous travaillons.* (We work.)

The specific meaning of *nous*

Notice that the first person plural, *nous*, does not denote several cases of *je*, since *je* is by definition unique. It represents one *je* and one or more cases of *tu, il,* or *elle*.

The polite *vous* and the modest or emphatic *nous*

In French, the second person plural is the form of polite address used in speaking to a single person.

> *Que faites-vous, Madame ?* (What are you doing, Madam?)

The first person plural is sometimes used by a single person for reasons of modesty, as, for example, by the author of a work.

> *Nous ne parlerons pas de ces problèmes.*
> (We will not deal with these difficulties.)

Nous is also used, like the "royal we" in English, for emphasis.

> *Nous, préfet de Haute-Corse, prenons l'arrêté suivant.*
> (We, Prefect of the Department of Haute-Corse, do hereby decree.)

The polite *vous* and the modest or emphatic *nous* take plural verbs.

99 Tense and aspect

Verbs convey indications about the time of the reality that they denote. These indications are of two types: tense and aspect.

Tense

The time of the action is placed in relation to the moment of speaking. The moment of speaking, represented by the *present,* distinctly separates what went before (the past) and what will follow (the future).

In French grammar, *tense* is the name applied to distinctions between the various times at which an action may occur. It is also used to refer to a series of forms such as the present, the imperfect, or the future tense.

Aspect

The progress of the verb's action can be considered independently of its relation to the present. Indications of the way in which the action happens are called *aspect*.

For example, the beginning and ending of the action may or may not be taken into account.

Alfred travailla. (Alfred worked.)
past historic

Alfred travaillait. (Alfred was working.)
imperfect

In these two examples, the action is placed in the past. However, the meanings are different. In the first example, the action of *travailler* is seen as occurring within certain limits: it would be possible to specify when it began and when it ended. In the second example, on the other hand, temporal limits of the action are of no interest. The aspect is thus *limiting* (for the past historic) or *non-limiting* (for the imperfect).

The action of the verb can also be seen as uncompleted (in progress) or completed. In the following examples, the present tense indicates that the action is uncompleted.

Quand on est seul, on déjeune vite.
(When you're alone, you have breakfast quickly.)

En ce moment, les élèves terminent leur travail.
(At this moment, the students are finishing their work.)

In contrast, the use of the perfect in the following examples shows that the action is completed at the moment of speaking.

Quand on est seul, on a vite déjeuné.
(When you're alone, breakfast is soon over.)

En ce moment, les élèves ont terminé leur travail.
(At this moment, the students have finished their work.)

▶ One of the peculiarities—and the difficulties—of French verbs, as compared with other languages, is that the same forms are often used to indicate tense and aspect in particularly complex ways. Thus the perfect sometimes has an aspect value as an uncompleted present and sometimes a tense value as a past. This is why the category of aspect has long been largely or completely overlooked, for example in school grammars.

100 Mood

The category *mood* includes the *personal (finite) moods*, which are marked for the category *person* (→ §97), and the *impersonal moods* or *non-finite forms*, which are not.

The personal moods: indicative, subjunctive, imperative

In French, there are three personal moods: the indicative, the subjunctive, and the imperative. They have inflections for person—a complete series for the indicative and the subjunctive, and an incomplete set for the imperative, which has no third-person forms and has the first person only in the plural.

While the conditional was long considered to be a separate mood, it is now regarded as part of the indicative, for reasons of both form and meaning (→ §147–149).

▶ In the verb tables, the conditional is presented under the indicative, but, for tradition's sake, as a separate entity.

For the values of the three personal moods → §157–163.

Impersonal moods

There are three impersonal moods or non-finite forms: the infinitive, the participle, and the gerund. Their function is to allow verbs to be used in ways otherwise reserved for other parts of speech.

For a detailed analysis of these three moods → §164–166.

101 Voice: active voice, passive voice, and reflexive constructions

Definition

The category of voice shows the manner in which the subject participates in the action of the verb.

The active voice

When the verb is in the *active voice,* the subject is the doer: the subject performs the action.

Le gros chat dévore les petites souris. (The big cat devours the little mice.)

The passive voice

When the verb is in the *passive voice,* the subject is the receiver: the action is performed on the subject.

Les petites souris sont dévorées par le gros chat.
(The little mice are devoured by the big cat.)

The direct object of an active verb *(les petites souris)* becomes the subject when the verb is changed to the passive voice. The subject of the active verb becomes the *agent* of the passive verb *(par le gros chat).*

Which verbs can be used in the passive?

Only direct transitive verbs can be used in the passive. Other types of verbs (indirect transitive, intransitive, linking → §95) have no passive forms.

However, a very few indirect transitive verbs (especially *obéir, désobéir,* and *pardonner*) can be used in the passive: *vous serez pardonnés* (you will be forgiven).

▶ **Voice and aspect**

The change from the active voice to the passive (also known as *passive transformation*) has effects on (completed/uncompleted) aspect values. The sentence:

Les vieillards sont respectés. (Old people are respected.)
passive voice

maintains the uncompleted value of:

On respecte les vieillards. (Old people are respected.)

On the other hand:

La maison de la culture est construite.
passive voice
(The cultural center is/has been built.)

has a completed aspect value, in contrast to the corresponding active sentence:

On construit la maison de la culture. (The cultural center is being built.)
active voice

Yet the addition of an agent in the passive sentence restores the uncompleted aspect.

La maison de la culture est construite par des ouvriers étrangers.
passive voice   agent

(The cultural center is being built by foreign laborers.)

has the same uncompleted aspect as the corresponding active sentence.

Des ouvriers étrangers construisent la maison de la culture.
active voice

(Foreign laborers are building the cultural center.)

These differences in aspect are related to the distinction between perfective and imperfective verbs (→ §96).

Passive value of reflexive constructions

Unlike some other languages, French has only two voices, active and passive.

In a reflexive construction, the verb has a reflexive pronoun as an object.

Elle se promène dans le parc. (She strolls in the park.)

In some cases, however, the value of a reflexive construction is very close to the passive voice.

Ce livre se vend bien. (This book is selling well.)
reflexive verb

Although a reflexive verb can have a passive meaning, it cannot have an agent. Because of the passive meaning, some grammarians speak of the *reflexive voice.*

Other values of reflexive verbs: reflexive value

The subject performs the action on or for itself. The reflexive pronoun can be the direct object of the verb.

L'étudiant se prépare à l'examen.
(The student is preparing himself for the examination.)

It can also be the indirect object.

Il se prépare un avenir radieux.
(He is preparing a radiant future for himself.)

Other values of reflexive verbs: reciprocal value

With a plural subject, the subjects can perform the action on one another, as direct objects:

Deux pigeons s'aimaient d'amour tendre.
(Two pigeons loved each other tenderly.)

Or as indirect objects:

Les étudiants s'échangent leurs informations.
(The students exchange information with one another.)

Verbs that are only reflexive

Some verbs are used only in reflexive constructions: *s'absenter, s'abstenir, s'arroger, se désister, s'évanouir, se repentir, se souvenir,* etc.

▶ **Lexical values of reflexive constructions**

A reflexive construction can modify the syntax or meaning of a verb. For example, *s'éveiller* and *se promener* are intransitive verbs corresponding to *éveiller* and *promener; se mourir* is an imperfective form corresponding to *mourir,* etc.

MORPHOLOGY OF THE VERB

How to decompose verb forms

Morphology is the description of the way words are formed.

102 The stem and its affixes: a sample analysis

We will identify the various elements of a verb form, using the example *nous aimerons* (we will love). In this example, the following elements can be distinguished.

The personal pronoun *nous*

Nous is the first person plural pronoun. It is clearly identifiable, as it alternates with other pronouns—*vous, ils, elles*—that can be substituted for it, if the verb form is also changed. *Nous* provides two essential elements of information: person and number.

The personal pronoun is part of the verb form. In French, unlike some other languages, a verb cannot appear in the first or second person without a personal pronoun: **aimerons* is impossible by itself.

▶ The imperative is an exception: *aimons !*

The verb form *aimerons*

How can we decompose, or analyze, this form? We can compare *aimerons* with *amuserons* or *déciderons*. The *-erons* segment is shared by these three forms, so there must be a dividing line immediately before it. Also, with a difference in meaning, we can substitute other elements— *-ions (nous amus-ions), -èrent (ils décidèrent)*, etc.—for *-erons*. This confirms the existence of the dividing line.

The stem *aim-*

We have identified the segment *aim-, amus-,* and *décid-*, which are followed by other segments such as *-erons, -ions,* or *-èrent. Aim-,* *amus-*, and *décid-* have different "meanings," as we can see from a dictionary. These segments that carry meaning are called *stems*.

The *-erons* segment

This is what is traditionally called an ending. It may be nice to know that it comes at the end, but let us analyze it more closely. Can we decompose *-erons?*

The *-ons* segment

To decompose *-erons,* se can compare *nous aimerons* with *nous aimions.* The *-ons* is common to both. It is closely linked to the pronoun *nous* and, like *nous,* is a sign of person (first) and number (plural). It can be replaced with *-ez (vous aimer-ez)* to change the person or with *-ai (j'aimer-ai)* to change the number. We can thus divide *-erons* into *-er-* and *-ons.*

The *-er-* segment

This segment is placed between the stem and a variety of segments such as *-ons, -ez,* or *-ai,* as in *aimerons* and *aimerez.* In *aimions* and *aimiez,* there is a similar segment, *-i-.* A comparison will clarify the function of these segments: *aimerons* places the action in the future, and *aimions* places it in the past. As the two forms are identical in other respects, *-er-* marks the future, and *-i-* marks the imperfect.

Conclusion of the analysis

We can now see that the verb forms *nous aimerons* and *nous aimions* can be decomposed in the following way:

- the personal pronoun *nous,* which indicates the person (first, as opposed to the second and third) and the number (plural, as opposed to singular)
- the stem *aim-,* which carries the specific meaning of the verb (this is what linguists call "lexical meaning")
- the segments *-er-,* in *aimerons,* and *-i-,* in *aimions,* which respectively mark the future and the imperfect

• the segment *-ons-*, which marks both the first person and the plural, repeating the information carried by the pronoun *nous*.

103 Definition of "affix"

We now need a more precise name than *ending* for the segments *-er-*, *-i-*, and *-ons*. We will call them *affixes*. An affix is the mark of tense, person, number, etc. (→ §97–101), in the conjugation of a verb.

Affixes are often pronounced: we can hear *-er-*, *-i-*, and *-ons* in *aimerons, aimions,* and *aimerions*. Very often, however, affixes appear only in writing and are not pronounced, as for example *-es* and *-ent* in *tu aim-es* and *ils / elles aim-ent.* The importance of affixes in the written language is a significant feature of French grammar.

Affixes may also be represented by an absence of any written mark or pronounced form: this is called a *zero affix*. For the idea of a zero affix to be useful, it must be used in contrast to other affixes that have written or spoken forms. For example, in *il défend* the zero affix distinguishes the third person singular from the first and second persons singular and from the first person plural:

je défend-s, tu défend-s: unpronounced affix *-s*
nous défend-ons: pronounced affix *-ons*
il / elle défend: zero affix

One, two or three affixes

A conjugated verb form must have a stem and one or more affixes that mark the verbal categories (→ §97–101). The present indicative, unlike most other forms, attaches the affix for person and number directly to the stem: *nous aim-ons,* without any other affix between *aim-* and *-ons*. In the future and the imperfect, *nous aim-er-ons* and *nous aim-i-ons* each take two affixes. The conditional, *nous aim-er-i-ons,* takes three affixes, which is the maximum in French, though not in other languages.

104 Simple and compound forms

The conjugation of a French verb includes two sets of forms.

Simple forms

In the simple forms, such as *nous aimerons*, affixes are attached to the stem of the verb.

nous aim -er-ons
   stem   affixes

Compound forms

In the compound forms, the past participle of the verb is used. The past participle is not conjugated. Instead, the affixes are attached to an auxiliary, either *avoir* or *être* (→ §92).

In *nous aurons aimé*, the compound form corresponding to *nous aimerons*, the past participle *aimé* is not conjugated. The affixes for tense, person, and number (*-r-* for the future and *-ons* for the first person plural) are attached to the auxiliary *avoir*.

nous au-r-ons aimé
     affixes

▶ For past participle agreement in person and number → §131–141.

Correspondence between simple and compound forms

It is a characteristic of the French verb system that the simple and compound tenses are related. For each simple form, there is a corresponding compound form, as shown in this chart (for the indicative *of écrire,* to write):

Indicative

Simple tenses		Compound tenses	
Present	*il écrit*	Perfect	*il a écrit*
Imperfect	*il écrivait*	Pluperfect	*il avait écrit*
Past historic	*il écrivit*	Past anterior	*il eut écrit*
Future	*il écrira*	Future perfect	*il aura écrit*
Present conditional	*il écrirait*	Conditional perfect	*il aurait écrit*

In the forms *il a écrit, il avait écrit, il eut écrit, il aura écrit,* and *il aurait écrit,* the auxiliary is in the same tense as the verb in the corresponding simple tense. In this way, the perfect corresponds to the present, the pluperfect to the imperfect, the past anterior to the past historic, the future perfect to the future, and the conditional perfect to the present conditional.

This parallelism between the simple and compound tenses applies to all the moods. In the subjunctive, the perfect and the pluperfect correspond to the present and the imperfect in the same way:

Subjunctive

Simple tenses		Compound tenses	
Present	*qu'il écrive*	Perfect	*qu'il ait écrit*
Imperfect	*qu'il écrivît*	Pluperfect	*qu'il eût écrit*

The same correspondence is seen in the imperative:

écris	*aie écrit*

And in the non-finite forms:

écrire	*avoir écrit*
écrivant	*ayant écrit*
en écrivant	*en ayant écrit*

The system is so powerful that double-compound tenses have been created, in which the auxiliary is itself in a compound tense: *il a eu écrit, il avait eu écrit,* etc. (→ §154).

105 Active and passive forms

In French, transitive verbs have two voices, the active voice and the passive voice.

nous aimerons (we will love)   *nous serons aimé(e)s* (we will be loved)
   active form   passive form

Like the compound tenses, the passive voice uses the past participle of the verb. In the passive, the verb agrees in gender and number with the subject. In this example, the past participle *aimés* or *aimées* is marked with the plural indicated by *nous* and, if applicable, the feminine.

The passive is conjugated with the auxiliary *être* in the same tense as the corresponding active form. Transitive verbs thus have as many passive forms as active forms, although the passive forms are less often used. The passive forms include the compound tenses, as in the perfect passive *nous avons été aimé(e)s*, and even double-compound tenses, for example *nous avons eu été aimé(e)s*.

▶ The compound and double-compound tenses and the passive, which may itself be in a compound or double-compound tense, present no morphological difficulties (excluding questions of past participle agreement → § 131–141): only the auxiliaries are conjugated. For this reason, no further mention will be made of these forms in this chapter on morphology.

Stems

The method we used in decomposing *nous aimerons* (→ §102) is easy to apply. It is an effective way of determining the morphology of many simple (i.e., not compound) forms. There may, however, be some apparent difficulties regarding both stems and affixes.

106 Fixed and variable stems in the three conjugations

In the conjugation of *aimer*, the stem *aim-* remains the same in all forms of the verb. This is the usual situation: except in the third conjugation, the vast majority of verbs have a single stem.

107 The first conjugation

This conjugation groups those verbs whose infinitive ends in the affix *-er* and whose first person singular of the present indicative ends in the affix *-e*.

▶ In spite of its infinitive in *-er*, *aller* does not belong to the first conjugation because of the first person present form *je vais*.

With very few exceptions, all the verbs in the first conjugation (*aimer,*
travailler, etc.) have a single stem. Even in the exceptions, the stem is
usually easy to recognize. The stem of *achever,* for example, has two
forms: *achèv-* (as in *j'achèv-e*) and *achev-* (as in *nous achev-ons*).
Envoyer and *renvoyer* are more complex, however. They alternate three
stems: envoi- [ãvwa] in *j'envoi-e*, envoy- [ãvwaj] in *nous envoy-ons,*
and enver- [ãvɛ] in *il enver-ra* (→ §19).

A large majority of verbs are in the first conjugation, including almost
all new verbs that are coined.

108 The second conjugation

The second conjugation is made up of verbs whose infinitive is formed
by adding the affix *-r* to a stem ending in *-i-,* as in *fini-r.* The stems of
these verbs are unchanged throughout the conjugation but are extended
by the addition of *-ss-* for certain forms: *je fini-s, il fini-t, il fini-r-a,*
ils fini-rent, but *nous fini-ss-ons, ils fini-ss-aient, fini-ss-ant.* Once
the forms extended with *-ss-* (the present plural, imperfect, and present
participle) are taken into account, there is no difficulty in identifying
the stem (→ §20).

There are more than 300 verbs in the second conjugation, including
some moderately recent coinages: the onomatopoeic verb *vrombir*
(buzz, throb) and the series *atterrir, amerrir, alunir* (land, land on
the sea, land on the moon).

109 The third conjugation

The third conjugation includes all the remaining verbs, of which there
are about 370:

- *aller,* with its infinitive in *-er* (→ §23)

- verbs with the infinitive in *-ir* that do not not extend the stem with
  -ss-: cour-ir, nous cour-ons, ils cour-aient, ils cour-r-ont (the
  second *-r-* is the future affix, not part of the stem), *cour-ant,* etc. (→
  §24–39)

- verbs with the infinitive in *-oir: devoir, pouvoir,* the auxiliary *avoir,* etc. (→ §40–57)

- verbs with the infinitive in *-re: conclure, coudre, paraître, vaincre,* the auxiliary *être,* etc. (→ §58–88)

Third conjugation verbs with a single stem

Some verbs in the third conjugation, such as *courir* and *conclure,* have stems that remain unchanged throughout their conjugations.

Verbs whose stem has two forms

The stem of *ouvrir* has the forms *ouvr-* (*il ouvr-e, il ouvr-ait*) and *ouvri-* (*il ouvri-r-a*). Similarly, the stems of *écrire, lire, croire, vivre,* etc., have two forms.

Verbs whose stem has three forms

Devoir has the stem forms *doi-* (*il doi-t*), *doiv-* (*ils doiv-ent*), and *dev-* (*il dev-ait, dev-oir*). Other verbs with three stem forms are *voir* (*voi-* in *il voi-t, voy-* in *nous voy-ons, ver-* in *il ver-r-a*), *dormir, boire,* etc.

Verbs whose stem has four forms

Tenir has the stem forms *tien-* (*il tien-t*), *ten-* (*nous ten-ons*), *tienne-* (*qu'il tienn-e*), and *tiend-* (*je tiend-r-ai*). Similarly, *prendre* and *savoir* each have four stem forms.
Aller has the four stems *v-* (*je v-ais, tu v-as*), *all-* (*nous all-ons*), *i-* (*nous i-r-ons*), and *aill-* (*que j'aill-e*). In contrast to the other verbs in this category, however, the various stems bear no resemblance to each other (they are called *suppletive stems*). Because of these stem differences and also its unique affixes in the present indicative, *aller* is classified as irregular.

Verbs whose stem has five forms

Only two verbs have five stem forms: *vouloir* (*veu-* in *il veu-t, voul-* in *nous voul-ons, veul-* in *ils veul-ent, voud-* in *je voud-r-ai,* and *veuill-* in *veuill-ez*) and *pouvoir* (*peu-* in *il peu-t, pouv-* in *nous pouv-ons, peuv-* in *ils peuv-ent, pour-* in *je pour-r-ai,* and *puiss-* in *qu'il puiss-e*).

Irregular verbs

The verbs generally considered to be irregular are *aller, faire* and *dire,* and the auxiliaries *être* and *avoir.* The reasons for considering them irregular are:

• The stems have a large number of often very different forms (as many as eight in the case of *être,* according to some analyses). For *être,* the following stems should be noted: *s-* (*ils s-ont*), *ê-* (*vous ê-tes*), *ét-* (*il ét-ait*), *f-* (*il f-ut*), *se-* (*il se-r-a*), *soi-* (*qu'ils soi-ent*) and *soy-* (*soy-ez*).

• It is sometimes impossible to distinguish the stem and the affix: how can *a* (*il a*) or *ont* (*ils ont*) be decomposed? They are clearly the same as the affixes *-a* in *v-a* and *-ont* in *f-ont, s-ont,* and *v-ont.* Since the verb forms in *il a* and *ils ont* cannot be composed only of affixes, these two forms of *avoir* are considered to have "fused" or amalgamated stems and affixes.

• The affixes may have unusual or unique forms: *-ommes* occurs only in *nous s-ommes,* and *-tes* occurs only in *vous ê-tes, vous fai-tes,* and *vous di-tes.*

▶ In enumerating the forms verb stems take, we have not taken into account the past historic and past participle forms, which would have increased the count for some third-conjugation verbs. For example, *vivre* has *véc-* in *il vécut* and *vécu, devoir* has *du-* in *il dut* and *dû,* and *naître* has *naqu-* in *il naquit* and *n-* in *né.*

Classifying affixes → §6

Affixes are placed after the stem. There are two types of affix, those that are never in final position and those that are always in final position.

110 **Affixes that are never in final position**

These are *-(e)r-* for the future and the conditional, and *-ai-/-i-* for the imperfect and the conditional. While these are tense values, *-i-* is also used to form the subjunctive mood.

The future and conditional affix *-(e)r-*

This affix is always attached directly to the stem. The choice of *-er-* or *-r-* is governed by the preceding sounds (or letters): *il travaill-er-a, il fini-r-a, il coud-r-a,* etc.

To form the future, *-(e)r-* is directly followed by one of the affixes of the second type: *nous travaill-er-ons.*

To form the conditional, the *-ai-/-i-* affix is placed between *-(e)r-* and the final affix: *nous travaill-er-i-ons.*

The imperfect and conditional affix *-ai-*[ɛ]*/-i-*[j]

This affix is placed immediately after the stem for the imperfect. For the conditional, it follows the *-(e)r-* affix. The *-ai-* form is used for all three persons in the singular and the third person plural: *je travaill-ai-s, ils décid-er-ai-ent.* The *-i-* form is used for the first and second persons plural in the imperfect and conditional (*nous travaill-i-ons, vous amus-er-i-ez*) and the same persons in the present and imperfect subjunctive (*que nous travaill-i-ons, que vous travaill-ass-i-ez*).

111 **Affixes that are always in final position**

These affixes occur in all verb forms. They are always the last segment of the verb and are placed either immediately after the stem or after one or both of the affixes *-(e)r-* and *-ai-/-i-.*

Affixes for the present indicative

The affixes for the present indicative are shown in §6. The exceptions are the irregular verbs *être* (§1), *avoir* (§2), *faire* (§67), *dire* (§84), and *aller* (§23).

Affixes of person for the imperfect indicative and the conditional

In the plural, these are identical to the present indicative affixes for all three persons: *nous travaill-i-ons, vous fini-r-i-ez, ils / elles se-r-ai-ent*.

In the singular, the affixes are *-s* for the first and second persons and *-t* for the third person: *je cous-ai-s, tu i-r-ai-s, il / elle fe-r-ai-t*.

For the imperfect, the personal affixes follow *-ai-/-i-*, which is preceded in the conditional by *-(e)r*.

Affixes of person for the future

These affixes are the same for all verbs (→ §6).

Affixes for the past historic → §6

Affixes for the present subjunctive

The forms are *-e, -es, -e, -ons, -ez, -ent*.

For all three persons in the singular and for the third person plural, the affix is attached directly to the stem. In the first and second persons plural, it follows the *-i-* affix.

▶ For *être* and *avoir* → §1, §2.

Affixes for the imperfect subjunctive

The imperfect subjunctive uses the same stem as the past historic, followed by a tense affix that may take the forms *-a-* and *-â-*, *-i-* and *-î-*, *-u-* and *-û-*, or *-in-* and *-în-* (with the circumflex accent in the third person singular). This base is then completed in the following ways:

• In the third person singular, the base is followed by an unpronounced affix *-t*: *qu'il travaill-â-t, qu'il pr-î-t, qu'il mour-û-t, qu'il v-în-t*.

- In the first and second persons singular and in the third person plural, the base is followed by the expansion *-ss-* and then *-e*, *-es* or *-ent*: *que je travaill-a-ss-e*, *que tu pr-i-ss-es*, *qu'ils v-in-ss-ent*.

- In the first and second persons plural, *-i-* is added between the expansion *-ss-* and the person affixes *-ons* and *-ez*: *que nous travaill-a-ss-i-ons*, *que vous fini-ss-i-ez*, *que vous v-in-ss-i-ez*.

Affixes for the imperative

- The three forms of the present imperative (the second persons singular and plural, and the first person plural) are the same as the present indicative without a personal pronoun. For verbs ending in *-er*, however, the final *-s* is removed from the second person singular: *tu travailles*, *tu vas*, but *travaille*, *va*. Before *en* and *y*, the final *-s* is restored both in spelling and in pronunciation [z]: *manges-en*, *vas-y*.

- *Être, avoir, savoir* and *vouloir* take their present imperative forms from the present subjunctive, removing the *-s* from the second person singular if it follows *-e-*: *aie, sache, veuille*, but *sois*. *Sachons* and *sachez* remove *-i-* from the subjunctive.

Affixes for the infinitive

The infinitive is marked with the affix *-r*, which is often followed by *-e* in writing. While this affix is always present in the spelling, it is only pronounced after a consonant or a vowel other than [e]: *atterrir, courir, suffire, pleuvoir* [pløvwaʀ], *croire, taire, faire, clore, plaindre,* and *peindre,* but *aimer, aller,* etc.

Affixes for the present participle and the gerund

These two impersonal moods take the affix *-ant*. If the stem has more than one form, the stem of the first person plural of the present indicative is used. Exceptions are *ét-ant*, formed with the imperfect stem, and *ay-ant* and *sach-ant*, formed with the subjunctive stem.

The present participle is always invariable (that is, it does not agree in gender and number), except in cases where it has become a true adjective (→ §65).

The gerund takes the same form as the present participle, preceded by *en*:

> *(Tout) en travaillant, elle poursuit ses études.*
> (While working, she is continuing her studies.)

Affixes for the "past" participle

The past participle is sometimes particularly complex in regard to both stems and affixes.

- The pronunciation of some masculine past participles ends in a consonant sound. The feminine adds [t] in pronunciation and a mute *-e* in spelling: *mort* [mɔʀ], *morte* [mɔʀt], *offert*, *offerte*, etc.

- The past participles of some verbs end in a spelled consonant that is pronounced only in the feminine: *assis, assise, clos, close, dit, dite*, etc.

▶ The past participles of *absoudre* and *dissoudre* end in *-s* in the masculine and *-te* in the feminine: *absous, absoute*.

- For other verbs, the past participle affix is *-é* (for the first conjugation and *aller*), *-i* (for the second conjugation and some verbs in the third conjugation: *servi, fui*, etc.), or *-u* (for other verbs in the third conjugation: *chu, couru, tenu, venu*, etc.).

Defective verbs

112 **Definition of defective verbs**

A number of verbs have gaps in their conjugations—some of the forms simply do not exist. They are called *defective verbs* because of this "defect."

113 Classification of defective verbs

Verbs that can only be impersonal

These verbs are generally defective only in person, as they can have only the third person singular. This deficiency, however, also means that there is no imperative form. Since the present participle and the gerund theoretically share a personal subject with another verb, they are extremely rare.

This category includes the weather verbs *neiger* (snow), *pleuvoir* (rain), etc., and a few other verbs that are generally followed by a noun phrase or a prepositional phrase, such as *falloir* (*il faut*—it is necessary), *s'agir* (*il s'agit de*—it is a matter of), and the impersonal expression *il y a*.

Other defective verbs

→ §31, §38, §39, §45, §52, §53, §55, §56, §57, §66, §71, §76, §78.

SYNTAX OF THE VERB

114 What is syntax?

Studying verb *syntax* means describing the relationships between the
verb and the other elements that surround it in discourse, and especially in the sentence. As we saw in the previous chapter, morphology
is the study of verb forms *in isolation*. Syntax differs in that it deals
not only with the verb but with all the elements that interact with it:
nouns, adverbs, prepositional phrases, etc.

Verb syntax is a vast field of study. However, in keeping with the aims
and limitations of this manual, we have chosen to limit the area of
syntax to those problems that involve variations in verb forms, especially in their spelling. These problems are generally covered by the
term *agreement*.

Subject-verb agreement

115 What is agreement? Example and analysis

Le petit garçon promène son chien. (The little boy walks his dog.)

In this sentence, the noun *garçon* has several morphological properties. It is inherently *masculine* in *gender*. It is used in the *singular*,
the *number* used when there is only one of the person or thing under
discussion. It also belongs to the *third person*: it could be replaced by
the third-person personal pronoun *il*.

These three morphological properties of the noun *garçon* are com-
municated to the other sentence elements that relate to it. The article
le and the adjective *petit* are both marked for the *masculine gender*
and the *singular number* but not for the third person, as they cannot
be marked for this category. The verb *promène* is marked for the *third
person* and the *singular number* but not the *masculine gender*, which
it cannot be marked for.

116 Agreement in person and number

The finite forms of the verb agree in person and in number with the subject.

Les élèves travaillent ; nous, nous ne faisons rien.
<small>3rd p. pl.   3rd p. pl.   1st p. pl.   1st p. pl.</small>
(The students are working, but we are doing nothing.)

Agreement in person

The verb agrees with the first and second persons only when the subject is a first- or second-person personal pronoun (*je* and *tu* in the singular; *nous* and *vous* in the plural).

Je   suis   grammairien.
<small>1st p. sing.   1st person sing.</small>
(I am a grammarian.)

Tu   as   de bonnes notions de conjugaison.
<small>2nd p. sing.   2nd person sing.</small>
(You have a good knowledge of conjugating.)

Nous   adorons   la syntaxe. (We love syntax.)
<small>1st p. pl.   1st person pl.</small>

Vous   avez   horreur de la morphologie.
<small>2nd p. pl.   2nd person pl.</small>
(You hate morphology.)

All other types of subjects (a common noun with a determiner, a proper noun, a pronoun other than *je, tu, nous,* or *vous,* a verb in the infinitive, etc.) cause agreement in the third person.

Suzanne   frémit   en pensant au participe.
<small>proper noun   3rd p. sing.</small>
(Suzanne shudders when she thinks of participles.)

Personne   ne peut   négliger l'orthographe.
<small>indefinite pron.   3rd p. sing.</small>
(Nobody can disregard spelling.)

Fumer   est   dangereux pour la santé.
<small>indefinite pron.   3rd p. sing.</small>
(Smoking is dangerous to health.)

Agreement in number

A singular subject requires a singular verb, and a plural subject requires a plural verb.

La grammaire est vraiment passionnante.
sing. subject   sing. verb
(Grammar is really fascinating.)

Les élèves travaillent. (The students are working.)
pl. subject   plural verb

Certains préfèrent le caviar au foie gras.
pl. subject   plural verb
(Some prefer caviar to foie gras.)

▶ The polite form *vous* and the modest or emphatic *nous* require a plural verb.

117 Verb agreement with the relative pronoun

The antecedent of the relative pronoun *qui* can be a first- or second-person pronoun. In this case, the verb agrees with the personal pronoun.

C'est moi qui ai raison. (It is I who am right.)
1st p. antecedent   1st person verb

C'est toi qui as tort. (It is you who are wrong.)
2nd p. antecedent   2nd person verb

However, a third-person verb is possible with expressions like *le premier qui, la première qui, le seul qui, la seule qui,* and *celui qui or celle qui,* even if the preceding verb is in the first or second person.

Je suis le premier qui ai / a écrit sur ce sujet.
1st p.   1st or 3rd p.
(I am the first one who has written about this subject.)

Tu es celle qui m'as / m'a aimé. (You are the one who loved me.)
2nd p.   2nd or 3rd p.

The correct agreement with *un (une) des… qui* depends on whether the antecedent is the singular pronoun or the plural noun.

C'est un des élèves qui a remporté le prix.
(Only one student won a prize.)
(It was one of the students who won the prize.)

C'est un des meilleurs livres qui aient été publiés.
(Many books have been published.)
(It was one of the best books that have been published.)

118 Agreement with titles of works

If the title of a book, painting, symphony, film, etc., is a plural noun, the agreement may be singular or plural according to a complex set of variables.

Les Pensées *de Pascal sont admirables.* (Pascal's *Pensées* is admirable.)

Les Harmonies poétiques *se laissent encore lire.*
(*Les Harmonies poétiques* is still very readable.)

But:

Les enfants du Paradis *est l'un des meilleurs films de tous les temps.*
not *sont*
(*Les enfants du Paradis* is one of the best films of all time.)

Les dieux ont soif *est le meilleur roman d'Anatole France.*
not *sont*
(*Les dieux ont soif* is Anatole France's best novel.)

119 Agreement with collective nouns *(foule, masse, centaine, etc.)*

Nouns such as *foule, multitude, infinité, troupe, masse, majorité,* etc., and the approximate numbers *dizaine, douzaine, vingtaine, centaine,* etc., are morphologically singular but refer to plural individuals or things. When they are used in isolation, they take a singular verb.

La foule se déchaîne. (The crowd is going wild.)

When they are modified by a plural noun, they can take either a singular or a plural verb.

Une foule de manifestants se déchaîne / se déchaînent.
plural noun · · · · · · · · · singular or plural
(A crowd of demonstrators is going wild.)

This is known as syllepsis in number.

120 Agreement with fractions (*une moitié, un tiers,* etc.)

Fractions indicated by a noun such as *la moitié, le tiers,* or *le quart* are singular, but when they refer to groups they refer to several individuals or things: *la moitié des députés* (half of the deputies), *le tiers des candidats* (one-third of the candidates).

Expressions of this type usually take a plural verb by syllepsis.

La moitié des députés sortants ont été battus.
plural   plural
(Half of the outgoing deputies were beaten.)

Occasionally, even if the plural noun is not stated but understood from the context, the verb is still plural.

La moitié ont été battus. (Half of them were beaten.)
plural

▶ The singular is always possible, even if a plural noun is expressed.

Le tiers des députés sortants a été battu.
singular
(One-third of the outgoing deputies were beaten.)

If the fraction refers to an uncountable substance, the plural is completely impossible.

La moitié de la récolte a pourri sur place.
singular
(Half of the harvest rotted in the fields.)

121 Agreement with percentages

Percentages are not quite the same as fractions, as expressions like *29 %* are themselves plural. The following example, with a singular verb, is extremely improbable.

*29 % des députés sortants a été battu.
(29% of the outgoing deputies were beaten.)

On the other hand, plural agreement is possible even for uncountable substances.

29 % de la récolte ont été perdus. (29% of the harvest was lost.)

122 **Agreement with adverbs of quantity (*beaucoup, trop, peu*, etc.)**

The adverbs in question are *beaucoup, peu, pas mal, trop, peu, assez, plus, moins, tant, autant, combien* (in questions and exclamations), *que* (in exclamations), and a few others. These adverbs are often modified by a plural noun.

> *beaucoup d'élèves* (a lot of students)
> plural noun

> *pas mal d'élèves* (a lot of students)
> plural noun

In this case, their meaning is similar to that of a plural article (*pas mal d'élèves = des élèves*) and they take a plural verb.

> *Peu de candidats ont échoué : moins de cent s'étaient présentés.*
> (Few candidates failed: fewer than one hundred took the examination.)

Without a plural modifier, some—but not all—of these adverbs can still take a plural verb. *Peu ont échoué* (few failed) is possible, but **Moins s'étaient présentés* (fewer took the examination) is quite impossible.

▶ *La plupart*, even with a plural modifier, can take a singular verb.

> *La plupart des élèves travaillent / travaille.*
> plural or singular
> (Most of the students are working.)

▶ Bizarrely, *plus d'un* requires a singular verb, and *moins de deux* requires a plural verb.

> *Plus d'un est venu, moins de deux sont repartis.*
> singular   plural
> (More than one came, and fewer than two went away again.)

123 **Agreement of impersonal verbs**

The problem here is the lack of a real subject or agent. Who or what is the real subject of *il pleut* (it is raining) or *il fallait* (it was necessary)? In French the solution is to use the third-person singular pronoun *il* (→ §97), which requires agreement in the singular. The verb remains in the singular even when a "real subject" is expressed in the plural.

> *Il pleut des hallebardes.* (It's raining cats and dogs.)
>   plural "real subject"

124 Agreement with multiple subjects in the same person

Very often, the subject of a verb comprises several common or proper nouns or several pronouns joined with *et*. The general rule is that a verb with two or more subjects takes the plural.

> *Le général et le colonel ne s'entend<u>ent</u> pas bien.*
>   singular   singular   plural
> (The general and the colonel do not get along well.)

> *Ferdinand et René <u>ont</u> fait de la linguistique.*
>   singular   singular plural
> (Ferdinand and René did linguistics.)

> *Celui-ci et celui-là travailler<u>ont</u> correctement.*
>   singular   singular   plural
> (This one and that one will work properly.)

> *Elle et lui ne font rien.* (She and he are doing nothing.)
> sing.   sing.   plural

▶ As a deliberate archaism, agreement is sometimes made with only one of the subjects, even if the meanings are very different.

> *Leur sommeil et leur réveil en <u>fut</u> tout parfumé.*—Anatole France
>   subject   subject   singular
> (Their sleep and their awakening were scented with it.)

L'un et l'autre, which still sometimes takes singular agreement, is in this category.

> *L'un et l'autre se dit / se disent.* (Both of them are correct French.)

125 Agreement with subjects joined by *ou* or *ni... ni*

These two cases seem straightforward: there are at least two subjects, so the verb should be in the plural. However, some grammarians argue a different point of view.

Subjects joined by *ou*

Ou can be inclusive (and/or) or exclusive (not both). If it is exclusive, agreement in the singular is required.

Une valise ou un gros sac m'est indispensable.
(I absolutely need a suitcase or a large bag—but not both.)

If *ou* is inclusive, agreement is in the plural.

Une valise ou un sac faciles à porter ne se trouvent pas partout.
(You can't get an easy-to-carry suitcase or bag just anywhere.)

While this reasoning is subtle and difficult to apply, it is acceptable. In fact, *l'un ou l'autre* and *tel ou tel,* which have the exclusive *ou,* usually take a singular verb.

Subjects joined by *ni... ni*

Neither of the subjects coordinated by this negative conjunction can perform the action of the verb, which should remain in the singular.

Ni Henri V ni Charles XI n'a été roi.
  subject   subject   singular
(Neither Henri V nor Charles XI became king.)

The logic of this argument is dubious: if it were taken to extremes, plural verbs could never occur in negative sentences, as the subject cannot really perform the action of the verb. In practice, this type of subject can take either singular or plural agreement.

▶ *Ni l'un ni l'autre* can take either singular or plural agreement.
Ni l'un ni l'autre ne travaille / ne travaillent.
(Neither of them is working.)

126 Agreement with subjects joined by the expressions *comme, ainsi que, de même que, autant que, au même titre que,* etc.

When the expression functions as a coordinating conjunction, the verb is in the plural.

Le latin <u>comme</u> le grec ancien sont des langues mortes.
                         plural
(Latin and ancient Greek are dead languages.)

Agreement in the singular indicates that the expression retains its function of comparison. In particular, this is the case for parenthetical elements set off by commas.

Mexico, <u>au même titre que Tokyo et São Paulo</u>, est une mégapole.
parenthetical singular
(Mexico City, like Tokyo and São Paulo, is a megalopolis.)

127 Agreement with multiple subjects referring to the same person or thing

If the subjects have different meanings but refer to the same person or thing, agreement is in the singular.

Le Premier Ministre et le ministre de la Défense <u>peut</u> être la même
subject subject singular

personne. (The Prime Minister and Minister of Defense may be the same person.)

C'est l'année où mourut ma tante et (ma) tutrice.
singular subject subject
(It was the year that my aunt and guardian died.)

▶ In the second example, the determiner may or may not be repeated before the second subject: *ma tante et tutrice.*

If multiple subjects are close in meaning and denote the same reality, singular agreement is most common.

La <u>joie</u> et l'<u>allégresse</u> s'empara de lui. (He was filled with delight and joy.)
synonyms singular

L'<u>irritation</u>, la <u>courroux</u>, la <u>rage</u> avait envahi son cœur.
progression singular
(Irritation, anger, and rage had invaded his heart.)

128 Agreement with multiple infinitive subjects

A subject consisting of a series of infinitives normally requires a singular verb, but the plural also occurs.

Manger, boire et dormir est agréable.
(Eating, drinking, and sleeping are nice.)

Manger, boire et dormir sont permis.
(Eating, drinking, and sleeping are permitted.)

▶ In most of the difficult cases of agreement (→ §118–127), an official decree issued in 1976 authorizes both possibilities.

129 Agreement with subjects of different persons

Agreement in number

When multiple subjects refer to different grammatical persons, agreement is in the plural.

Agreement in person

If one of the subjects is in the first person, the verb is in the first person plural.

Toi et moi (nous) adorons la grammaire. (You and I love grammar.)

Toi, Ernestine et moi (nous) passons notre temps à faire de la syntaxe.
(You, Ernestine, and I spend our time doing syntax.)

If there are second- and third-person subjects, the verb is in the second person plural.

Émile et toi (vous) avez dévoré un énorme plat de choucroute.
(Émile and you have eaten an enormous dish of sauerkraut.)

▶ A personal pronoun of the person governing agreement, shown in parentheses in the examples, may optionally restate the subjects.

130 Agreement of *être* with a complement (*c'était…*, *c'étaient…*)

When the subject of *être* is the demonstrative pronoun *ce* (or sometimes *ceci* or *cela*, often following *tout*) used to introduce a plural complement or a series of complements, the verb may exceptionally be in the plural.

Ce sont eux. (It's them.)

Tout ceci sont des vérités. (All these are truths.)

C'étaient un capitaine, un lieutenant et un adjudant-chef.
(It was a captain, a lieutenant, and a warrant officer.)

However, *Ce sont nous (it's us) and *Ce sont vous (it's you) are quite impossible.

This plural agreement with a complement is somewhat archaic and was more frequent at earlier stages in the development of French.

Past participle agreement

131 Some remarks about past participle agreement

The question of past participle agreement has been the subject of extensive debates that might lead one to think that it is one of the most important points in French grammar. The following remarks will help to put the subject in proportion.

A spelling problem

Past participle agreement is almost entirely a spelling problem. The pronunciation reflects agreement in gender only for a small number of participles, such as *offert, offerte.* The great majority of past participles end in *-é, -i,* or *-u* in the masculine and mark the feminine only in spelling: *-ée, -ie,* and *-ue.* Agreement in number is never reflected in pronunciation, except in cases of liaison, which is relatively rare.

Rules that are often broken

Even in cases where agreement in gender is reflected in pronunciation, the rules are frequently broken in everyday conversation, especially in the case of agreement with a preceding direct object.

An artificial rule

The rule governing the agreement of a past participle with a preceding direct object is one of the most artificial rules in the French language. Its introduction can even be dated precisely: it was first formulated in 1538 by the poet Clément Marot. Marot based his rule on Italian, which has since then partly abandoned the rule.

A political problem

Political authority almost succeeded in abolishing Marot's rule. In 1900, a courageous Minister of Education named Georges Leygues promulgated a decree that made agreement optional. However, pressure from the Académie française was so strong that Leygues was forced to replace his decree with another that allowed non-agreement only in cases where the participle is followed by an infinitive or a present or past participle (→ §139, 140).

les cochons sauvages que l'on a trouvé/trouvés errant dans les bois
(the wild pigs that were found wandering in the woods)

132 Agreement of past participles used as adjectives

When it is used without an auxiliary, the past participle is a verbal adjective. As such, it follows the general rules for adjectives and agrees in gender and number with the noun phrase that it modifies. The rule applies whatever the participle's relation to the noun phrase: as an attributive, appositive, or predicative adjective.

Les petites filles assises sur un banc regardaient les voitures.
attributive, feminine plural
(The little girls sitting on a bench were watching the cars.)

Assises sur un banc, elles regardaient les voitures.
appositive, feminine plural
(Sitting on a bench, they were watching the cars.)

Elles étaient assises sur un banc, regardant les voitures.
predicative, feminine plural
(They were sitting on a bench, watching the cars.)

This adjectival behavior does not prevent the participle from having adjuncts in the same way as a verb.

Expulsés par leur propriétaire, les locataires ont porté plainte.
(Evicted by their landlord, the tenants took him to court.)

Ces jeunes personnes semblent satisfaites de leur condition.
(These young people seem satisfied with their situation.)

Exceptions to the general agreement rule are apparent rather than real.

Attendu, y compris, non compris, excepté, passé, supposé, vu

When they are placed before a noun phrase (i.e., before the determiner), these participles function as prepositions. They are therefore invariable.

Vu les conditions atmosphériques, la cérémonie est reportée.
invariable   noun phrase
participle
(In view of the weather conditions, the ceremony is postponed.)

Étant donné

This passive past participle may be considered in the same way as *attendu, y compris,* etc., or as a participial phrase with a delayed subject: agreement is optional.

Étant donné(es) les circonstances... (Given the circumstances...)
         feminine plural

Ci-joint, ci-annexé, ci-inclus

These expressions are typical of business correspondence.

• They are invariable if placed before a noun phrase.

Ci-joint la photocopie de mon chèque.
(Please find attached a photocopy of my check.)

• They agree with a preceding noun.

Voir la photocopie ci-jointe. (See the attached photocopy.)
        feminine

• They agree even with a following noun if they are used attributively.

Vous trouverez ci-jointe une photocopie de mon chèque.
       feminine
(You will find attached a photocopy of my check.)

133 Agreement of the past participle conjugated with *être:* general rule

When a verb is conjugated with the auxiliary *être*, the past participle agrees with the subject in number and gender. This rule applies in the passive voice and, for verbs that form their compound tenses with *être*, in the active voice.

Les voyageurs <u>sont bloqués</u> sur l'autoroute par la neige.
passive voice
(The travelers are stuck on the highway because of the snow.)

Quelques jeunes filles <u>sont descendues</u> sur la chaussée.
active voice: perfect of *descendre*
(Several girls got out onto the pavement.)

▶ With the pronoun *on*, agreement is usually in the masculine singular.

On est arrivé. (We have arrived.)

However, the plural may be used, generally in the masculine but in the feminine if all the people denoted by *on* are women.

On est reparties. (We have started again.)

The feminine singular indicates that *on* refers to one woman.

Alors, on est devenue bergère ?
(So, we've become a shepherdess, have we?)

134 Agreement of the past participle conjugated with *avoir*: general rule

When a verb is conjugated with *avoir*, the past participle never agrees with the subject.

Claudine n'aurait jamais fait cela. (Claudine would never have done that.)
feminine subject   invariable past participle

When a direct object precedes the verb, the participle agrees with the direct object in number and gender.

Ces histoires, il les a racontées. (He told those stories.)
dir. obj.   feminine plural past participle

The participle *racontées* agrees with the preceding direct object, the personal pronoun *les* (which is feminine plural by agreement with its antecedent, *ces histoires*).

▶ In reality, the rule that the past participle agrees with a preceding direct object is rarely applicable. For it to be applied, two conditions must be met:

a) The verb must have a direct object. This excludes all intransitive and linking verbs, and even transitive verbs used intransitively.

b) The direct object must precede the participle. This occurs in three cases.

In questions, when the object is at the beginning of the sentence:

Quelles grammaires avez-vous consultées ?
(Which grammars have you consulted?)

When the direct object is a personal pronoun:

Je jette les grammaires dès que je les ai lues.
(I throw grammars away as soon as I have read them.)

In relative clauses, when the relative pronoun is the direct object:

Les grammaires que j'ai acquises sont bien médiocres.
(The grammars I have obtained are very mediocre.)

135 Agreement of the past participle of reflexive verbs

The rule

In most cases, the participle agrees with the subject, whatever the type of reflexive construction (→ §101).

Ils se sont lavés. (They washed themselves.)
(true reflexive)

Elles se sont battues. (They fought each other.)
(reciprocal)

La porte s'est ouverte d'elle-même. (The door opened by itself.)
(passive)

Ils se sont souvenus. Elles se sont évanouies.
(verbs that can only be reflexive)

(They remembered. They fainted.)

Exceptions

• The participle does not agree in the following example.

Elles se sont préparé une bonne soupe.
(They made themselves some good soup.)

Here, the reflexive pronoun is not the direct object but a sort of indirect object. The direct object is *soupe,* as is shown by the agreement if it is placed before the verb.

La soupe qu'elles se sont préparée était bonne.
(The soup they made themselves was good.)

• With verbs such as *se complaire, se nuire, se parler, se plaire, se succéder,* etc., the participle is invariable.

Plusieurs reines se sont succédé. (Several queens succeeded one another.)

Elles se sont plu les unes aux autres. (They pleased each other.)

As in the previous case, the personal pronoun is not the direct object but the indirect object, as can be seen when the pronoun is replaced with a noun.

Les reines ont succédé aux reines. (The queens succeeded the queens.)
not *les reines*

Interpretation of the rule and the exceptions

By definition, the reflexive pronoun refers to the same person or object as the subject of the verb. In *Ils se sont lavés,* the subject *ils* and the direct object *se* refer to the same people. The rule can thus be formulated in two ways:

• Agreement is with the subject of the verb, as with other verbs conjugated with *être*. There are, however, exceptions.

• Agreement is with a preceding direct object, as with verbs conjugated with *avoir*. *Être* is simply substituted for *avoir*.

The cases in which the reflexive pronoun is not the direct object provide an argument in favor of the second formulation. In *Elles se sont préparé une bonne soupe,* the auxiliary *être* functions in the same way as *avoir,* which is used if the reflexive pronoun is removed: *Elles ont préparé une bonne soupe.*

▶ The case of *s'arroger* is very similar, except that it can only be a reflexive verb.

136 Agreement of the past participle conjugated with *avoir:* impersonal verbs

The past participle of impersonal verbs is always invariable, even when it is preceded by an apparent direct object.

les soins qu'il leur a fallu (the care that they needed)
plural objectinvariable past paticiple

137 Agreement of the past participle after *en*, (neutral) *l'*, *combien*

Des grammaires, j'en ai <u>lu</u> à foison ! (I've read grammars galore!)
<small>no agreement</small>

La crise dure plus longtemps qu'on ne l'avait <u>prévu.</u>
<small>no agreement</small>

(The crisis is lasting longer than had been foreseen.)

Combien en as-tu <u>lu</u> ? (How much of it have you read?)
<small>no agreement</small>

However, the participle sometimes agrees in gender and number with the nouns that these pronouns refer to, especially if they are expressed as prepositional objects.

Combien de livres as-tu acheté / achetés ? (How many books did you buy?)

138 Agreement with objects of verbs such as *durer, peser, coûter*

These objects have some but not all of the properties of direct objects. For example, they cannot be the subjects of passive transformations. When they precede the verb, they do not cause participle agreement.

les heures que le voyage a duré (the hours that the trip lasted)

les sommes que cela lui a coûté (the amounts that it cost him/her)

However, these verbs are sometimes truly transitive, in which case there is agreement.

les trois bébés que la sage-femme a pesés
(the three babies that the midwife weighed)

▶ There is often confusion between these two uses.

139 Agreement of the past participle followed by an infinitive

Verbs of movement (*emmener, envoyer*) and perception (*écouter, entendre, sentir, voir*)

les cantatrices que j'ai entendues chanter
(the female vocalists that I heard sing)

In this example, there is agreement because the pronoun *que* (referring to *cantatrices*) is the direct object of *j'ai entendu(es)*.

However, in the following example, *que* (referring to *opérettes*) is the direct object not of *j'ai entendu* but of *chanter*. Therefore, there is no agreement.

les opérettes que j'ai entendu chanter (the operettas that I heard sung)

Rule

The participle agrees with a preceding direct object of the compound verb that includes the participle (as in the *cantatrices* example). The participle does not agree with a direct object of the verb in the infinitive (as in the *opérettes* example).

Notice the difference in word order when the relative pronoun is replaced by its antecedent.

J'ai entendu les cantatrices chanter. (I heard the vocalists sing.)
　　　　　direct object of *j'ai entendu*

J'ai entendu chanter les opérettes. (I heard the operettas sung.)
　　　　　　　　　direct object of *chanter*

Nevertheless, it is easy to confuse the two constructions, and an official decree issued in 1976 allows agreement or non-agreement in both cases.

Faire and *laisser*

Traditionally, the past participle of *faire*, conjugated with *avoir*, is invariable when it is followed by an infinitive.

Les députés que le Président a fait élire ont l'air sérieux.
　masc. pl.　dir. obj.　invariable past participle
(The deputies that the President has had elected look serious.)

The reason for this is presumably that agreement in the feminine would affect the pronunciation, as in **la petite fille que j'ai faite jouer* (the little girl that I made play). Literary examples of this strange agreement are occasionally found.

In the case of *laisser*, in which agreement is a matter only of spelling, the traditional rule is the same as for verbs of movement and perception (→ above). In 1990, the Conseil supérieur de la langue française recommended that *laissé* should always be invariable when it is followed by an infinitive, as in this example.

Les musiciennes que j'ai laissé jouer sont remarquables.
fem. pl.   dir. obj.   invariable past participle
(The musicians I allowed to play are remarkable.)

140 Agreement of the past participle followed by an adjective or another participle

In theory, the general rule applies: the participle agrees with a preceding direct object.

Je vous aurais crues plus scrupuleuses.
(I would have thought you were more scrupulous.)

Une lettre que j'aurais préférée écrite à la main.
(A letter that I would have preferred handwritten.)

The rule, however, seems to be observed even less often in this case than in others. Also, as mentioned in §131, a decree issued in 1901 tolerated non-agreement in this case.

141 Agreement of the past participle in double-compound tenses

In theory, the first past participle (always *eu*) is invariable and only the second can agree with a preceding direct object.

Dès que je les ai eu tués, j'ai plumé mes canards.
(As soon as I had killed them, I plucked my ducks.)

▶ Rare examples of *eu(es)* are found in the writings of some authors.

THE VALUES OF VERB FORMS

142 Organization of meaning

The values, or meanings, of verb forms are based on differences: the present is distinct from the imperfect and the past historic, which are also distinct from each other. The subjunctive is distinct from the indicative and the imperative. The values of verb forms, therefore, should be studied not in isolation but as part of a system of differences.

▶ This chapter deals only with values of time (aspect and tense) and mood. The values of the other verbal categories (person, number, and voice) are less complex and are described in §97–98 and 101.

Time values

143 The present: the moment of speaking

The present—the most frequently used form—is the pivot around which the fundamental distinction between the past and the future is made. Our examination of time values must thus begin with the present. As its name suggests, the essential value of the present is to indicate that the moment of speaking and the moment of the action described are the same. If I say *Anne travaille* (Anne is working), the action is happening while I am speaking about it in the present tense. In this way, *Anne travaille* is distinct from *Anne travaillait* (Anne was working), where the action precedes the moment of speaking, and from *Anne travaillera* (Anne will work), where the action follows the moment of speaking.

However, when I say *Anne travaille,* the action (Anne's work) must have begun at least an instant before I start speaking and must continue a little beyond. The time occupied by the action necessarily extends before and after the time needed to pronounce the sentence that describes it. This overreach is at the root of the various values of the present tense.

Immediate present

The action is happening while I speak, but it lasts longer than the duration of the act of speaking.

Il pleut. (It is raining.)

Je travaille. (I am working.)

► Performative declarations

In some cases, the action coincides exactly with the moment of speaking. If I say, *Je déclare la séance ouverte* (I declare this session open), the action of the verb is the action of pronouncing the sentence. The duration of the sentence and the duration of the action are necessarily identical. Sentences of this type, which are always in the first person, are known as *performative declarations*. Other examples are:

Je te promets de venir demain. (I promise you I'll come tomorrow.)

Je jure de travailler. (I swear to work.)

Je parie cent francs sur la victoire de Jacques.
(I bet one hundred francs that Jacques will win.)

Je te baptise Alfred. (I baptize thee Alfred.)

Present of permanent validity or general truth

The action of the verb extends a long time before and after the moment of speaking. The limits of the action are often so distant or hard to imagine that the sentence is timeless.

La terre tourne autour du soleil. (The earth rotates around the sun.)

L'argent ne fait pas le bonheur. (Money can't buy happiness.)

Tous les hommes sont mortels. (All men are mortal.)

Habitual present

The action is repeated during a period (of any length) that includes the moment of speaking.

Le téléphone sonne. (The telephone rings.)

Le geyser jaillit toutes les deux heures. (The geyser erupts every two hours.)

Je vais à la piscine deux fois par semaine.
(I go to the swimming pool twice a week.)

Recent past and near future

In both cases, the speaker presents the action as being very close in time. This nearness, combined with the overreach noted above, is what makes the use of the present possible.

J'arrive à l'instant de Nanterre. (I've just this minute arrived from Nanterre.)

Nous partons mercredi prochain pour la Nouvelle-Orléans.
(We're leaving for New Orleans on Wednesday.)

The near future is seen as completely arranged or programmed at the moment of speaking, even though the action may not occur for some time.

Je prends ma retraite dans dix ans. (I retire in ten years.)

The present is also used in the subordinate clause of a conditional sentence if the main verb is in the future.

Si tu viens demain, j'en serai ravi.
  present   future
(If you come tomorrow, I will be very pleased.)

Narrative or historic present

In this case, the action described does not extend into the present, but the speaker conjures up past events as if he or she were there.

Louis XVI meurt le 21 janvier 1793. (Louis XVI died on January 21, 1793.)

The historic present makes past events more vivid by bringing them into the present. The listener or reader is always to some extent aware of this device, even when the historic present is used systematically.

Jussive present

The present can take on the modal value of the imperative. *On se calme !* (Quiet down!), said to a group of children, is not a statement of fact but an order.

144 The simple forms of the past: imperfect and past historic

Comparison of the imperfect and the past historic

Unlike other languages such as English and German, French has two uncompounded past tenses. All uses of the past historic and most uses of the imperfect have a past value that distinguishes both tenses from the present. What, then, distinguishes them from each other? Two examples will help to explain:

- In saying *elle travaillait* (she worked) in the imperfect, the speaker is not interested in the beginning and ending points of the action. It is possible to say, for example, *Elle travaillait déjà en 1907* (she was already working in 1907), but not **Elle travailla déjà en 1907*, in the past historic.

- In saying *elle travailla,* in the past historic, the speaker indicates that the action—however long it may have lasted—had a beginning and an end. It is thus possible to say *elle travailla de 1903 à 1937* (she worked from 1902 until 1937), but not normally **Elle travaillait de 1903 à 1937,* in the imperfect.

Because of this difference, a series of verbs in the imperfect and in the past historic has very different values.

The imperfect normally indicates simultaneous or alternating actions.

Elle dansait, sautait et chantait.
(She danced, jumped, and sang—all at the same time.)

The past historic usually indicates successive actions.

Elle dansa, sauta et chanta.
(She danced, jumped, and sang—one after the other.)

When both tenses are used in the same sentence, the simple past signals a circumscribed action that takes place within the undelimited time indicated by the imperfect.

L'avion volait à haute altitude quand l'incident survint.
(The plane was flying at high altitude when the incident occurred.)

Use of the imperfect and past historic

The imperfect is used in all persons in both spoken and written French. The past historic, on the other hand, is almost entirely restricted to the third person in contemporary French. This is why the first and second persons now seem outdated, especially in the plural: *nous arrivâmes* (we arrived), *vous partîtes* (you left). The perfect is preferred: *nous sommes arrivés, vous êtes partis* (→ §151). While the past historic has not totally disappeared from spoken French, it is typically used in writing, especially in literary writing.

► The situation was different in the 19th century: the past historic was used in all persons, apparently in spoken as well as written French. Very long autobiographical narratives could be written in the past historic and in the first person. This would now be quite exceptional and would indicate a special meaning: either a deliberately archaic style or a compete separation of the first-person *je* of the writer from the *je* of the person whose story is being told.

Specific values of the imperfect

The imperfect can indicate that an action did not in fact happen, as, for example when an imminent action was averted.

Un peu plus la bombe explosait.
(A little more and the bomb would have exploded.)

► This value of the imperfect for averted imminent action can cause ambiguities. For example, the sentence *Cinq minutes après, la bombe explosait* can have two opposite meanings: (1) the bomb did explode five minutes later, or (2) the bomb was defused before the five minutes were up, and so did not explode.

The use of the imperfect to indicate actions that did not happen explains two other uses:

• The imperfect can be used to introduce and soften a request.

Je venais vous demander une augmentation de traitement.
(I wanted to ask you for a raise in pay.)

• It is also used in the subordinate clause of "unreal" conditional sentences.

Si j'avais de l'argent, je t'en donnerais.
(If I had any money, I'd give you some.)

In these sentences, the imperfect can refer to the present *(Si j'avais de l'argent aujourd'hui…)* or the future *(Si demain j'avais de l'argent…)*.

145 The future and the conditional

Unlike some other languages, notably English and German, in French the future and the conditional are simple tenses. However, the greater or lesser resemblance of the future and conditional endings *(-ai* and *-ais, -as* and *-ais, -a* and *-ait, -ons* and *-ions, -ez* and *-iez, -ont* and *-aient)* to conjugated forms of *avoir* is not an accident. Etymologically, the future and the conditional were formed by adding the present and imperfect forms of *avoir* to the infinitive of the verb.

▶ The form of the infinitive, however, cannot reliably be used to predict the forms of the future and the conditional. The infinitive is recognizable in *travaillerai(s)*, *finirai(s)*, and *coudrai(s)*, but not in *enverrai(s)*, *courrai(s)*, and *irai(s)*.

146 The future

Time value of the future

The future tense indicates that, in relation to the moment of speaking, the action of the verb is located in the future.

Il neigera demain. (It will snow tomorrow.)

The future may or may not be concerned with the beginning and ending of the action.

Il neigera jusqu'à demain. (It will snow until tomorrow.)

Il neigera sans discontinuer. (It will snow without stopping.)

A series of verbs in the future can represent either successive actions, or simultaneous or alternating actions.

The actions are successive in this example.

Ils se marieront (d'abord) et auront (ensuite) beaucoup d'enfants.
(They will get married (first) and (then) will have a lot of children.)

But here they are simultaneous or alternating.

Au cours de leur soirée d'adieu, ils mangeront, boiront et fumeront.
(At their farewell supper, they will eat, drink, and smoke.)

The historic future

With the historic future, past events can be presented as if they were in the future in relation to the moment of speaking. Thus a historian can write, in 2001:

La première guerre mondiale finira par éclater en 1914.
(World War I would finally break out in 1914.)

Modal values of the future

There is always a degree of uncertainty in using the future—one can never be completely sure that a future action will really take place. With its varying degrees of certainty, the future has several uses that sometimes resemble mood values rather than tense values:

• The future is often used as an equivalent of the imperative. When a teacher tells a class, *Vous me remettrez vos devoirs mardi prochain* (You will hand in your assignments to me next Tuesday), he or she is in fact giving an order, whether or not it is obeyed.

• The future is often used to soften the expression of an idea.

Je ne vous cacherai pas que je suis très étonné de votre attitude.
(I can't deny that I find your attitude astonishing.)

• Especially with *être,* the future can indicate probability.

Le téléphone sonne : ce sera sans doute l'un de mes enfants.
(The phone's ringing. No doubt it must be one of my children.)

Other ways of expressing the future: the present

The future use of the present (→ §143) differs from the future by its suggestion that the action is arranged beforehand, not by the degree of future immediacy. In a crowded subway car, the passenger who asks, in the present, *Vous descendez à la prochaine ?* (are you getting off at the next stop?) is asking about another passenger's intentions. The second passenger may answer, in the future, *Non, mais je descendrai* (no, but I'll get out) to indicate that he or she had not planned to get off but will, to let the first passenger off.

In sentences like *Si tu viens demain, j'en serai ravi*, the future cannot normally occur in the subordinate clause (→ §143). However, the semi-auxiliary *devoir,* followed by the infinitive, can be used to reinforce the notion of futurity.

> *Si tu dois   venir demain, j'en serai ravi.*
> semi-auxiliary infinitive
> (If you come tomorrow, I will be very pleased.)

Other ways of expressing the future: periphrastic constructions

The periphrases *aller* and *être sur le point de,* both followed by the infinitive, express an imminent future (whether or not the imminence is objectively real).

> *Je vais partir.* (I'm leaving.)
> *Je suis sur le point de craquer.* (I'm about to crack up.)

147 The conditional: both future and past

Morphologically, the future contains both a future marker (the affix -*(e)r*-) and a past marker (the affixes -*ais, -ait,* and -*i*- in -*ions* and -*iez,* shared with the imperfect). This explains its time and mood values.

• In terms of time, the conditional marks a future seen from the past.

• In terms of mood, the conditional combines elements of the future and the imperfect (→ §146, §144), which tend to give it a contrary-to-fact value.

148 Time values of the conditional

In subordinate clauses

The conditional is the equivalent of the future seen from a viewpoint in the past. In this use, there is no sense of conditional meaning.

Paul espérait que Martine viendrait. (Paul hoped that Martine would come.)
   imperfect   conditional

In this example, the conditional is equivalent to the future in the following sentence, with the main verb in the present.

Paul espère que Martine viendra. (Paul hopes that Martine will come.)
  present   future

In independent clauses

The same time value occurs in independent clauses to express actions that are future in relation to a story in the past.

Marie pensait à Jacques : viendrait-il la voir bientôt ?
(Marie was thinking of Jacques. Was he going to come to see her soon?)

This can be compared to:

Marie pense à Jacques : viendra-t-il la voir bientôt ?
(Marie is thinking of Jacques. Will he come to see her soon?)

▶ This use of the conditional typically occurs in free indirect speech, in which someone's words or thoughts are reported without subordination to a main verb.

149 Mood values of the conditional

Present unreal and future potential

The conditional tense is used in the main clause of conditional sentences whose subordinate clause is in the imperfect.

Si j'avais de l'argent, je t'en donnerais.
  imperfect   conditional
(If I had any money, I'd give you some.)

If the time is not specified, the action can be considered to be in the present.

Si j'avais de l'argent maintenant, je t'en donnerais.
(If I had any money now, I'd give you some.)

The speaker does not have any money at present and so does not give any. This is known as a *present unreal* condition.

The same sentence can refer to the future.

Si demain j'avais de l'argent, je t'en donnerais.
(If I had any money tomorrow, I'd give you some.)

This time, the speaker sees a possibility of having some money the next day, and thus of giving some of it. This is called a *future potential* condition.

For past unreal conditions → conditional perfect, §153.

▶ Like the future, the conditional is not normally used in a subordinate clause introduced by *si*. It is heard, however, in colloquial French: *Si je voudrais, je pourrais* (If I would want to, I could). As in English, this use is considered to be bad grammar and should be avoided.

Advice, requests and reported opinion

The conditional is also used with the following values:

• To soften advice or requests

Il faudrait tout changer. (You should change everything.)
   advice

Je voudrais avoir un entretien avec vous. (I'd like to talk to you.)
   request

• To report an opinion expressed by another person

L'épidémie serait en voie de généralisation.
(The epidemic is reportedly becoming generalized.)

This use of the conditional is particularly frequent in journalism, since it allows the writer to suggest reservations about the accuracy of the information reported. It is sometimes accompanied by attributions like *selon l'intéressé* (according to the person affected), *selon les milieux bien informés* (according to well-informed sources), etc.

• To set up an imaginary situation

On serait dans une île déserte. On ferait la chasse aux sangliers.
(Imagine we're on a desert island. We're hunting wild boar.)

This value of the conditional is particularly frequent in children's usage.

150 The two fundamental values of the perfect tenses

The perfect tenses can have either of two basic values in relation to the corresponding simple tenses (→ §104).

Completed aspect

The perfect marks a completed aspect value. The following example, in the present tense, describes an action as it happens: it is uncompleted.

J'écris ma lettre de réclamation. (I am writing my letter of complaint.)

To show the completed action, still in the present, the corresponding compound tense is used: the perfect.

J'ai écrit ma lettre de réclamation. (I have written my letter of complaint.)

The passive equivalent of this completed action is the present passive. It cannot be understood to mean that the letter is being written.

Ma lettre de réclamation est écrite.
(My letter of complaint is/has been written.)

Precedence in time

When the simple and perfect forms occur in the same sentence, the perfect shows that one action precedes the other.

Dès que j'ai écrit ma lettre de réclamation, je l'envoie.
(As soon as I have written my letter of complaint, I'll send it.)

In this case, precedence in relation to the present necessarily implies past time. This is why the perfect can so easily become a marker of past time rather than completed aspect.

The distinction between simple and compound forms is the same in all moods. Thus the perfect subjunctive can signal either completed aspect or precedence in time.

151 The perfect

The perfect is the most contentious tense in the French verb system. It has two clearly separate values that share the traditional names of perfect or *passé composé.*

Completed action in the present

In some uses, the perfect is the completed equivalent of the present tense. In this case, no past form can be substituted for the perfect.

Quand on est seul, on a vite déjeuné.
(When you're alone, breakfast is soon over.)

In this example, neither the imperfect nor the past historic can replace the perfect. The present tense in the subordinate clause clearly situates the action in the present. This is thus an example of completed aspect value in the present.

The perfect can express completed aspect in the near future in the same way that the present can indicate an uncompleted near future.

Je suis revenu dans cinq minutes. (I'll be back in five minutes.)

This example means that in five minutes I will have completed the action of coming back.

Past action

The same form, the perfect, can mark a past action. In this case, the perfect can be replaced by the past historic without any significant change in meaning.

La baronne est sortie à cinq heures. (The baroness went out at five o'clock.)
　　　　perfect

La baronne sortit à cinq heures. (The baroness went out at five o'clock.)
　　　past historic

These two sentences describe the same event. In this use as a past form, the perfect is contrasted with the imperfect in the same way as the past historic.

Les élèves chahutaient quand le proviseur est entré / entra.
　　　　imperfect　　　　　　　　　　　　perfect or past historic
(The students were raising the roof when the principal came in.)

The perfect, but not the past historic, suggests that the speaker was present.

152 **The pluperfect and the past anterior**

The pluperfect is the compound equivalent of the imperfect, while the past anterior corresponds to the past historic. These two tenses thus differ from the simple forms in the same two values: completed aspect and precedence in time.

Completed aspect

The action of the verb is seen as completed at a point in past time.

Le 20 janvier, j'avais terminé mon travail.
        pluperfect
(On January 20, I had finished my work.)

Il eut fini en un instant. (He had finished in a moment.)
past anterior

Precedence in time

Actions reported in the pluperfect or the past anterior occurred before actions in the imperfect or the past historic.

Dès qu'il avait terminé son travail, il partait se promener.
        pluperfect
(As soon as he had finished his work, he went out for a walk.)

The action of finishing his work took place before the action of going for a walk.

Quand il eut écrit ses lettres, il les envoya.
    past anterior
(When he had written his letters, he sent them.)

Specific values of the pluperfect

The pluperfect can be used in the same way as the imperfect to soften the impact of a request.

J'étais venu vous demander un service. (I just wanted to ask you a favor.)

In the subordinate clause of a past unreal condition introduced by *si*, the pluperfect has a modal value that indicates a statement contrary to fact.

Si j'avais eu de l'argent (hier), je t'en aurais donné.
pluperfect   perfect conditional
(If I had had any money yesterday, I would have given you some.)

Specific uses of the past anterior

The past anterior is subject to the same restrictions as the past historic: it is now very rarely used in the first and second persons, and in the third person it is used mainly in written French.

▶ The past anterior must not be confused with the pluperfect subjunctive. In the third person singular, they are pronounced identically, but the pluperfect subjunctive has a circumflex accent.

il eut écrit	*qu'il eût écrit*	(he had written)
elle fut revenue	*qu'elle fût revenue*	(she had come back)

153 Future perfect and conditional perfect

The future perfect and the conditional perfect are the compound tenses that correspond respectively to the future and the present conditional. Their values correspond in the same way as the other perfect tenses correspond to the simple forms: completed aspect and precedence in time.

Values of the future perfect

The future perfect can show completed aspect in the future.

J'aurai terminé mon roman à la fin du mois.
(I will have finished my novel at the end of the month.)

It can also indicate an action that will have occurred before an action in the simple future.

Dès que Jacques aura fini son travail, il viendra nous voir.
         future perfect   future
(As soon as Jacques has finished his work, he will come to see us.)

Like the simple future, it can show probability.

Suzanne n'est pas arrivée : son train aura encore pris du retard.
(Suzanne hasn't arrived—her train must have been delayed again.)

Time values of the conditional perfect

If the main verb is in one of the past tenses, the conditional perfect in a subordinate clause corresponds to the future perfect with a main verb in the present.

Il prétend qu'il aura fini aujourd'hui.
present future perfect
(He claims he will have finished today.)

Il prétendait qu'il aurait fini aujourd'hui.
imperfect conditional perfect
(He claimed he would have finished today.)

► The same use of the conditional perfect occurs in free indirect speech, in which someone's words or thoughts are reported without subordination to a main verb.

Elle réfléchissait à son emploi du temps : elle aurait fini son roman en janvier.
(She considered her schedule: she would have finished her novel in January.)

Modal values of the conditional perfect

In a past unreal condition, the conditional perfect is used in the main clause.

Si j'avais eu de l'argent hier, je t'en aurais donné.
pluperfect perfect conditional
(If I had had any money yesterday, I would have given you some.)

The speaker did not have any money yesterday and so did not give any.

► In literary writing, both the pluperfect and the perfect conditional are sometimes replaced in past unreal conditions by the pluperfect subjunctive.

Si j'eusse eu de l'argent, je t'en eusse donné.
(If I had had any money, I would have given you some.)

In this usage, the pluperfect subjunctive is sometimes called the conditional perfect, form 2.

► Although the conditional perfect theoretically does not occur in subordinate clauses, it is sometimes found in colloquial use.

Si j'aurais su, j'aurais pas venu.—Louis Pergaud
(*If I would have known, I wouldn't have came.)

Finally, the conditional perfect has the modal values of the present conditional, but with completed aspect value (→ §99, §150).

J'aurais bien voulu vous parler. (I would have liked to speak with you.)
attenuated request

L'épidémie aurait enfin été jugulée.
attribution to another person
(Reportedly, the epidemic has finally been arrested.)

On serait revenus de l'Eldorado.
imaginary situation
(Imagine we've come back from Eldorado.)

154 Double-compound tenses

The double-compound tenses are formed with a compound tense of the auxiliary (→ §92). The most common is the double-compound perfect, which is most often used to show, in contemporary French, that an action took place before an action in the perfect.

Quand elle a eu terminé son devoir, elle est sortie de la salle d'examen.
(When she had finished her assignment, she left the examination room.)

The double-compound pluperfect occurs occasionally.

Dès qu'elle avait eu fini son devoir, elle est sortie.
(As soon as she had finished, she went out.)

The double-compound future perfect is even rarer.

Elle sera sortie dès qu'elle aura eu fini.
(She will have gone out as soon as she has finished.)

Mood values

155 Tense and mood: overlapping categories

There is no hard and fast line between the two categories mood and tense. Some tense forms (the imperfect, the future, and even the present) have mood values. The conditional, which is now considered to be a tense of the indicative, was long treated as a distinct mood. In addition, the traditional category of mood contains two sets of forms of very different types: the personal moods (indicative, subjunctive, and imperative) and the impersonal moods (infinitive, participle, and gerund). Finally, there are various combinations of tense and mood: a subjunctive can be present or imperfect, and a perfect can be an imperative, a participle, etc.

156 Defining the notion of mood

It is difficult to arrive at a precise definition of mood.

The personal moods

The three personal moods are often said to correspond to three different ways of looking at the action of a verb: in the indicative it is real, in the subjunctive it is virtual or potential, and in the imperative it takes the form of an order. But actual use often contradicts these divisions. There is nothing real about the indicative *viendra* in the following example.

Paul s'est mis en tête l'idée fausse que Jeanne viendra le voir.
(Paul has gotten the mistaken idea into his head that Jeanne will come to see him.)

There is nothing virtual in the subjunctive *travaille*.

Bien qu'elle travaille fort, Jeanne ne réussit pas.
(Although she works hard, Jeanne isn't succesful.)

Even the imperative *travaillez* should be interpreted as a condition rather than an order in the following example.

Travaillez : vous réussirez. (Work, and you will succeed.)

This is equivalent to:

Si vous travaillez, vous réussirez. (If you work, you will succeed.)

The impersonal moods

The three impersonal moods are a more homogeneous group: they allow a verb (with its various adjuncts and, occasionally, a subject) to function as a different part of speech: the infinitive as a noun, the participle as an adjective, and the gerund as an adverb.

Mood and tense

Of all the moods, the indicative has the richest tense system:

• The subjunctive has only four tenses.

• The imperative and the infinitive have only two tenses.

• The participle has three forms. The uncompounded present participle (*travaillant*) and its perfect equivalent (*ayant travaillé*) do not present any particular difficulty.

The third form is uncompounded (*travaillé*) and is usually called the "past participle." It is used to form the perfect tense, which can, as we have seen (' §151), have a past time value; however, it also has a present completed aspect value. And the "past" participle is also used to form the present tense of the passive, as in *Les enfants sont aimés par leurs parents* (Children are loved by their parents), where there is clearly no hint of a past value.

• Finally, the gerund is normally used only in the simple form (*en travaillant*), although the corresponding compound form (*en ayant travaillé*) is occasionally found.

157 Values of the indicative

The indicative is essentially the mood used when there is no compelling reason to choose another personal mood. With its range of tense forms, it is well equipped to situate an action in time. Because of this, it tends to be used in expressing real actions and actions that are seen as real. It is thus the usual mood in declarative (affirmative and negative) and interrogative sentences.

Uses of the indicative in relation to the subjunctive

Two types of uses clearly illustrate the value of the indicative in contrast to the subjunctive.

• In subordinate clauses after adjectives like *certain, probable, possible*, etc., the dividing line between the indicative and the subjunctive is usually between *probable* and *possible*.

Il est <u>probable</u> qu'elle viendra. (It is probable that she will come.)
indicative

Il est <u>possible</u> qu'elle vienne. (It is possible that she will come.)
subjunctive

- *Vraisemblable* can be used with both moods, but if the sentence is negative—or if *vraisemblable* is modified by *peu*—only the subjunctive is possible.

Il n'est pas vraisemblable qu'elle vienne. (It is not likely that she will come.)
subjunctive

Il est peu vraisemblable qu'elle vienne.
subjunctive
(There is little likelihood that she will come.)

- The indicative is normally used in time clauses introduced by *après que*. The action is seen as real.

après qu'elle est venue (after she came)

après qu'elle sera venue (after she has come)

In time clauses introduced by *avant que,* on the other hand, the action is seen as potential and the verb is in the subjunctive.

avant qu'elle vienne (before she comes)

avant qu'elle soit venue (before she has come)

In contemporary usage, however, there is a tendency to use the subjunctive in clauses introduced by *après que*.

- In other cases, too, the indicative is used for statements that are contrary to fact, for example in quoting opinions that are explicitly stated to be false.

Paul s'est mis en tête l'idée fausse que Jeanne viendra le voir.
indicative
(Paul has gotten the mistaken idea into his head that Jeanne will come to see him.)

In this example, only the indicative is possible, while in other cases both the indicative and the subjunctive may be used.

On doute que le conditionnel est / soit un mode.
(We doubt that the conditional is a mood.)

158 **Values of the subjunctive**

The subjunctive has only four tenses. Two of them—the imperfect and the pluperfect—are now very rare, especially in the first and second persons. The forms *que tu limasses* (that you might file) *que nous sussions* (that we might know) and *que tu eusses travaillé* (that you might have worked) can hardly be found outside of conjugation charts. Even when they were used more often, it was generally to follow the sequence of tenses after a past main verb, without giving any indication of the time of the action.

> *J'exige qu'elle vienne demain.* (I insist that she come tomorrow.)
> present present

> *J'exigeais qu'elle vînt demain.* (I insisted that she come tomorrow.)
> imperfect imperfect

> *J'exige que tu l'aies terminé.* (I insist that you finish it off.)
> present perfect

> *J'exigeais que tu l'eusses terminé.* (I insisted that you finish it off.)
> present pluperfect

In addition, the two subjunctive tenses that are actually used—the present and the perfect—often carry an aspect value rather than a time value (→ §150, §99).

> *Je veux qu'il achève son travail aujourd'hui.*
> (I want him to finish his work today.)

> *Je veux qu'il ait achevé son travail aujourd'hui.*
> (I want him to finish off his work today.)

In contrast to the indicative, the subjunctive is thus not suited to situating actions in time. For future actions, the subjunctive must be used (though some other languages have future subjunctives). Even the rare uses of the imperfect and pluperfect subjunctive can refer to the future, as in the examples above, in virtue of the sequence-of-tenses rule. Because of this unsuitability for situating actions in time, it has often been suggested that the subjunctive is used for "unreal" or "virtual" actions. Yet there is nothing unreal or virtual about the subjunctives in the following examples.

Je suis irrité que Paul soit là. (I'm annoyed that Paul is there.)
subjunctive

Bien que Claire soit présente, je reste. (Even though Claire's here, I'll stay.)
subjunctive

Le fait que Paul soit ici est bien fâcheux.
subjunctive
(The fact that Paul is here is very unfortunate.)

159 Values of the subjunctive in independent and main clauses

Jussive value

The subjunctive can express an order. In this use, it compensates for the absence of a third-person imperative.

Que le chien reste dehors ! (Let the dog stay outside.)

Qu'il soit prêt pour le goûter ! (Let it be ready for afternoon tea.)

Optative value

The subjunctive can express a wish.

Que les hommes mettent fin à la guerre ! (May men put an end to war!)

▶ Some fixed or semi-fixed expressions maintain this use of the subjunctive without *que*. Note that in these expressions the subject is placed after the subjunctive verb.

Vive la Croix-Rouge ! (Long live the Red Cross!)

Puisses-tu revenir. (May you return.)

Plaise au Ciel. (God willing.)

Plût au Ciel que… (It was God's will that…)
expression of regret

Exclamatory value for refused possibility

Moi, que j'écrive un livre de grammaire !
(As if I would write a grammar book!)

Sarcastic rebuttal

This value usually occurs with the negative first person singular of *savoir,* not preceded by *que.* The subordinate clause is also in the subjunctive.

Je ne sache pas que la grammaire soit ennuyeuse.
(I didn't know grammar was *so* boring.)

▶ This usage is occasionally found in the first person plural.

Nous ne sachions pas que la conjugaison soit difficile.
(We didn't know conjugating was *so* difficult.)

160 Uses of the indicative and the subjunctive in subordinate noun clauses

Indicative only

The subjunctive cannot be used in affirmative sentences with verbs of declaration or opinion such as *affirmer, assurer, dire* (expressing a statement), *espérer, être certain,* and *penser.*

Elle m'assure qu'elle veut le poste. (She assures me that she wants the job.)

Subjunctive only

Only the subjunctive can be used after *attendre, assurer, dire* (expressing an order), *défendre, douter, être nécessaire, être possible, exiger, falloir, interdire, ordonner, préférer, souhaiter,* etc.

Nous attendrons que tout le monde soit arrivé.
(We will wait for everybody to arrive.)

Subjunctive or indicative

Either the subjunctive or the indicative can be used after verbs such as *admettre, comprendre, expliquer,* and *supposer,* as well as after negative uses of verbs of declaration or opinion.

Je pense que tu peux travailler. (I think you can work.)
indicative

Je ne pense pas que tu puisses / peux travailler.
subjunctive or indicative
(I don't think you can work.)

If a verb of declaration or opinion is in the interrogative, the subjunctive is sometimes possible as well as the indicative.

Penses-tu que je puisse / peux travailler ? (Do you think I can work?)
subjunctive or indicative

With *douter* or *être douteux*, it is the negative that makes the indicative possible.

Je doute qu'elle vienne. (I doubt that she will come.)
subjunctive

Je ne doute pas qu'elle viendra / vienne. (I don't doubt that she will come.)
indicative or subjunctive

Even if the main verb expresses certainty, the subordinate clause may be in the subjunctive if it is placed before the main clause.

Qu'il ait / a été refusé au brevet, c'est certain.
subjunctive or indicative
(He was definitely refused for the certificate.)

161 Uses of the subjunctive and the indicative in relative clauses

In some types of relative clauses, either the subjunctive or the indicative can occur.

Je cherche dans ce village une maison qui ait / a une tourelle.
subjunctive or indicative
(I'm looking for a house with a tower in this village.)

The subjunctive in the relative clause expresses the reason for choosing the house but does not suggest whether it exists or not. The indicative indicates an assumption that the house with a tower exists.

162 Uses of the subjunctive in adverbial clauses

Time clauses

The subjunctive is used after *avant que* (before) and *jusqu'à ce que* (until). In the following examples, the perfect and pluperfect subjunctives mark the later action.

Tu es parti avant qu'elle soit arrivée. (You left before she arrived.)

Tu étais parti avant qu'elle fût arrivée. (You had left before she arrived.)

▶ By analogy with *avant que*, the subjunctive is sometimes used after *après que* (after). The analogy is aided by the fact that the pronunciation of the past anterior indicative and the pluperfect subjunctive is identical in the third person singular. In spelling, the pluperfect subjunctive has a circumflex accent.

Après qu'il eut / eût terminé son travail, il sortit de la salle.
past anterior or pluperfect subjunctive
(After he had finished his work, he went out of the room.)

Causal clauses

The subjunctive is used after *non que*, which expresses a rejected cause. In this example, the perfect subjunctive indicates precedence in time.

Il a de l'argent, non qu'il ait travaillé, mais il a hérité.
subjunctive
(He has money not because he's worked for it but because he inherited it.)

Concessive clauses

The subjunctive is obligatory in clauses of concession introduced by *quoique*, *bien que*, etc.

Quoiqu'il soit tard, il fait encore jour.
subjunctive
(Although it is late, it is still daylight.)

Si paresseux qu'il soit, il a été reçu à son examen.
subjunctive
(Lazy as he is, he passed his examination.)

There is one exception, however: clauses of concession introduced by *tout* + adjective + *que* take the indicative.

Tout paresseux qu'il est, il a été reçu à son examen.
indicative
(Lazy as he is, he passed his examination.)

▶ The indicative is occasionally found after *quoique*. This usage should not be imitated.

Purpose clauses

The subjunctive is obligatory in clauses of purpose.

On écrit des livres pour qu'ils soient lus. (Books are written to be read.)
subjunctive

▶ When the subject of the main and subordinate clauses is identical, the infinitive is used without restating the subject. In the following example, *Pour qu'on soit lu* (so that one will be read) is very unlikely.

On écrit des livres pour être lu. (One writes books to be read.)

Result clauses

The subjunctive is sometimes used instead of the indicative, but only after *de façon que* and *de manière que*.

Jacques agit de manière que Paul réussisse / réussit.
subjunctive or indicative

(Jacques does things in such a way that Paul succeeds.)

▶ For the use of the pluperfect subjunctive in conditional sentences introduced by *si* ➜ §153.

Choice of tenses in the subjunctive

In subordinate clauses, the tense of the subjunctive is governed both by its own value and by the tense of the main verb.

• If the main verb is in the present or the future, the subordinate will be in either the present or the perfect subjunctive. If the main verb is in one of the past tenses, the subordinate verb should normally be in the imperfect or pluperfect subjunctive.

Je souhaite qu'elle vienne / qu'elle soit venue.
        present subj.   perfect subjunctive

(I wish she would come/had come.)

Je souhaitais qu'elle vînt / qu'elle fût venue.
        imperfect subj.   pluperfect subjunctive

(I wished she would come/had come.)

In §158, we noted that this "sequence of tenses" is no longer strictly observed.

• The choice of simple (present, imperfect) or compound (perfect, pluperfect) tenses follows the pattern explained in §150: a compound tense signals either a completed aspect value or precedence in time.

163 **Values of the imperative**

Unlike some other languages, French has an imperative only in the second persons singular and plural and in the first person plural (which is then equivalent to the speaker and one or more second-person interlocutors).

Orders and prohibitions

The fundamental value of the imperative is to express an order, which may range from a humble prayer to the most imperious command.

Pardonne-nous nos offenses. (Forgive us our trespasses.)

Portez, armes ! (Shoulder arms!)

In the negative, the imperative indicates a prohibition.

Ne succombons pas à la tentation. (Let us not fall into temptation.)

Orders and prohibitions are normally addressed to humans. However, animals, things, and even abstract ideas are often personified.

Cherche ! Chasse ! Ramène ! (Seek! Sic 'em! Fetch!)
commands to a hound

Ô Temps, suspends ton vol ! —Lamartine (O Time, suspend thy flight!)

Alternatives to the imperative: the subjunctive

The subjunctive is used to make up for the lack of a third-person imperative (→ §159). The close relationship between the subjunctive and the imperative is reflected in the fact that four of the most common verbs in the French language (*être, avoir, savoir,* and *vouloir*) use the same forms for both moods (*sois, aie, sache,* and *veuille*).

Alternatives to the imperative: the infinitive

Orders and prohibitions addressed to anonymous crowds, particularly in writing (cookbooks, signboards, etc.) are often formulated in the infinitive.

Faire cuire à feu doux. (Cook over gentle heat.)

Ne pas se pencher au-dehors. (Do not lean out of the window.)

Alternatives to the imperative: the present and future indicative

The present and future indicative are often used to express orders and prohibitions (→ §143, §146).

Indirect forms of orders or requests

Orders and requests can be formulated indirectly, for example as questions or even statements.

Pouvez-vous me passer le sel? (Could you pass me the salt?)

Il fait bien chaud ici. (It's warm in here!)

The second example is often a disguised form of:

Ouvrez la fenêtre. (Open the window.)

Verbs not used in the imperative

Because of their meanings, some verbs cannot be used in the imperative or can only be used in specific circumstances. It is difficult to ask someone to *pouvoir* (be able to) or *devoir* (have to). When used in the imperative, *savoir* has a meaning close to "learn".

Sachez que je vous ai légué tous mes biens. (I want you to know that I have left you everything in my will.)

Tense values of the imperative

By definition, an order or a prohibition can take effect only after it has been expressed. The imperative, whether present or perfect, can only refer to the future. The difference between the simple and compound forms is usually one of aspect.

Reviens à minuit. (Come back at midnight.)

Sois revenu à minuit. (Be back by midnight.)

The perfect sometimes indicates precedence in time.

Ayez terminé avant mon retour. (Have it finished before I come back.)

164 **Values of the infinitive**

A verb functioning as a noun

The fundamental value of the infinitive is to allow a verb to function as a noun without losing its verbal properties in respect to sentence elements that are dependent on it.

Je veux ramasser des châtaignes tous les dimanches.

(I want to collect chestnuts every Sunday.)

In this example, *ramasser* functions as a noun and is the direct object of *je veux* (compare, for example, *Je veux des châtaignes*—I want some chestnuts). Yet it has its own direct object (*des châtaignes*) and an adverbial modifier (*tous les dimanches*). In this way, the infinitive can perform all the functions of a noun.

▶ Its use as a verbal noun is the reason the infinitive form was chosen as the headword under which verbs are listed in French dictionaries.

In some cases, the infinitive can even have its own subject.

Je fais travailler mes étudiants. (I make my students work.)
subject of *travailler*

Je laisse mes enfants manger du chocolat.
subject of *manger*
(I let my children eat chocolate.)

This is what is known as an infinitive clause. As in these two examples, it normally has an expressed subject, but the notion of infinitive clause can be extended to cases in which the subject is not explicit.

J'entends marcher dans le jardin. (I intend to walk in the garden.)

The infinitive is also used with semi-auxiliaries to form verbal periphrases (→ §93, §146)

Il va manger. (He's going to eat.)

Elle vient de se lever. (She has just got up.)

▶ The infinitive can shift completely into the class of nouns. When this happens, it loses all its verbal properties and adopts those of a noun: it can take a determiner, be modified by an adjective, etc. Many nouns have been created in this way throughout the history of French: *le rire* (laugh), *le sourire* (smile), *le savoir-faire* (know-how), etc.

The infinitive as a substitute for the personal moods

The narrative infinitive, following the preposition *de*, is typical of classical literature. It functions like the indicative.

Et grenouilles de se plaindre, et Jupin de leur dire… —La Fontaine
(And the frogs complained. And Jupin told them…)

In questions, the infinitive suggests puzzlement on the part of the speaker.

Que faire ? (What are we to do?)

Où aller ? (Where can we go?)

The infinitive is often a convenient substitute for the imperative (→ §163).

The infinitive is often used in exclamations, somewhat like the subjunctive (→ §159).

Moi, écrire un livre de grammaire ! Quelle horreur !
(Me, write a grammar book! How dreadful!)

In forming the equivalent of a noun clause or an adverbial clause, the infinitive often replaces the indicative or the subjunctive. For this substitution to take place, the subject of the infinitive must be the same as the subject of the main verb. In some cases, the substitution is optional.

Je pense partir demain. (I'm thinking of leaving tomorrow.)
Je = subject of *penser* and of *partir*

Je pense que je pars demain. (I think I'll leave tomorrow.)
Je = subject of *penser* and of *partir*

In other cases, the substitution is obligatory.

Je veux partir demain. (I want to leave tomorrow.)
Je = subject of *vouloir* and of *partir*

Paul travaille pour réussir. (Paul is working toward success.)
Paul = subject of *penser* and of *partir*

▶ *Paul travaille pour qu'il réussisse* (Paul is working for him to succeed) is possible, but the personal pronoun *il* must refer to another person.

Choice of tenses in the infinitive

As with the other moods (→ §99, §150), the perfect infinitive can have a completed aspect value or a value of precedence in time. The present infinitive indicates an action that is simultaneous with or later than the action of the verb that governs it.

> *J'aime faire de la grammaire.* (I like doing grammar.)
>   simultaneous
>
> *Je veux apprendre l'espagnol.* (I want to learn Spanish.)
>   later

The perfect infinitive can show precedence in relation to the present, to the past, and to the future.

> *Il se flatte / se flattait / se flattera d'avoir eu de nombreux succès.*
> (He prides/prided/will pride himself on having had many successes.)

165 Values of the participle

A verb functioning as an adjective

The fundamental value of the participle is to allow a verb to function as an adjective without losing its verbal properties in respect to sentence elements that are dependent on it.

> *On cherche une secrétaire connaissant le portugais et familiarisée avec l'informatique.*
> (We are seeking a secretary with a knowledge of Portuguese and some experience with computers.)

The participles *connaissant* and *familiarisée* are adjectives modifying the noun *secrétaire*, but *connaissant* has a direct object and *familiarisée* has an adverbial adjunct.

▶ Unlike the past participle, the present and perfect participles are invariable: they do not agree in gender and number with their subjects.

In some cases, the participle can even have an expressed subject, in relation to which it is an attributive adjective.

> *Paul parti, Caroline est arrivée.* (When Paul had gone, Caroline arrived.)
> Paul = subject of *parti; parti* = attribute of *Paul*

Participial clauses

In a participial clause, the subject of the participle is expressed and is not the same as the subject of the main verb. A participial clause has the value of an adverbial clause.

Son fils ayant été arrêté, Pierrette s'est ruinée en frais de justice.
(When her son was arrested, Pierrette spent a fortune on lawyers' bills.)

Different types of participles

The non-compound past participle is the only participle that can perform all the functions of an adjective: attributive, appositive, or predicative. It is most often used in forming the active compound tenses.

J'ai travaillé. (I worked.)
    perfect

Je serai revenu. (I will have come back.)
      future perfect

It is also used to form the passive of transitive verbs.

La maison est construite. (The house is/has been built.)
          passive of *construire*

Les lois sont respectées. (The laws are respected.)
          passive of *respecter*

The present and perfect participles can be attributive.

une situation créant des difficultés (a situation that causes problems)
              attribute of *situation*

They can also be appositive.

Ayant dormi, Paul sera sûrement de meilleure humeur.
(Now that he has slept, Paul will be in better spirits.)

However, the present and perfect participles cannot function as predicative adjectives, unless they have shifted completely into the adjective class.

Pierrette est tolérante. (Pierrette is tolerant.)
          predicative adjective

Verbal adjectives

The non-compound present and past participles can quite easily become full adjectives. In this case, they lose their verbal properties and cannot have objects or adverbial modifiers. Even adjectives derived from the present participle agree with nouns in gender and number. In many cases, the shift to adjective status also affects the spelling. Participles ending in *-guant* and *-quant* become adjectives in *-gant* and *-cant*.

une personne provoquant des catastrophes
present participle
(a person who sets off disasters)

une personne (très) provocante (a very provocative person)
verbal adjective

Other present participles become adjectives ending in *-ent*.

une personne influant sur les décisions politiques
present participle
(a person who influences political decisions)

une personne influente (an influential person)
verbal adjective

Transformation into an adjective does not affect the spelling of the past participle, but it may cause some confusion. Since the perfect of a verb conjugated with *être* (or the present passive of a transitive verb) is identical in form to the predicative use of the corresponding verbal adjective, it is not always easy to tell which is which.

Cet usage est disparu. (This usage has disappeared./This usage is extinct.)

Is this the perfect of ***disparaître*** or is ***disparu*** a verbal adjective?

Time values and participles

The present and perfect participles can refer to any time. The perfect participle can have a completed aspect value or a value of precedence in time (→ §150).

The past participle is "past" only in name (→ §156).

For past participle agreement → §131–141.

166 Values of the gerund

A verb functioning as an adverb

The fundamental value of the gerund is to specify the circumstances of the action of the main verb, in other words to function as an adverb. It nevertheless keeps its verbal properties.

<u>En écrivant</u> des livres, on devient écrivain.
   gerund   direct object of *en écrivant*
(One gets to be an author by writing books.)

<u>En devenant</u> professeur, on apprend la pédagogie.
   gerund   complement of *en devenant*
(When you become a teacher, you learn pedagogy.)

In these two examples, the gerunds *en écrivant* and *en devenant* function as adverbs in relation to the main verbs *devient* and *apprend.* However, *en écrivant* has a direct object *(des livres)* and *en devenant* has a complement *(professeur).*

Use of the gerund

The subject of the gerund, although not explicit, is the same as the subject of the verb modified by the gerund. In each of the examples above, *on* is the subject of the main verb and of the gerund.

▶ In a few fixed expressions, the subject of the gerund is not the same as the subject of the main verb.

L'appétit vient en mangeant. (Eating whets the appetite.)
(The appetite does not eat.)

La fortune vient en dormant. (Luck turns up when you least expect it.)
(Luck does not sleep.)

Tenses of the gerund

The only form of the gerund in common use is the simple form. The perfect gerund, which can signal completed aspect or precedence in time, is very rare. In the following example, the gerund has a concessive value emphasized by the preceding *tout.*

Tout en ayant beaucoup travaillé, il n'est pas sûr d'être reçu.
(Although he has worked hard, he is not sure of passing.)

GRAMMATICAL INDEX

Active voice   105

Adverb → Gerund

Affixes
definition   103
sample analysis   102
always in final position   111
never in final position   110

Agreement → Subject-verb
agreement, Past participle
agreement

Aspect
completed/uncompleted   99
completed aspect in perfect tenses
150–152
values of subjunctive   158
Auxiliaries
être and *avoir*   92
→ Semi-auxiliaries
Avoir
auxiliary   92
third-conjugation verb   92, 109

C'est, c'était → *Être*

Clause → Subjunctive, Conditional
Compound tenses
correspondence with simple forms
104
fundamental values   150
with auxiliary *avoir*   92
with auxiliary *être*   92
passive voice   92

Conditional *(conditionnel*
présent)
future and conditional   145
time values in independent and
subordinate clauses   148
mood values   149

Conditional perfect
(conditionnel passé)   153

Conjugation
definition   89
1st conjugation   107
2nd conjugation   108
3rd conjugation   109

Construction pronominale
→ Reflexive construction

Devoir
semi-auxiliary   93
third-conjugation verb   109
lack of imperative   163

Double-compound tenses
(formes surcomposées)   92,
104, 141, 154

Douter
subjunctive or indicative after
douter que   160

Être
auxiliary   92
third-conjugation verb   92, 109
frequency of use   92
subject-verb agreement   130

past-participle agreement with *être* → past participle

Faire
  semi-auxiliary 93
  past-participle agreement *(fait)* 139

Finite forms → Mood (personal moods)

Function of the verb 90

Futur antérieur → Future perfect

Future *(futur simple)*
  and conditional 145
  time and mood values 146

Future perfect *(futur antérieur)* 153

Gerund *(gérondif)* 166

Imperative
  personal mood 100
  values and uses 163

Imperfect *(imparfait)* 144

Indicative
  personal mood 100
  values and uses 157
  uses in noun clauses 160
  uses in relative clauses 161

Infinitive 164

Meaning → Value

Mood
  personal moods 100, 156–163
  impersonal moods 100, 156, 164–166

Non-finite forms → Mood (impersonal moods)

Nous
  for modesty or emphasis 98

Number
  a verbal category 98
  agreement in number 116, 129

On
  agreement with subject *on* 133

Participle → Present participle, Past participle

Passive voice 105

Past
  simple forms 144

Passé composé → Perfect

Passé simple → Past historic

Past anterior *(passé antérieur)* 152

Past historic *(passé simple)* 144

Past participle
  in compound tenses 92
  in double-compound tenses 141
  values 165

Past participle agreement
  agreement 131
  after *en, l', combien* 137
  conjugated with *avoir* 134
  conjugated with *être* 133
  followed by adjective or participle 140
  followed by infinitive 139

in reflexive constructions   135

invariable past participles   135

with impersonal verbs   136

with *on*   133

without auxiliary   132

Perfect *(passé composé)*   151

Periphrastic verbs

construction   93

periphrastic future   146

use of infinitive   164

Person

verbal category   97

impersonal verbs   97, 113

agreement in person   116, 117, 129

Pluperfect *(plus-que-parfait)*   152

Pouvoir

semi-auxiliary   93

third-conjugation verb   109

lack of imperative   163

Present *(présent)*

values   143

Present participle   165

Reflexive construction

(construction pronominale)

definition   101

past participle agreement   135

use of auxiliary *être*   92

values   101

Savoir

semi-auxiliary   93

use of subjunctive in main clause

159

use of imperative   163

Segmenting verb forms   102–105

Semi-auxiliaries

semi-auxiliary verbs   93

in periphrastic constructions   164

Simple tenses   104, 143–145

Stem

sample analysis   102

fixed and variable stems   106–109

Subject-verb agreement

example and analysis   115

subject-verb agreement   116

of *être* with a complement *(c'était…, c'étaient…)*   130

of impersonal verbs   123

with adverbs of quantity *(beaucoup, trop, peu, etc.)*   122

with collective nouns *(foule, masse, centaine, etc.)*   119

with fractions *(une moitié, un tiers, etc.)*   120

with multiple infinitive subjects   128

with multiple subjects in the same person   124

with multiple subjects referring to the same person or thing   127

with percentages *(29 %, etc.)*

121

with relative pronoun   117

with subjects joined by *ou* or
ni… ni   125

with subjects joined by the
expressions *comme, ainsi que,
de même que, autant que, au
même titre que,* etc.   126

with subjects of different persons
129

with titles of works   118

Subjunctive

personal mood   100

values and tenses   158

values in independent or main
clauses   159

values in noun clauses   160

values in relative clauses   161

values in adverbial clauses   162

Surcomposé

→ Double-compound

Tense

definition   99

choice of tenses of subjunctive
162

choice of tenses of infinitive
164

choice of tenses of gerund   166

time values of verb forms   143–
154

tenses and verbs   91

tense and mood   155

Values

organization   142

values of tense forms   143–154

values of mood forms   155–166

Verb

auxiliaries *(être and avoir)*   92

classification   113

defective: definition   112

impersonal   97, 100, 113, 123

intransitive, transitive, and
linking   95, 101

irregular   109

perfective and imperfective   96

time reference   91

verbal function   90

verbs of action and state   94

without imperative forms   163

Verbal adjective

and present participle: spelling
differences   165

Verbal categories

person, number, voice   97–101

Verbes pronominaux

→ Reflexive constructions

Voice

active and passive   101, 105

and aspect   101

→ Reflexive constructions

Vouloir

semi-auxiliary   93

Vous

polite form   98

ALPHABETICAL INDEX OF VERBS

Abbreviations used in the alphabetical index

Afr.	African French
Belg.	Belgian French
Can.	Canadian French
comp.	compound
cond.	conditional
D	defective
I	intransitive
imp.	impersonal
imperf.	imperfect
ind.	indicative
inf.	infinitive
p.p.	past participle
part.	participle
pers.	person, personal
pl.	plural
pres.	present
R	reflexive
sing.	singular
subj.	subjunctive
T	transitive
Ti	indirect transitive

For greater ease of use, the most frequent abbreviations are repeated at the bottom of each double page, with some additional notes on past participle agreement. For example, there is a reminder that the past participle of an intransitive verb is always invariable.

If a verb is conjugated differently, changes auxiliaries or uses different constructions with different meanings, those meanings are indicated. For example, *ressortir* is listed twice:

26 *ressortir* (take, go out again) I, T, *être* or *avoir*

20 *ressortir* (pertain to) Ti, *être*

Sources

The following major French dictionaries were used in compiling the inventory of French verbs:

Trésor de la langue française: Dictionnaire de la langue du XIXe et du XXe siècle, 1789-1960. 16 vols. Paris: CNRS, 1971–94.

Littré, Émile. *Dictionnaire de la langue française.* Paris: Hachette, 1863–77. Reprinted, 7 vols. Paris: Gallimard–Hachette, 1971.

Hatzfeld, Adolphe and A. Darmesteter. *Dictionnaire général de la langue française.* Paris: Delagrave, 1890–1900, 2 vols. Reprinted, 1964.

Gilbert, Louis, et al., eds. *Grand Larousse de la langue française.* 7 vols. Paris: Larousse, 1971–78.

Robert, Paul. *Le Grand Robert de la langue française: Dictionnaire alphabétique et analogique de la langue française.* 2nd revised and enlarged ed., 9 vols. Paris: Le Robert, 1985.

In addition, several regional and specialized dictionaries were consulted:

Bal, Willy, et al. *Belgicismes: Inventaire des particularités lexicales du français en Belgique,* Louvain-la-Neuve: CILF–Duculot, 1994.

Colin, Jean-Paul, et al. *Dictionnaire de l'argot.* Paris: Larousse, 1995.

Cellard, Jacques, and Alain Rey. *Dictionnaire du français non conventionnel.* Paris: Hachette, 1991.

Inventaire des particularités lexicales du français en Afrique noire, 2nd ed. Paris: Édicef-Aupelf, 1988.

A

7 abaisser T	20 abonnir T	24 s'abstenir R
7 s'abaisser R	20 s'abonnir R	66 abstraire T, D,
7 abandonner T	7 aborder I, T, *être* or	no past historic or
7 s'abandonner R	*avoir*	imperf. subj.
20 abasourdir* T	7 s'aborder R	66 s'abstraire R
20 abâtardir T	7 aboucher T	7 abuser T, Ti
20 s'abâtardir R	7 s'aboucher R	7 s'abuser R
60 abattre I, T	7 abouler I, T	7 s'acagnarder R
60 s'abattre R	7 s'abouler R	7 accabler T
11 abcéder I	7 abouter T	7 accaparer T
11 s'abcéder R	20 aboutir I, Ti, *être*	7 accastiller T
7 abdiquer I, T	or *avoir*	11 accéder Ti
7 aberrer I	18 aboyer I, T	11 accélérer I, T
20 abêtir T	7 abraser T	11 s'accélérer R
20 s'abêtir R	7 s'abraser R	7 accentuer T
7 abhorrer T	15 abréger T	7 s'accentuer R
7 abîmer T	15 s'abréger R	7 accepter T, Ti
7 s'abîmer R	7 abreuver T	7 s'accepter R
7 abjurer I, T	7 s'abreuver R	7 accessoiriser T
7 ablater T	7 abricoter T	7 accidenter T
7 s'ablater R	7 abriter T	7 acclamer T
7 abloquer T	7 s'abriter R	7 acclimater T
20 abolir T	9 abroger T	7 s'acclimater R
7 abomber Afr. I	20 abrutir T	7 s'accointer R
7 abominer T	20 s'abrutir R	7 accoler T
7 abonder I	7 absenter Afr. T	7 s'accoler R
7 abonner T	7 s'absenter R	7 accommoder T
7 s'abonner R	7 absorber T	7 s'accommoder R
	7 s'absorber R	7 accompagner T
	78 absoudre T	7 s'accompagner R

T: transitive (variable p.p.) • **Ti**: indirect transitive (invariable p.p.)
I: intransitive (invariable p.p.) • **R**: Reflexive verb

20 accomplir T
20 s'accomplir R
7 accorder T
7 s'accorder R
7 accorer T
7 accoster T
7 s'accoster R
7 accoter T
7 s'accoter R
7 accoucher I, T, Ti, *être* or *avoir*
7 s'accouder R
7 accouer T
7 accoupler T
7 s'accoupler R
20 accourcir I, T
34 accourir I, *être* or *avoir*
7 accoutrer T
7 s'accoutrer R
7 accoutumer T
7 s'accoutumer R
7 accréditer T
7 s'accréditer R
7 accrocher I, T
7 s'accrocher R
accroire T, D, inf. only
73 accroître T, Ti, *être* or *avoir*

73 s'accroître R
20 s'accroupir R
29 accueillir T
7 acculer T
7 acculturer T
7 accumuler I, T
7 s'accumuler R
7 accuser T
7 s'accuser R
7 acenser T
11 acérer T
16 acétifier T
7 acétyler T
7 achalander T
7 achaler Can. T
7 acharner T
7 s'acharner R
7 acheminer T
7 s'acheminer R
13 acheter I, T
13 s'acheter R
10 achever T
10 s'achever R
7 achopper Ti
7 s'achopper R
7 achromatiser T
16 acidifier T
16 s'acidifier R
7 aciduler T
11 aciérer T

13 aciseler T
7 s'acoquiner R
25 acquérir T
25 s'acquérir R
8 acquiescer I, Ti
7 acquitter T
7 s'acquitter R
7 acter T
7 actionner T
7 activer I, T
7 s'activer R
7 actualiser T
7 adapter T
7 s'adapter R
7 additionner T
7 s'additionner R
11 adhérer Ti
7 adirer T, D, only inf. and p.p. *(adiré)*
84 s'adire Belg. R
7 adjectiver T
7 adjectiviser T
63 adjoindre T
63 s'adjoindre R
9 adjuger T
9 s'adjuger R
7 adjurer T
61 admettre T
7 administrer T

imp.: impersonal verb • **D**: defective verb • **être:** conjugated with *être*
être or avoir: conjugated with both auxiliaries

7 s'administrer R	20 s'affaiblir R	7 s'affoler R
7 admirer T	7 s'affairer R	9 affouager T
7 s'admirer R	7 affaisser T	7 affouiller T
7 admonester T	7 s'affaisser R	7 affourcher T
7 s'adoniser R	7 affaler T	9 affour(r)ager T
7 adonner I	7 s'affaler R	20 affranchir T
7 s'adonner R	7 affamer T	20 s'affranchir R
7 adopter T	9 afféager T	11 affréter T
7 adorer T	7 affecter T	7 affrianter T
7 s'adorer R	7 s'affecter R	7 afficher T
7 adosser T	7 affectionner T	7 affrioler T
7 s'adosser R	11 afférer I	7 affriter T
7 adouber I, T	7 affermer T	7 affronter T
20 adoucir T	20 affermir T	7 s'affronter R
20 s'adoucir R	20 s'affermir R	7 affruiter I, T
7 adresser T	7 afficher T	7 affubler T
7 s'adresser R	7 s'afficher R	7 s'affubler R
7 adsorber T	7 affiler T	7 affurer T
7 aduler T	16 affilier T	7 affûter T
11 adultérer T	16 s'affilier R	7 africaniser T
24 advenir I, *être*, D only inf. and 3rd pers.	7 affiner T	7 s'africaniser R
	7 s'affiner R	8 agacer T
7 adverbialiser T	7 affirmer T	8 s'agacer R
11 aérer T	7 s'affirmer R	8 agencer T
11 s'aérer R	7 affleurer I, T	8 s'agencer R
7 affabuler I, T	9 affliger T	7 s'agenouiller R
20 affadir T	9 s'affliger R	11 agglomérer T
20 s'affadir R	7 afflouer T	11 s'agglomérer R
20 affaiblir T	7 affluer I	7 agglutiner T
	7 affoler T	7 s'agglutiner R

T: transitive (variable p.p.) • **Ti**: indirect transitive (invariable p.p.)
I: intransitive (invariable p.p.) • **R**: Reflexive verb

7 aggraver T	7 aider T, Ti	7 s'alcooliser R
7 s'aggraver R	7 s'aider R	20 alentir T
7 agioter I	20 aigrir I, T	7 alerter T
20 agir I	20 s'aigrir R	11 aléser T
20 s'agir R, imp.: *il s'agit de*	7 aiguiller T	7 aleviner T
	12 aiguilleter T	11 aliéner T
7 agiter T	7 aiguillonner T	11 s'aliéner R
7 s'agiter R	7 aiguiser T	7 aligner T
12 agneler I	7 s'aiguiser R	7 s'aligner R
20 agonir T	7 ailler T	7 alimenter T
7 agoniser I	7 aimanter T	7 s'alimenter R
7 agrafer T	7 s'aimanter R	7 aliter T
20 agrandir T	7 aimer T	7 s'aliter R
20 s'agrandir R	7 s'aimer R	11 allaiter I, T
14 agréer T, Ti	7 airer I	11 allécher T
15 agréger T	7 ajointer T	15 alléger T
15 s'agréger R	7 ajourer T	20 allégir T
7 agrémenter T	7 ajourner T	7 allégoriser T
7 agresser T	7 ajouter T, Ti	11 alléguer T
7 agricher T	7 s'ajouter R	23 aller I, *être*
7 s'agriffer R	7 ajuster T	23 s'en aller R
7 agripper T	7 s'ajuster R	16 allier T
7 s'agripper R	7 alambiquer T	16 s'allier R
20 aguerrir T	20 alanguir T	9 allonger I, T
20 s'aguerrir R	20 s'alanguir R	9 s'allonger R
7 aguicher T	7 alarmer T	7 allouer T
7 ahaner I	7 s'alarmer R	7 allumer T
7 s'aheurter R	7 alcaliniser T	7 s'allumer R
20 ahurir T	7 alcaliser T	7 alluvionner I
7 aicher T	7 alcooliser T	20 alourdir T

imp.: impersonal verb • **D**: defective verb • **être:** conjugated with *être*
être or avoir: conjugated with both auxiliaries

20 s'alourdir R	7 amender T	20 amortir T
7 alpaguer T	7 s'amender R	20 s'amortir R
7 alphabétiser T	10 amener T	7 s'amouracher R
11 altérer T	10 s'amener R	7 amourer Afr. T
11 s'altérer R	7 amenuiser T	16 amplifier T
7 alterner I, T	7 s'amenuiser R	16 s'amplifier R
7 aluminer T	7 américaniser T	7 amputer T
7 aluner T	7 s'américaniser R	20 s'amuïr R
20 alunir I, *être* or *avoir*	20 amerrir I, *être* or *avoir*	7 amurer T
7 amadouer T	20 ameublir T	7 amuser T
20 amaigrir T	7 ameuter T	7 s'amuser R
20 s'amaigrir R	7 s'ameuter R	16 analgésier T
7 amalgamer T	7 amidonner T	7 analyser T
7 s'amalgamer R	20 amincir I, T	7 s'analyser R
7 amariner T	20 s'amincir R	7 anastomoser T
7 s'amariner R	7 aminer Belg. I	7 s'anastomoser R
7 amarrer T	16 amnistier T	7 anathématiser T
7 s'amarrer R	7 amocher T	7 ancrer T
7 amasser I, T	7 s'amocher R	7 s'ancrer R
7 s'amasser R	16 amodier T	20 anéantir T
20 amatir T	20 amoindrir T	20 s'anéantir R
8 ambiancer Afr. I	20 s'amoindrir R	16 anémier T
7 s'ambifier Afr. R	20 amollir T	16 anesthésier T
7 ambitionner T	20 s'amollir R	7 anglaiser T
7 ambler I	12 amonceler T	7 angliciser T
7 ambrer T	12 s'amonceler R	7 s'angliciser R
7 améliorer T	8 amorcer I, T	7 angoisser I, T
7 s'améliorer R	8 s'amorcer R	7 s'angoisser R
9 aménager T	8 amordancer T	11 anhéler I
		7 animaliser T

T: transitive (variable p.p.) • **Ti**: indirect transitive (invariable p.p.)
I: intransitive (invariable p.p.) • **R**: Reflexive verb

278

7 animer T	40 s'apercevoir R	24 s'appartenir R
7 s'animer R	7 apeurer T	7 appâter T
7 aniser T	7 apiquer T	20 appauvrir T
7 ankyloser T	18 apitoyer T	20 s'appauvrir R
7 s'ankyloser R	18 s'apitoyer R	12 appeler T, Ti
12 anneler T	20 aplanir T	12 s'appeler R
7 annexer T	20 s'aplanir R	58 appendre T
7 s'annexer R	20 aplatir T	*appert* → apparoir
7 annihiler T	20 s'aplatir R	7 appertiser T
7 s'annihiler R	7 aplomber Can. T	20 appesantir T
8 annoncer T	7 s'aplomber Can. R	20 s'appesantir R
8 s'annoncer R	16 apostasier I	11 appéter T
7 annoter T	7 aposter T	20 applaudir I, T, Ti
7 annualiser T	7 apostiller T	20 s'applaudir R
7 annuler T	7 apostropher T	7 appliquer T
7 s'annuler R	7 s'apostropher R	7 s'appliquer R
20 anoblir T	7 appairer T	7 appointer T
20 s'anoblir R	69 apparaître I, *être*	7 s'appointer R
7 anodiser T	or *avoir*	20 appointir T
7 ânonner I, T	7 appareiller I, T	7 apponter I
20 anordir I	7 s'appareiller R	7 apporter T
7 antéposer T	7 apparenter T	7 apposer T
7 anticiper I, T	7 s'apparenter R	16 apprécier T
7 antidater T	16 apparier T	16 s'apprécier R
7 aoûter T	16 s'apparier R	7 appréhender T
7 apaiser T	apparoir I, D,	59 apprendre T
7 s'apaiser R	only inf. and	59 s'apprendre R
9 apanager T	3rd pers. sing. pres.	7 apprêter T
7 apatamer Afr. I	ind.: *il appert*	7 s'apprêter R
40 apercevoir T	24 appartenir Ti	7 apprivoiser T

imp.: impersonal verb • **D**: defective verb • **être:** conjugated with *être*
être **or** *avoir:* conjugated with both auxiliaries

7 s'apprivoiser R	7 argougner T	9 s'arroger R
7 approcher I, T, Ti	7 arguer T, Ti	20 arrondir T
7 s'approcher R	7 argumenter I	20 s'arrondir R
20 approfondir T	7 ariser T	7 arroser T
20 s'approfondir R	7 armer T	7 s'arroser R
16 approprier T	7 s'armer R	7 s'arsouiller R
16 s'approprier R	16 armorier T	7 articuler I, T
7 approuver T	7 arnaquer T	7 s'articuler R
7 s'approuver R	7 aromatiser T	7 artiller I
7 approvisionner T	15 arpéger I, T	7 ascensionner T
7 s'approvisionner R	7 arpenter T	7 aseptiser T
18 appuyer I, T	7 arpigner T	7 aspecter T
18 s'appuyer R	7 arquebuser T	9 asperger T
7 apurer T	8 arquepincer T	9 s'asperger R
9 aquiger I	7 arquer I, T	7 asphalter T
7 arabiser T	7 s'arquer R	16 asphyxier I, T
7 araser T	7 arracher T	16 s'asphyxier R
7 arbitrer T	7 s'arracher R	7 aspirer T, Ti
7 arborer T	7 arraisonner T	20 assagir T
7 arboriser I	9 arranger T	20 s'assagir R
7 arc-bouter T	9 s'arranger R	30 assaillir T
7 s'arc-bouter R	9 s'arréager R	20 assainir T
7 archaïser I	7 arrenter T	7 assaisonner T
7 architecturer T	9 arrérager I	7 assarmenter T
7 archiver T	7 arrêter I, T	7 assassiner T
7 arçonner T	7 s'arrêter R	assavoir T, D
7 ardoiser T	7 arriérer T	inf. only
7 argenter T	7 arrimer T	11 assécher I, T
7 s'argenter R	7 arriser T	11 s'assécher R
7 argotiser I	7 arriver I, *être*	7 assembler T

T: transitive (variable p.p.) • **Ti**: indirect transitive (invariable p.p.)
I: intransitive (invariable p.p.) • **R**: Reflexive verb

7 s'assembler R	20 assourdir I, T	58 s'attendre R
10 assener T	20 s'assourdir R	20 attendrir T
11 asséner T	20 assouvir T	20 s'attendrir R
51 asseoir T	20 s'assouvir R	7 attenter I, Ti
51 s'asseoir R	20 assujettir T	7 atténuer T
7 assermenter T	20 s'assujettir R	7 s'atténuer R
20 asservir T	7 assumer I, T	7 atterrer T
20 s'asservir R	7 s'assumer R	20 atterrir I, *être* or
7 assibiler T	7 assurer I, T	*avoir*
7 s'assibiler R	7 s'assurer R	7 attester T
15 assiéger T	7 asticoter T	20 attiédir T
7 assigner T	7 astiquer T	20 s'attiédir R
7 assimiler T	62 astreindre T	7 attifer T
7 s'assimiler R	62 s'astreindre R	7 s'attifer R
7 assister I, T	18 atermoyer I	9 attiger I, T
16 associer T	7 atomiser T	7 attirer T
16 s'associer R	7 s'atomiser R	7 s'attirer R
7 assoiffer T	16 atrophier T	7 attiser T
7 assoler T	16 s'atrophier R	7 attitrer T
20 assombrir T	7 attabler T	7 attraper T
20 s'assombrir R	7 s'attabler R	7 s'attraper R
7 assommer T	7 attacher I, T	7 attribuer T
7 s'assommer R	7 s'attacher R	7 s'attribuer R
7 assoner I	7 attaquer T	7 attriquer T
20 assortir T	7 s'attaquer R	7 attrister T
20 s'assortir R	7 s'attarder R	7 s'attrister R
20 assoupir T	62 atteindre T, Ti	7 attrouper T
20 s'assoupir R	12 atteler I, T	7 s'attrouper R
20 assouplir T	12 s'atteler R	7 auditionner I, T
20 s'assouplir R	58 attendre I, T	

imp.: impersonal verb • **D**: defective verb • ***être:*** conjugated with *être*
être* or *avoir: conjugated with both auxiliaries

7 augmenter I, T, *être* or *avoir*

7 s'augmenter R

7 augurer I, T

7 auner T

7 auréoler T

7 s'auréoler R

16 aurifier T

7 ausculter T

16 authentifier T

7 authentiquer T

7 s'autocensurer R

7 s'autodéterminer R

88 s'autodétruire R

8 autofinancer T

8 s'autofinancer R

16 autographier T

7 s'autoguider R

7 automatiser T

7 s'autoproclamer R

16 autopsier T

7 autoriser T

7 s'autoriser R

7 s'autosuggestionner R

7 s'autotomiser R

20 avachir I, T

20 s'avachir R

7 avaler T

7 avaliser T

8 avancer I, T

8 s'avancer R

9 avantager T

16 avarier T

16 s'avarier R

62 aveindre T

24 avenir I, T, D, only pres. part.

7 aventurer T

7 s'aventurer R

11 avérer T

11 s'avérer R

20 avertir T

7 aveugler T

7 s'aveugler R

20 aveulir T

20 s'aveulir R

20 avilir T

20 s'avilir R

7 aviner T

7 aviser I, T

7 s'aviser R

7 avitailler T

7 s'avitailler R

7 aviver T

7 avocasser T

7 avoiner T

2 avoir T

7 avoisiner T

7 **s'avoisiner** R

7 **avorter** I, T, *être* or *avoir*

7 avouer T

7 s'avouer R

19 avoyer T

7 axer T

7 axiomatiser T

7 azimuter T

7 azimuther T

7 azurer T

B

13 babeler Belg. I

7 babiller I

7 bâcher T

7 bachoter I

7 bâcler I, T

7 bader T

7 badigeonner T, Ti

7 se badigeonner R

7 badiner I

7 baffer T

7 bafouer T

7 bafouiller I, T

7 bâfrer I, T

7 bagarrer I

7 se bagarrer R

T: transitive (variable p.p.) • **Ti**: indirect transitive (invariable p.p.)
I: intransitive (invariable p.p.) • **R**: Reflexive verb

7 bagoter I
7 bagotter I
7 bagouler I
7 baguenauder I
7 se baguenauder R
7 baguer T
7 baigner I, T
7 se baigner R
7 bailler (*la bailler belle*) T
7 bâiller (*bâiller d'ennui*) I
7 bâillonner T
7 baiser I, T
7 baisser I, T, *être* or *avoir*
7 se baisser R
7 balader T
7 se balader R
7 balafrer T
8 balancer I, T
8 se balancer R
7 balanstiquer T
17 balayer T
16 balbutier I, T
7 baleiner T
7 baligander Belg. I
7 baliser I, T
7 balkaniser T
7 se balkaniser R

7 ballaster T
7 baller I
7 ballonner T
7 ballotter I, T
7 bal(l)uchonner T
7 se bal(l)uchonner R
7 balter Belg. T
7 bambocher I
7 banaliser T
7 se banaliser R
7 bananer T
7 bancher T
7 bander I, T
7 se bander R
7 banner T
20 bannir T
7 banquer I
12 banqueter I
7 baptiser T
7 se baquer R
7 baquer Belg. T
12 baqueter T
7 baragouiner I, T
7 baraquer I, T
7 baratiner I, T
7 baratter T
7 barber T
7 se barber R
16 barbifier T

16 se barbifier R
7 barboter I, T
7 barbouiller T
7 barder T
7 barder I, imp. : *ça barde*
11 baréter I
7 barguigner I
7 barioler T
7 barjaquer I
7 barloquer Belg. I
7 baronner T
7 barouder I
7 barrer I, T
7 se barrer R
7 barricader T
7 se barricader R
20 barrir I
7 basaner T
7 basculer I, T
7 baser T
7 se baser R
7 bassiner T
7 baster I
7 bastillonner T
7 bastionner T
7 bastonner T
7 se bastonner R
7 batailler I
7 se batailler R

imp.: impersonal verb • **D**: defective verb • ***être***: conjugated with *être*
être* or *avoir: conjugated with both auxiliaries

12 bateler I
7 bâter T
7 batifoler I
20 bâtir T
20 se bâtir R
7 bâtonner T
60 battre I, T, Ti
60 se battre R
9 se bauger R
7 bavarder I
7 bavasser I
7 baver I
7 bavocher I
17 bayer (*aux corneilles*) I
7 bazarder T
16 béatifier T
7 bêcher I, T
13 bêcheveter T
7 bécoter T
7 se bécoter R
7 becquer T
12 becqueter T
7 becter T, D mainly inf. and p.p.
7 bedonner I
14 béer I, D mainly inf., imperf. ind., pres. part. (*béant*), and expression *bouche bée*

7 bégaler T
17 bégayer I, T
11 béguer Afr. I
13 bégueter I
7 bêler I
7 beloter Afr. I
7 bémoliser T
16 bénéficier Ti
20 bénir T, p.p. *béni, bénie, bénis, bénies* distinct from adjective: *eau bénite*
7 benner Belg. T
11 béquer T
12 béqueter T
7 béquiller I, T
8 bercer T
8 se bercer R
7 berdeller Belg. I, T
7 berlurer I
7 se berlurer R
7 berner T
7 besogner I
16 bêtifier I, T
16 se bêtifier R
7 bêtiser I
7 bétonner I, T
7 beugler I, T
7 beurrer T

7 se beurrer R
7 biaiser I, T
7 bibarder I
7 bibeloter I
7 biberonner I
7 bicher I
7 bichonner T
7 se bichonner R
7 bichoter I, imp. : *ça bichote*
7 se bider R
7 bidonner I, Ti
7 se bidonner R
7 bidouiller T
bienvenir I, D, inf. only
7 biffer T
7 biffetonner I
7 bifurquer I
7 bigarrer T
7 bigler I, T
7 biglouser I
7 bigophoner I
7 bigorner T
7 se bigorner R
7 bigrer Afr. I
7 bilaner Afr. I
7 se biler R
7 billebauder I
7 biller I

T: transitive (variable p.p.) • **Ti**: indirect transitive (invariable p.p.)
I: intransitive (invariable p.p.) • **R**: Reflexive verb

284

7 billonner T	7 blaser T	75 boire I, T
7 biloquer T	7 se blaser R	75 se boire R
7 se biloter R	7 blasonner T	7 boiser T
7 biner I, T	11 blasphémer I, T	7 boiter I
7 biologiser T	11 blatérer I	7 boitiller I
7 biquer Belg. I	7 bleffer Belg. I	7 bolcheviser T
7 biscuiter T	20 blêmir I	7 bombarder T
7 biseauter T	11 bléser I	7 bomber I, T
7 bisegmenter T	7 blesser T	7 bonder T
7 biser I, T	7 se blesser R	7 bondériser T
7 bisquer I	20 blettir I	20 bondir I
7 bisser T	20 bleuir I, T	7 bondonner T
7 bistourner T	7 bleuter T	16 bonifier T
7 bistrer T	7 blinder I, T	16 se bonifier R
7 biter T	7 se blinder R	7 bonimenter I
7 bitonner I	7 blinquer Belg. I, T	20 bonir T
7 bitter T	7 blobloter I	20 bonnir T
7 bitumer T	20 blondir I, T	7 boquillonner I
7 bituminer T	18 blondoyer I	7 bordéliser T
7 se bit(t)urer R	7 bloquer T	7 border T
7 bivouaquer I	7 se bloquer R	7 bordurer T
7 bizuter T	20 se blottir R	7 borgnoter T
7 blablater I	7 blouser I, T	7 borner T
7 blackbouler T	7 se blouser R	7 se borner R
7 blaguer I	7 bluffer I, T	18 bornoyer I, T
7 blairer T	7 bluter T	12 bosseler T
7 blâmer T	7 blutiner I	7 bosser I, T
7 se blâmer R	7 bobiner T	7 bossuer T
20 blanchir I, T	7 bocarder T	7 bostonner I
20 se blanchir R	7 boetter T	7 botaniser I

imp.: impersonal verb • **D**: defective verb • **être:** conjugated with *être*
être or avoir: conjugated with both auxiliaries

12 botteler T	7 boulocher I	7 braconner I, T
7 botter I, T	7 boulonner I, T	7 brader T
7 se botter R	7 boulotter I, T	7 brailler I, T
7 bottiner I, T	7 boumer I,	7 se brailler Afr. R
7 boubouler I	imp : *ça boume*	66 braire I, T, D
7 boucaner I, T	7 bouquiner I, T	mainly 3rd pers.
7 boucharder T	7 bourder I	sing. and pl.,
7 boucher T	7 bourdonner I	pres. ind., future,
7 se boucher R	7 bourgeonner I	pres. cond.
7 bouchonner I, T	7 bourgogner Can. T	7 braiser T
7 se bouchonner R	7 bourlinguer I	7 bramer I
7 boucler I, T	12 bourreler T	7 brancarder T
7 se boucler R	7 bourrer I, T	7 brancher I, T
7 bouder I, T	7 se bourrer R	7 se brancher R
7 se bouder R	7 boursicoter I	7 brandiller I, T
7 boudiner T	7 boursouf(f)ler T	20 brandir T
7 bouffer I, T	7 se boursouf(f)ler R	7 branler I, T
7 se bouffer R	7 bousculer T	7 branlocher T
20 bouffir I, T	7 se bousculer R	7 braquer I, T
7 bouffonner I	7 bousiller I, T	7 se braquer R
9 bouger I, T	7 boustifailler I	7 braser T
9 se bouger R	7 bouteiller Afr. T	7 brasiller I
7 bougonner T	7 bouter T	7 brasser T
32 bouillir I, T	7 boutonner I, T	7 se brasser R
7 bouillonner I, T	7 se boutonner R	17 brasseyer T
7 bouillotter I	7 bouturer T	7 braver I, T
9 boulanger I, T	7 boxer I, T	17 brayer T
7 bouler I, T	7 boxonner I	7 bredouiller I, T
7 bouleverser T	7 se boyauter R	7 brêler T
7 bouliner T	7 boycotter T	7 breller T

T: transitive (variable p.p.) • **Ti**: indirect transitive (invariable p.p.)
I: intransitive (invariable p.p.) • **R**: Reflexive verb

7 brésiller I, T

7 se brésiller R

12 bretteler T

7 bretter T

12 breveter T

7 bricoler I, T

7 brider T

9 bridger I

7 briefer T

7 briffer I, T

7 brigander I, T

7 briguer T

7 brillanter T

7 brillantiner T

7 briller I

7 brimbaler I, T

7 brimer T

7 bringuebaler I, T

7 brinqueballer I, T

7 brancher T

7 briquer T

12 briqueter T

7 briser I, T

7 se briser R

7 broadcaster T

7 brocanter I, T

7 brocarder T

7 brocher T

7 broder I, T

7 broncher I

7 bronzer I, T

7 se bronzer R

7 broquanter I

7 broquer Belg. I

7 brosser I, T

7 se brosser R

7 brouetter T

7 brouillasser I,
imp. : *il brouillasse*

7 brouiller T

7 se brouiller R

7 brouillonner I, T

7 brouter I, T

18 broyer T

7 bruiner I,
imp. : *il bruine*

20 bruire I, D
mainly pres. part.
(*bruissant*), 3rd
pers. sing. and pl.,
pres. ind., imperf.
(*il bruit/ils
bruissent,
il bruissait/ils
bruissaient*),
and pres. subj.
(*qu'il bruisse/
qu'ils bruissent*).
Invariable p.p.
(*brui*)

7 bruisser I

7 bruiter T

7 brûler I, T

7 se brûler R

7 brumasser I, imp.:
il brumasse

7 brumer I, imp. : *il
brume*

20 brunir I, T

20 se brunir R

7 brusquer T

7 brutaliser T

7 bûcher I, T

7 budgéter T

7 budgétiser T

7 buller I

7 bureaucratiser T

7 se bureaucratiser R

7 buriner T

7 buser Afr. T

7 buter I, T

7 se buter R

7 butiner I, T

7 butter T

7 buvoter I

C

7 cabaler I

7 cabaner T

7 cabiner Afr. I

imp.: impersonal verb • **D**: defective verb • **être:** conjugated with *être*
être or avoir: conjugated with both auxiliaries

287

7 câbler T	7 se cailler R	7 cambrer T
7 cabosser T	12 cailleter I	7 se cambrer R
7 caboter I	7 caillouter T	7 cambrioler T
7 cabotiner I	7 caïmanter Afr. T	7 cambuter I, T
7 cabrer T	7 cajoler T	7 cameloter I
7 se cabrer R	7 se calaminer R	11 camembérer Afr. I
7 cabrioler I	7 calamistrer T	7 se camer R
7 cacaber I	7 calancher I	7 camionner T
7 cacarder I	7 calandrer T	7 camoufler T
7 cacher T	7 calciner T	7 se camoufler R
7 se cacher R	7 calculer I, T	7 camper I, T, *être* or
12 cacheter T	7 caler I, T	*avoir*
7 cachetonner I	7 se caler R	7 se camper R
7 cadancher I	13 caleter I	7 canaliser T
7 cadastrer T	13 se caleter R	7 canarder I, T
7 cadeauter Afr. T	7 calfater T	7 cancaner I
7 cadenasser T	7 calfeutrer T	7 cancériser T
8 cadencer T	7 se calfeutrer R	20 se candir R
7 cadoter Afr. T	7 calibrer T	7 caner I
7 cadrer I, T	7 câliner T	12 canneler T
7 cafarder I, T	16 calligraphier T	7 canner I, T
7 cafeter I, T	7 calmer T	7 cannibaliser T
7 cafouiller I	7 se calmer R	7 se cannibaliser R
7 cafter I, T	20 calmir I	7 canoniser T
7 cagnarder I	16 calomnier T	7 canonner T
7 cagner I	9 calorifuger T	7 canoter I
7 caguer I	7 calotter T	7 cantiner I
7 cahoter I, T	7 calquer T	7 cantonner I, T
7 caillebotter T	7 calter I	7 se cantonner R
7 cailler I, T	7 se calter R	7 canuler T

T: transitive (variable p.p.) • **Ti**: indirect transitive (invariable p.p.)
I: intransitive (invariable p.p.) • **R**: Reflexive verb

7 caoutchouter T	7 carbonater T	7 cascader I
7 capahuter T	7 carboniser T	16 caséifier T
7 caparaçonner T	7 carburer I, T	7 casemater T
7 se caparaçonner R	7 carcailler I	7 caser T
14 capéer I	7 carder T	7 se caser R
12 capeler T	8 carencer T	7 caserner T
17 capeyer I	11 caréner I, T	7 casquer I, T
7 capitaliser I, T	7 carer T	7 casse-croûter I
7 capitonner T	7 caresser T	7 casser I, T
7 se capitonner R	7 se caresser R	7 se casser R
7 capituler I	7 carguer T	7 castagner I, T
7 caponner I	7 caricaturer T	7 se castagner R
7 caporaliser T	16 carier T	7 castrer T
7 capoter I, T	16 se carier R	7 cataloguer T
7 capsuler T	7 carillonner I, T	7 catalyser T
7 capter T	7 carmer T	7 catapulter T
7 captiver T	7 carminer T	7 catastropher T
7 se captiver R	16 se carnifier R	7 catcher I
7 capturer T	7 carotter I, T	7 catéchiser T
7 capuchonner T	12 carreler T	7 catiner Can. I, T
7 caquer T	7 carrer T	20 catir T
12 caqueter I	7 se carrer R	7 cauchemarder I
7 caracoler I	7 carrosser T	7 causer I, T
7 caractériser T	7 carotter T	7 cautériser T
7 se caractériser R	7 caroubler T	7 cautionner T
7 caramboler I, T	7 carrer T	7 cavacher Afr. I
7 se caramboler R	18 carroyer T	7 cavalcader I
7 caraméliser I, T	7 carter T	7 cavaler I, T
7 se caraméliser R	7 cartonner I, T	7 se cavaler R
7 carapater R	7 cartoucher Afr. I	7 caver I, T

imp.: impersonal verb • **D**: defective verb • **être**: conjugated with *être*
être or avoir: conjugated with both auxiliaries

289

7 se caver R
7 caviarder T
11 céder I, T, Ti
7 cégotter Afr. T
62 ceindre T
62 se ceindre R
7 ceinturer T
11 célébrer T
13 celer T
7 cémenter T
7 cendrer T
7 censurer T
7 center Afr. T
7 centraliser T
7 center I, T
9 centrifuger T
7 centupler I, T
7 cercler T
7 cerner T
16 certifier T
7 césariser T
7 cesser I, T, Ti
7 chabler T
7 chagriner T
7 chahuter I, T
7 chaîner T
9 challenger T
  chaloir D, mainly
  3rd pers. sing., pres.
  ind. *(peu lui chaut)*

7 chalouper I
7 se chamailler R
7 chamarrer T
7 chambarder T
7 chambouler T
7 chambrer T
7 chameauser Afr. I
7 chamoiser T
7 champagniser T
10 champlever T
12 chanceler I
7 chancetiquer I
20 chancir I
20 se chancir R
7 chanfreiner T
9 changer I, T, Ti,
  être or *avoir*
9 se changer R
7 chansonner T
7 chanstiquer I, T
7 chanter I, T
7 chantonner I, T
7 chantourner T
7 chaparder I, T
7 chapeauter T
12 chapeler T
7 chaperonner T
7 chapitrer T
7 chaponner T
7 chaptaliser T

7 charbonner I, T
7 charcuter T
7 se charcuter R
9 charger I, T
9 se charger R
7 chariboter I
7 charlater Afr. I
7 charmer I, T
7 charpenter T
16 charrier I, T
18 charroyer T
7 chartériser T
7 chasser I, T
7 châtaigner I
7 se châtaigner R
16 châtier T
16 se châtier R
7 chatonner I
7 chatouiller T
18 chatoyer I
7 châtrer T
7 chauffer I, T
7 se chauffer R
7 chauler T
7 chaumer I, T
7 chausser I, T
7 se chausser R
  chaut → chaloir
20 chauvir I

T: transitive (variable p.p.) • **Ti**: indirect transitive (invariable p.p.)
I: intransitive (invariable p.p.) • **R**: Reflexive verb

7 chavirer I, T, *être* or *avoir*	7 chiffrer I, T	7 chouraver T
7 chawer Afr. I	7 se chiffrer R	7 chourer T
7 chelinguer I	7 chigner I	7 chouriner T
7 cheminer I	7 chimer T	18 choyer T
7 chemiser T	7 chiner T	7 christianiser T
7 chercher I, T	7 chinoiser I	7 chromer T
7 se chercher R	7 chiper T	7 chroniquer I
11 chérer I	7 chipoter I	11 chronométrer T
20 chérir T	7 chiquer I, T	7 chroumer I, T
7 cherrer I	16 chirographier I, T	7 chuchoter I, T
7 chevalever T	7 chlinguer I	7 chuinter I
7 chevaucher I, T	7 chlorer T	7 chuter I
7 se chevaucher R	7 chloroformer T	7 cibler T
7 cheviller T	7 chlorurer T	7 cicatriser I, T
12 chevreter I	7 chocotter I	7 se cicatriser R
7 chevronner T	7 chofer T	7 cigler T
7 chevroter I	55 choir I, D, *être* or *avoir*	7 ciller I
7 chiader T	20 choisir T	7 cimenter T
7 chialer I	7 chômer I, T	7 se cimenter R
7 chicaner I, T, Ti	7 choper T	16 cinématographier T
7 se chicaner R	7 chopiner I	7 cingler I, T
7 se chicorer R	7 chopper I	7 se cingler R
7 se chicorner R	7 choquer T	7 cintrer T
7 chicoter I	7 se choquer R	87 circoncire T, p.p. *circoncis, circoncise, circoncises*
7 chicotter Afr. T	16 chorégraphier I, T	
7 chienner I	7 choser Afr. I, T	86 circonscrire T
16 chier I, T	16 chosifier T	86 se circonscrire R
7 chiffonner I, T	7 chouchouter T	16 circonstancier T
7 se chiffonner R	7 choufer T	24 circonvenir T

imp.: impersonal verb • **D**: defective verb • *être*: conjugated with *être*
être or avoir: conjugated with both auxiliaries

7 circuler I	16 classifier T	7 clôturer I, T
7 cirer T	7 claudiquer I	7 clouer T
7 cisailler T	7 claustrer T	7 clouter T
13 ciseler T	7 se claustrer R	7 coaguler I, T
7 citer T	7 claver T	7 se coaguler R
7 civiliser T	12 clavet(t)er T	7 coaliser T
7 se civiliser R	7 clayonner T	7 se coaliser R
7 clabauder R	11 cléber I	7 coasser I
7 claboter I, T	7 clicher T	7 se cocaliser Afr. R
7 clacher Belg. T	7 clienter Afr. T	7 cocher T
7 claironner I, T	7 cligner I, T, Ti	7 côcher T
7 clamecer I	7 clignoter I	7 cochonner I, T
7 clamer T	7 climatiser T	7 cocot(t)er I
7 clamper T	7 cliquer I	16 cocufier T
7 clamser I	12 cliqueter I	7 coder I, T
7 claper T	7 cliquoter Belg. I	16 codifier T
20 clapir I	7 clisser T	7 coéditer T
20 se clapir R	7 cliver T	7 coexister I
7 clapoter I	7 se cliver R	7 coffrer T
7 clapper I	7 clochardiser T	11 cogérer T
7 clapser I	7 se clochardiser R	7 cogiter I, T
7 claquemurer T	7 clocher I	7 cogner T, Ti
7 se claquemurer R	7 cloisonner T	7 se cogner R
7 claquer I, T	7 cloîtrer T	7 cognoter I
7 se claquer R	7 se cloîtrer R	7 cohabiter I
12 claqueter I	7 cloner T	7 cohériter I
16 clarifier T	7 cloper Belg. I	7 coiffer T
16 se clarifier R	7 clopiner I	7 se coiffer R
7 classer T	7 cloquer I, T	8 coincer T
7 se classer R	76 clore T, D	8 se coincer R

T: transitive (variable p.p.) • **Ti**: indirect transitive (invariable p.p.)
I: intransitive (invariable p.p.) • **R**: Reflexive verb

7 coïncider I	7 commander I, T, Ti	7 compartimenter T
7 coïter I	7 se commander R	7 compasser T
16 cokéfier T	7 commanditer T	20 compatir Ti
7 cokser Afr. T	7 commémorer T	7 compenser T
7 collaborer I, Ti	8 commencer I, T,	7 se compenser R
7 collapser I	Ti, *être* or *avoir*	11 compéter I
7 collationner I, T	8 se commencer R	7 compiler T
7 collecter T	7 commenter T	7 compisser T
7 se collecter R	8 commercer I	68 complaire Ti
7 collectionner T	7 commercialiser T	68 se complaire R,
7 collectiviser T	11 commérer I	invariable p.p.
7 coller I, T, Ti	61 commettre T	11 compléter T
7 se coller R	61 se commettre R	11 se compléter R
12 colleter T	7 commissionner T	7 complexer T
12 se colleter R	7 commotionner T	7 se complexer R
9 colliger T	7 commuer T	16 complexifier T
7 colloquer T	7 communaliser T	16 se complexifier R
7 colmater T	16 communier I	7 complimenter T
7 coloniser T	7 communiquer I, T	7 compliquer T
7 colorer T	7 se communiquer R	7 se compliquer R
7 se colorer R	7 commuter I, T	7 comploter I, T, Ti
16 colorier T	7 compacter T	7 comporter T
7 coloriser T	69 comparaître I	7 se comporter R
7 colporter T	7 comparer T	7 composer I, T
7 coltiner T	7 se comparer R	7 se composer R
7 se coltiner R	comparoir I, D,	7 composter T
60 combattre I, T, Ti	only inf. *(être	59 comprendre T
7 combiner T	assigné à	59 se comprendre R
7 se combiner R	comparoir)* and	7 compresser T
7 combler T	pres. part.	7 comprimer T
	(comparant)	

imp.: impersonal verb • **D**: defective verb • *être*: conjugated with *être*
être **or** *avoir*: conjugated with both auxiliaries

61 compromettre I, T	7 concrétiser T	58 se confondre R
61 se compromettre R	7 se concrétiser R	7 conformer T
7 comptabiliser T	8 concurrencer T	7 se conformer R
7 compter I, T	7 condamner T	7 conforter T
7 se compter R	7 condenser T	7 se conforter R
7 compulser T	7 se condenser R	7 confronter T
7 computer T	58 condescendre Ti	16 congédier T
7 concasser T	7 conditionner T	13 congeler T
11 concéder T	88 conduire T	13 se congeler R
11 concélébrer T	88 se conduire R	7 congestionner T
7 concentrer T	7 confectionner T	7 se congestionner R
7 se concentrer R	7 se confectionner R	11 conglomérer T
7 conceptualiser I, T	11 confédérer T	11 se conglomérer R
7 concerner T, only	11 conférer I, T, Ti	7 conglutiner T
3rd pers. sing. and	7 confesser T	7 congratuler T
pl. in active voice;	7 se confesser R	7 se congratuler R
all persons in	7 confiancer Afr. T	14 congréer T
passive	16 confier T	20 cônir T
7concerter I, T	16 se confier R	7 conjecturer I, T
7 se concerter R	7 configurer T	63 conjoindre T
40 concevoir T	7 confiner Ti	7 conjuguer T
40 se concevoir R	7 se confiner R	7 se conjuguer R
16 concilier T	87 confire T	7 conjurer T
16 se concilier R	87 se confire R	7 se conjurer R
77 conclure I, T, Ti	7 confirmer T	69 connaître T
77 se conclure R	7 se confirmer R	69 se connaître R
7 concocter T	7 confisquer T	7 connecter T
7 concorder I	7 confiturer Afr. T	7 con(n)obler T
34 concourir I, Ti	7 confluer I	7 connoter T
11 concréter T	58 confondre T	7 conobrer T

T: transitive (variable p.p.) • **Ti**: indirect transitive (invariable p.p.)
I: intransitive (invariable p.p.) • **R**: Reflexive verb

25 conquérir T	88 construire I, T	64 se contraindre R
25 se conquérir R	88 se construire R	16 contrarier T
7 consacrer T	7 consulter I, T	16 se contrarier R
7 se consacrer R	7 se consulter R	7 contraster I, T
7 conscientiser T	7 consumer T	7 contre-attaquer I
7 conseiller T, Ti	7 se consumer R	8 contrebalancer T
26 consentir T, Ti	7 contacter T	8 s'en contrebalancer R
7 conserver T	7 contagionner T	60 contrebattre T
7 se conserver R	7 containeriser T	7 contrebouter T
11 considérer T	7 contaminer T	7 contrebraquer T
11 se considérer R	7 contempler T	7 contrebuter T
7 consigner T	7 se contempler R	7 contrecarrer T
7 consister I	7 conteneuriser T	84 contredire T
7 consoler I, T	24 contenir T	84 se contredire R
7 se consoler R	24 se contenir R	67 contrefaire T
7 consolider T	7 contenter T	7 se contrefiche R
7 se consolider R	7 se contenter R	58 se contrefoutre R, D
7 consommer I, T	7 conter T	7 contre-indiquer T
7 se consommer R	7 contester I, T	7 contremander T
7 consoner I	7 contingenter T	7 contre-manifester I
7 conspirer I, T, Ti	7 continuer I, T, Ti	7 contremarquer T
7 conspuer T	7 se continuer R	7 contre-miner T
7 constater T	7 contorsionner T	7 contre-murer T
7 consteller T	7 se contorsionner R	7 contre-passer T
7 consterner T	7 contourner T	7 contre-plaquer T
7 constiper I, T	7 contracter T	7 contrer I, T
7 constituer T	7 se contracter R	7 contre-sceller T
7 se constituer R	7 contractualiser T	7 contresigner T
7 constitutionnaliser T	7 contracturer T	
	64 contraindre T	

imp.: impersonal verb • **D**: defective verb • **être**: conjugated with *être*
être or avoir: conjugated with both auxiliaries

7 contre-tirer T	7 coopter T	7 corser T
24 contrevenir Ti	7 coordonner T	7 se corser R
7 contribuer Ti	7 copermuter T	13 corseter T
7 contrister T	16 copier I, T	7 cosigner T
7 contrôler T	7 copiner I	7 cosmétiquer T
7 se contrôler R	7 coposséder T	7 cosser I
7 controuver T	88 coproduire T	7 costumer T
7 controverser I, T	7 copuler I	7 se costumer R
7 contusionner T	7 coquer T	7 coter I, T
65 convaincre T	12 coqueter I	20 cotir T
65 se convaincre R	7 coquiller I	7 cotiser I
24 convenir I, Ti, *être*	7 coraniser Afr. T	7 se cotiser R
or *avoir*	12 cordeler T	7 cotonner I, T
24 se convenir R,	7 corder T	7 se cotonner R
invariable p.p.	7 cordonner T	18 côtoyer T
7 conventionner T	7 cornancher T	18 se côtoyer R
9 converger I	7 se cornancher R	7 couchailler I
7 converser I	7 cornaquer T	7 coucher I, T
20 convertir T	7 corner I, T	7 se coucher R
20 se convertir R	7 correctionnaliser T	7 couder T
16 convier T	11 corréler T	18 coudoyer T
7 convivialiser I, T	58 correspondre I, Ti	79 coudre T
7 convoiter I, T	58 se correspondre R	7 couiller Afr. T
7 convoler I	9 corriger T	7 couillonner T
7 convoquer T	9 se corriger R	7 couiner I
18 convoyer T	7 corroborer T	7 couler I, T
7 convulser T	7 corroder T	7 se couler R
7 se convulser R	58 corrompre T	7 coulisser I, T
7 convulsionner T	58 se corrompre R	7 coupailler T
11 coopérer I, Ti	18 corroyer T	7 coupeller T

T: transitive (variable p.p.) • **Ti**: indirect transitive (invariable p.p.)
I: intransitive (invariable p.p.) • **R**: Reflexive verb

7 couper I, T, Ti
7 se couper R
7 coupler T
7 courailler I
7 courbaturer T, 2 forms of p.p.: courbaturé, courbaturée, courbaturés, courbaturées; *courbatu, courbatue, courbatus, courbatues*
7 courber I, T
7 se courber R
34 courir I, T
7 couronner T
7 se couronner R
courre T, D, infinitive only *(chasse à courre)*
8 courroucer T
8 se courroucer R
7 courser T
7 courtauder T
7 court-circuiter T
7 courtiser T
7 cousiner I
7 couteauner Afr. T
7 coûter I, T, Ti
7 coutoner Afr. T

18 coutoyer Afr. T
7 couturer T
7 couver I, T
28 couvrir T
28 se couvrir R
7 coxer T
7 cracher I, T
7 crachiner Imp. : *il crachine*
7 crachoter I
7 crachouiller I, T
7 crailler I
64 craindre I, T
7 cramer I, T
7 cramponner T
7 se cramponner R
7 crampser I
7 cramser I
7 craner T
7 crâner I
7 cranter T
7 crapahuter I
7 crapaüter I
7 crapoter I
7 crapuler I
12 craqueler T
12 se craqueler R
7 craquer I, T
12 craqueter I
7 se crasher R

7 crasser T
7 cravacher I, T
7 cravater T
7 se cravater Afr. R
7 crawler I
7 crayonner T
11 crécher I
7 crédibiliser T
7 créditer T
14 créer T
14 se créer R
11 crémer I
12 créneler T
11 créner T
7 créoliser T
7 se créoliser R
7 créosoter T
7 crêper T
7 se crêper R
20 crépir T
7 crépiter I
7 crétiniser T
7 creuser I, T
7 se creuser R
7 crevasser T
7 se crevasser R
10 crever I, T, *être* or *avoir*
10 se crever R
7 criailler I

imp.: impersonal verb • D: defective verb • *être*: conjugated with *être*
être or *avoir*: conjugated with both auxiliaries

7 cribler T	20 crounir I	12 cuveler T
16 crier I, T	7 croupionner I	7 cuver I, T
7 criminaliser T	20 croupir I, *être* or *avoir*	7 cyanoser T
7 criquer I		7 cylindrer T
7 se criquer R	7 croustiller I	
7 criser I	7 croûter I, T	
7 crisper T	7 se croûtonner R	
7 se crisper R	16 crucifier T	**D**
7 crisser I	7 crypter T	
7 cristalliser I, T	16 cryptographier T	16 dactylographier T
7 se cristalliser R	7 cuber I, T	7 daguer T
29 criticailler I, T	29 cueillir T	7 daigner (+ inf.) T
7 critiquer T	7 cuirasser T	7 daller T
7 croasser I	7 se cuirasser R	7 damasquiner T
7 crocher I, T	88 cuire I, T	7 damasser T
13 crocheter T	7 cuisiner I, T	7 damer I, T
74 croire I, T, Ti	7 se cuiter R	7 damner I, T
74 se croire R	7 cuivrer T	7 se damner R
7 croiser I, T	7 culbuter I, T	7 dandiner T
7 se croiser R	7 culer I, T	7 se dandiner R
73 croître I, *être* or *avoir*	7 culminer I	7 danser I, T
	7 culotter T	7 dansotter I
20 crônir I	7 se culotter R	7 darder I, T
7 croquer I, T	7 culpabiliser I, T	7 se darder R
7 crosser T	7 cultiver T	7 dater I, T
7 crotter I, T	7 se cultiver R	7 dauber I, T
7 se crotter R	7 cumuler T	7 déactiver T
7 crouler I, *être* or *avoir*	7 curer T	7 dealer T
	7 se curer R	7 déambuler I
7 croller Belg. I	12 cureter T	7 se déambuler Afr. R

T: transitive (variable p.p.) • **Ti**: indirect transitive (invariable p.p.)
I: intransitive (invariable p.p.) • **R**: Reflexive verb

7 débâcher I, T	7 débiner T	7 débourser T
7 débâcler I, T	7 se débiner R	7 déboussoler T
7 débagouler I, T	7 débiter T	7 débouter T
7 débâillonner T	11 déblatérer I	7 déboutonner T
7 déballer I, T	17 déblayer T	7 se déboutonner R
7 se déballonner R	20 débleuir T	7 débraguetter T
7 débalourder T	7 débloquer I, T	7 se débraguetter R
7 débanaliser T	7 débobiner T	7 se débrailler R
7 débander I, T	7 déboguer T	7 débrancher T
7 se débander R	7 déboiser T	7 se débrancher R
7 débaptiser T	7 déboîter I, T	17 débrayer I, T
7 débarboter Afr. T	7 se déboîter R	7 débrider I, T
7 débarbouiller T	7 débonder T	7 débriefer T
7 se débarbouiller R	7 se débonder R	7 débrocher T
7 débarder T	7 déborder I, T, *être*	7 débrôler Belg. T
7 débarquer I, T	or *avoir*	7 débrouiller T
7 débarrasser I, T	7 se déborder R	7 se débrouiller R
7 se débarrasser R	12 débosseler T	7 débroussailler T
7 débarrer T	7 débotter T	7 débrousser Afr. T
7 débâter T	7 se débotter R	7 débucher I, T
20 débâtir T	7 déboucher I, T	7 débudgétiser T
60 débattre T	7 déboucler T	7 débugger T
60 se débattre R	7 débouder I, T	7 débuller T
7 débaucher T	7 se débouder R	7 débureaucratiser T
7 se débaucher R	32 débouillir T	7 débusquer T
12 débe(c)queter T	7 débouler I, T	7 débuter I, T
12 se débe(c)queter R	7 déboulonner T	12 décacheter T
7 débecter T	7 débouquer I	7 décadenasser T
7 débiliter T	7 débourber T	7 décadrer T
7 débillarder T	7 débourrer I, T	7 décaféiner T

imp.: impersonal verb • **D**: defective verb • ***être***: conjugated with *être*
être* or *avoir: conjugated with both auxiliaries

7 décaisser T	7 décavaillonner T	7 décheviller T
7 décalaminer T	7 décaver T	7 déchiffonner T
7 décalcariser Belg. T	7 se décaver R	7 déchiffrer I, T
16 décalcifier T	11 décéder I, *être*	12 déchiqueter T
16 se décalcifier R	13 déceler T	7 déchirer T
7 décaler T	11 décélérer I	7 se déchirer R
7 décalotter T	7 décentraliser T	7 déchlorurer T
7 décalquer T	7 se décentraliser R	57 déchoir I, *être* or
7 décamper I, *être* or	7 décentrer T	*avoir*, D
avoir	7 se décentrer R	7 déchristianiser T
7 décaniller I	7 décercler T	7 se déchristianiser R
7 décanter I, T	7 décérébrer T	7 déchromer T
7 se décanter R	7 décerner T	7 décider T, Ti
12 décapeler T	12 décerveler T	7 se décider R
7 décaper T	7 décesser T	7 décimaliser T
7 décapitaliser T	40 décevoir T	7 décimer T
7 décapiter T	7 déchagriner T	7 décintrer T
7 décapoter T	7 déchaîner T	7 déclamer I, T
7 décapsuler T	7 se déchaîner R	7 déclarer T
7 décapuchonner T	7 déchanter I	7 se déclarer R
7 décarburer T	7 déchaper T	7 déclasser T
7 décarcasser T	7 déchaperonner T	12 déclaveter T
7 se décarcasser R	9 décharger I, T	7 déclencher T
7 décarpiller T	9 se décharger R	7 se déclencher R
12 décarreler T	7 décharner T	7 décléricaliser T
7 décarrer I	7 déchaumer T	7 décliner I, T
7 décartonner T	7 déchausser I, T	7 se décliner R
20 décatir T	7 se déchausser R	12 décliqueter T
20 se décatir R	11 décher T	7 décloisonner T
7 décauser Belg. T	7 déchevêtrer T	

T: transitive (variable p.p.) • **Ti**: indirect transitive (invariable p.p.)
I: intransitive (invariable p.p.) • **R**: Reflexive verb

76 déclore T, D, only
    inf. and p.p.
7 déclouer T
7 décocher T
7 décoder T
7 décoffrer T
7 décoiffer T
7 se décoiffer R
8 décoincer T
11 décolérer I
7 décoller I
7 se décoller R
12 décolleter T
12 se décolleter R
7 décoloniser T
7 décolorer T
7 se décolorer R
7 décommander T
7 se décommander R
61 décommettre T
7 décommuniser T
7 décompenser I
7 décomplexer T
7 décomposer T
7 se décomposer R
7 décompresser I, T
7 décomprimer T
7 décompter I, T
7 déconcentrer T
7 se déconcentrer R

7 déconcerter T
7 se déconcubiner R
7 déconditionner T
87 déconfire T
13 décongeler T
7 décongestionner T
7 déconnecter T
7 déconner I
7 déconseiller T
11 déconsidérer T
11 se déconsidérer R
7 déconsigner T
7 déconstiper T
88 déconstruire T
7 décontaminer T
8 décontenancer T
8 se décontenancer R
7 décontracter T
7 se décontracter R
8 décorcer Afr. T
7 décorder T
7 se décorder R
7 décorer I, T
7 décorner T
7 décortiquer T
7 découcher I
79 découdre T
79 se découdre R
7 découler I, Ti
7 découper T

7 se découper R
7 découpler T
9 décourager T
9 se décourager R
7 découronner T
28 découvrir T
28 se découvrir R
7 décrambuter I, T
7 décramponner T
7 décrapouiller T
7 se décrapouiller R
7 décrasser T
7 se décrasser R
7 décrédibiliser T
7 décréditer T
7 se décréditer R
7 décrêper T
20 décrépir T
20 se décrépir R
7 décrépiter I, T
11 décréter T
7 décreuser T
16 décrier T
7 décriminaliser T
86 décrire T
7 décrisper T
7 se décrisper R
7 décrocher I, T
7 se décrocher R
7 décroiser T

imp.: impersonal verb • **D**: defective verb • **être**: conjugated with _être_
être or avoir: conjugated with both auxiliaries

73 décroître I, *être* or *avoir*	30 défaillir I	7 défigurer T
7 décrotter T	67 défaire T	7 se défigurer R
7 décroûter T	67 se défaire R	7 défiler I, T
7 décruer T	7 défalquer T	7 se défiler R
7 décruser T	7 défarder T	20 définir T
7 décrypter T	7 défarguer T	20 se définir R
88 décuire T	7 défatiguer I, T	7 défiscaliser T
7 décuivrer T	7 se défatiguer R	7 déflagrer I
7 déculasser T	7 défaucher T	7 déflaquer I
7 déculotter T	7 défaufiler T	20 défléchir I, T
7 se déculotter R	7 défausser T	20 défleurir I, T
7 déculpabiliser T	7 se défausser R	7 défloquer T
7 décupler I, T	7 défavoriser T	7 déflorer T
7 décuver T	58 défendre T	16 défolier T
7 dédaigner T, Ti	58 se défendre R	8 défoncer T
8 dédicacer T	7 défenestrer T	8 se défoncer R
16 dédier T	7 se défenestrer R	7 déforcer Afr. T
84 dédire T	11 déféquer I, T	7 déformer T
84 se dédire R	11 déférer T, Ti	7 se déformer R
9 dédommager T	7 déferler I, T	7 défouler T
9 se dédommager R	7 déferrer T	7 se défouler R
7 dédorer T	7 déferriser T	7 défourailler I, T
7 dédouaner T	7 défeuiller T	7 défourner T
7 se dédouaner R	7 défeutrer T	20 défraîchir T
7 dédoubler T	7 défibrer T	7 défranciser T
7 se dédoubler R	12 déficeler T	17 défrayer T
7 dédramatiser I, T	7 déficher T	7 défreter T
88 déduire T	16 défier T	7 défricher T
88 se déduire R	16 se défier R	7 défringuer T
	9 défiger T	7 se défringuer R

T: transitive (variable p.p.) • **Ti**: indirect transitive (invariable p.p.)
I: intransitive (invariable p.p.) • **R**: Reflexive verb

7 défriper T	7 se dégingander R	7 se dégrafer R
7 défriser T	7 dégîter T	7 dégraisser T
7 défroisser T	7 dégivrer T	18 dégravoyer T
7 se défroisser R	7 déglacer T	14 dégréer T
8 défroncer T	7 déglinguer T	11 dégréner I, T
7 défroquer I, T	7 se déglinguer R	7 dégréver T
7 se défroquer R	7 dégluer T	7 dégringoler I, T
7 défruiter T	20 déglutir I, T	7 dégripper T
7 défrusquer T	7 dégobiller I, T	7 dégriser T
9 dégager I, T	7 dégoiser I, T	7 se dégriser R
9 se dégager R	7 dégommer T	7 dégrosser T
7 dégainer T	7 dégonder T	20 dégrossir T
7 dégalonner T	7 dégonfler I, T	20 se dégrossir R
7 déganter T	7 se dégonfler R	7 se dégrouiller R
7 se déganter R	9 dégorger I, T	20 déguerpir I, T
20 dégarnir T	9 se dégorger R	7 dégueulasser T
20 se dégarnir R	7 dégotter I, T	7 dégueuler I, T
7 dégasoliner T	7 dégoudronner T	7 déguiser T
20 dégauchir T	7 dégouliner I	7 se déguiser R
7 dégazer I, T	7 dégoupiller T	7 dégurgiter T
7 dégazoliner T	20 dégourdir T	7 déguster T
7 dégazonner T	20 se dégourdir R	7 déhaler T
13 dégeler I, T, *être* or *avoir*	7 dégourer T	7 se déhaler R
	7 dégourrer T	7 déhancher T
13 se dégeler R	7 dégoûter T	7 se déhancher R
11 dégénérer I, *être* or *avoir*	7 se dégoûter R	7 déharder T
	7 dégoutter I, T	7 déharnacher T
11 se dégénérer Afr. R	7 dégrader T	7 se déharnacher R
7 dégermer T	7 se dégrader R	7 déhotter I, T
7 dégingander T	7 dégrafer T	7 déhouiller T

imp.: impersonal verb • **D**: defective verb • ***être***: conjugated with *être*
être* or *avoir: conjugated with both auxiliaries

303

16 déifier T	11 déléguer T	7 démancher T
7 déjanter T	7 délester T	7 se démancher R
9 déjauger I	7 se délester R	7 demander T
20 déjaunir T	11 délibérer I, Ti	7 se demander T
12 déjeter T	16 délier T	9 démanger I, T
12 se déjeter R	16 se délier R	13 démanteler T
7 déjeuner I	16 délignifier T	7 démantibuler T
7 déjouer T	7 délimiter T	7 se démantibuler R
7 déjucher I, T	14 délinéer T	7 se démaquer R
9 se déjuger R	7 délirer I	7 démaquiller T
7 délabialiser T	7 délisser I, T	7 se démaquiller R
7 se délabialiser R	7 déliter T	7 démarabouter
7 délabrer T	7 se déliter R	Afr. T
7 se délabrer R	7 délivrer T	7 démarcher T
7 délabyrinther T	7 se délivrer R	16 démarier T
8 délacer T	7 délocaliser T	16 se démarier R
7 délainer T	7 se délocaliser R	7 démarquer T
7 délaisser T	9 déloger I, T	7 se démarquer R
7 délaiter T	7 déloquer T	7 démarrer I, T
7 délarder T	7 se déloquer R	7 démascler T
7 délasser I, T	7 délover T	7 démasquer T
7 se délasser R	7 délurer T	7 se démasquer R
7 délatter T	7 délustrer T	7 démastiquer T
7 se délatter R	7 déluter T	7 démâter I, T
7 délaver T	7 démaçonner T	7 dématérialiser T
17 délayer T	7 démagnétiser T	7 démazouter T
7 déléaturer T	20 démaigrir I, T	7 démédicaliser T
7 délecter T	7 démailler T	7 démêler T
7 se délecter R	7 se démailler R	7 se démêler R
7 délégitimer T	7 démailloter T	7 démembrer T

T: transitive (variable p.p.) • **Ti**: indirect transitive (invariable p.p.)
I: intransitive (invariable p.p.) • **R**: Reflexive verb

9 déménager I, T, *être* or *avoir*
10 se démener R
26 démentir T
26 se démentir R
7 se démerder R
9 démerger Belg. T
7 démériter I
7 déméthaniser T
61 démettre T
61 se démettre R
7 démeubler T
7 demeurer I, *être* or *avoir*
7 démieller T
7 démilitariser T
7 déminer T
7 déminéraliser T
7 démissionner I, Ti
7 démobiliser I, T
7 se démobiliser R
7 démocratiser T
7 se démocratiser R
7 démoder T
7 se démoder R
7 démoduler T
20 démolir T
7 démonétiser T
7 démonter T
7 se démonter R

7 démontrer T
7 se démontrer R
7 démoraliser T
7 se démoraliser R
58 démordre Ti
7 démotiver T
7 se démotiver R
12 démoucheter T
7 démouler T
7 se démouscailler R
7 démoustiquer T
16 démultiplier T
20 démunir T
20 se démunir R
7 démurer T
9 démurger I, T
12 démuseler T
16 démystifier T
16 démythifier T
7 dénasaliser T
7 dénationaliser T
7 dénatter T
7 dénaturaliser T
7 dénaturer T
7 se dénaturer R
16 dénazifier T
7 dénébuler T
7 dénébuliser T
9 déneiger T
7 dénerver T

7 déniaiser T
7 se déniaiser R
7 dénicher I, T, *être* or *avoir*
7 dénickeler T
7 dénicotiniser T
16 dénier T
7 dénigrer T
7 dénitrer T
16 dénitrifier T
12 déniveler T
7 dénombrer T
7 dénommer T
8 dénoncer T
8 se dénoncer R
7 dénoter I, T
7 dénouer T
7 se dénouer R
7 dénoyauter T
18 dénoyer T
16 densifier T
12 denteler T
7 dénucléariser T
7 dénuder T
7 se dénuder R
7 se dénuer R
7 se dépagnoter R
7 dépailler T
7 se dépailler R
12 dépaisseler T

imp.: impersonal verb • **D**: defective verb • *être*: conjugated with *être*
être or avoir: conjugated with both auxiliaries

7 dépalisser T	7 se dépenser R	16 se déplier R
7 dépanner T	20 dépérir I	7 déplisser T
12 dépaqueter T	7 dépersonnaliser T	7 se déplisser R
7 déparaffiner T	7 se dépersonnaliser R	7 déplomber T
7 déparasiter T	7 dépêtrer T	7 déplorer T
7 dépareiller T	7 se dépêtrer R	18 déployer T
7 déparer T	7 dépeupler T	18 se déployer R
16 déparier T	7 se dépeupler R	7 déplumer T
7 déparler I	7 déphaser T	7 se déplumer R
9 départager T	7 déphosphorer T	7 dépocher T
7 départementaliser T	7 dépiauter T	7 dépoétiser T
26 départir T	7 dépigmenter Afr. T	7 se dépoiler R
26 se départir R	7 dépiler I, T	7 dépointer T
7 dépasser I, T	7 dépingler T	7 dépolariser T
7 se dépasser R	7 dépiquer T	20 dépolir T
7 dépassionner T	7 dépister T	20 se dépolir R
7 se dépatouiller R	7 dépiter T	7 dépolitiser T
16 dépatrier T	7 se dépiter R	7 se dépolitiser R
16 se dépatrier R	8 déplacer T	7 dépolluer T
7 dépaver T	8 se déplacer R	7 dépolymériser T
7 dépayser T	7 déplafonner T	7 dépontiller I
8 dépecer T	68 déplaire Ti	7 déporter T
7 dépêcher T	68 se déplaire R,	7 se déporter R
7 se dépêcher R	invariable p.p.	7 déposer I, T
7 dépeigner T	7 déplaner I	7 se déposer R
62 dépeindre T	7 déplanquer T	11 déposséder T
7 dépelotonner T	7 se déplanquer R	7 dépoter T
7 dépénaliser T	7 déplanter T	7 dépoudrer T
58 dépendre T, Ti	7 déplâtrer T	7 dépouiller T
7 dépenser T	16 déplier T	7 se dépouiller R

T: transitive (variable p.p.) • **Ti**: indirect transitive (invariable p.p.)
I: intransitive (invariable p.p.) • **R**: Reflexive verb

42 dépourvoir T, D	9 se déranger R	7 désaccentuer T
42 se dépourvoir R, D	7 déraper I	7 désacclimater T
11 dépoussiérer T	7 déraser T	7 désaccorder T
7 dépraver T	7 dérater T	7 se désaccorder R
16 déprécier T	7 dératiser T	7 désaccoupler T
16 se déprécier R	17 dérayer I, T	7 désaccoutumer T
59 se déprendre R	7 déréaliser T	7 se désaccoutumer R
7 dépressuriser T	11 dérégler T	16 désacidifier T
7 déprimer I, T	11 se dérégler R	7 désaciérer T
7 se déprimer R	7 déresponsabiliser T	7 désacraliser T
7 dépriser T	7 dérésumenter T	7 désactiver T
7 déprogrammer T	7 dérider T	7 désadapter T
7 déprolétariser T	7 se dérider R	7 se désadapter R
7 dépropaniser T	7 dériver I, T, Ti	11 désaérer T
15 déprotéger T	7 dérober T	7 désaffecter T
12 dépuceler T	7 se dérober R	7 se désaffectionner R
7 dépulper T	7 dérocher I, T	16 désaffilier T
7 dépurer T	7 déroder T	8 désagencer T
7 députer T	9 déroger Ti	7 désagrafer T
16 déqualifier T	20 dérondir T	15 désagréger T
7 déquiller T	20 dérougir I	15 se désagréger R
7 déraciner T	7 dérouiller I, T	7 désaimanter T
7 dérader I	7 se dérouiller R	7 désaisonnaliser T
9 dérager I	7 dérouler T	7 désajuster T
20 déraidir T	7 se dérouler R	11 désaliéner T
20 se déraidir R	7 dérouter T	7 désaligner T
7 dérailler I	7 se dérouter R	7 désalper I
7 déraisonner I	7 désabonner T	11 désaltérer T
7 déramer I, T	7 se désabonner R	11 se désaltérer R
9 déranger T	7 désabuser T	7 désamarrer T

imp.: impersonal verb • **D**: defective verb • **être**: conjugated with *être*
être **or** *avoir*: conjugated with both auxiliaries

7 désambiguïser T	7 désaxer T	7 désencrasser T
7 désâmer Can. T	7 desceller T	7 se désendetter R
7 désamianter T	7 se desceller R	7 désénerver T
7 désamidonner T	58 descendre I, T, *être*	7 se désénerver R
7 désaminer T	or *avoir*	7 désenfiler T
8 désamorcer T	7 déséchouer T	7 désenflammer T
8 se désamorcer R	7 désectoriser T	7 désenfler I, T
7 désannexer T	7 désembobiner T	7 se désenfler R
7 désaper T	7 désembourber T	7 désenfumer T
7 se désaper R	7 désembourgeoiser T	9 désengager T
16 désapparier T		9 se désengager R
7 désappointer T	7 se désembourgeoiser R	7 désengluer T
59 désapprendre T	7 désembouteiller T	7 se désengluer R
7 désapprouver I, T	17 désembrayer T	9 désengorger T
7 désapprovisionner T	7 désembuer T	20 désengourdir T
7 désarçonner T	7 désemmancher T	10 désengrener T
7 désargenter T	10 désempeser T	7 désenivrer I, T
7 se désargenter R	20 désemplir I, T	8 désenlacer T
7 désarmer I, T	20 se désemplir R	20 désenlaidir I, T
7 se désarmer R	7 désemprisonner T	18 désennuyer I, T
7 désarrimer T	7 désencadrer T	18 se désennuyer R
7 désarticuler T	7 désencarter T	17 désenrayer T
7 se désarticuler R	7 désenchaîner T	7 désenrhumer T
7 désassembler T	7 désenchanter T	7 désenrouer T
7 désassimiler T	7 désenclaver T	7 désensabler T
20 désassortir T	7 se désenclaver R	7 désensibiliser T
7 désatomiser T	7 désencombrer T	7 se désensibiliser R
9 désavantager T	7 se désencombrer R	12 désensorceler T
7 désaveugler T		7 désentoiler T
7 désavouer T		7 désentortiller T

T: transitive (variable p.p.) • **Ti**: indirect transitive (invariable p.p.)
I: intransitive (invariable p.p.) • **R**: Reflexive verb

7 désentraver T	7 se déshumaniser R	20 désobéir I, Ti, can be used in passive
7 désenvaser T	16 déshumidifier T	
7 désenvelopper T	7 déshydrater T	9 désobliger T
7 désenvenimer T	7 se déshydrater R	7 désobstruer T
7 désenverguer T	11 déshydrogéner T	7 désoccuper T
7 désenvoûter T	11 déshypothéquer T	7 désocialiser T
20 désépaissir T	7 désigner T	7 désodoriser T
7 déséquilibrer T	7 désillusionner T	7 désoler T
7 déséquiper T	7 désincarner T	7 se désoler R
7 se déséquiper R	7 se désincarner R	7 désolidariser T
7 déserter I, T	7 désincorporer T	7 se désolidariser R
7 se déserter R	7 désincruster T	7 désoperculer T
11 désespérer I, T	7 désinculper T	7 désopiler T
11 se désespérer R	7 désindexer T	7 se désopiler R
20 désétablir T	7 désindustrialiser T	7 désorber T
7 désétamer T	7 se désindustrialiser R	7 désorbiter T
7 désétatiser T	7 désinfecter T	7 se désorbiter R
7 désexciter T	7 désinformer T	7 désordonner T
7 se désexciter R	11 désinhiber T	7 désorganiser T
7 désexualiser T	7 désinsectiser T	7 se désorganiser R
7 déshabiller T	11 désintégrer T	7 désorienter Tr
7 se déshabiller R	11 se désintégrer R	7 se désorienter R
7 déshabituer T	7 désintéresser T	7 désosser T
7 se déshabituer R	7 se désintéresser R	7 se désosser R
7 désherber T	7 désintoxiquer T	7 désouffler Can. T
7 déshériter T	7 se désintoxiquer R	7 désoxyder T
7 déshonorer T	20 désinvestir I, T	11 désoxygéner T
7 se déshonorer R	7 désinviter T	7 desquamer I, T
7 déshuiler T	7 désirer T	7 dessabler T
7 déshumaniser T	7 se désister R	20 dessaisir T

imp.: impersonal verb • **D**: defective verb • ***être***: conjugated with *être*
être* or *avoir: conjugated with both auxiliaries

309

20 se dessaisir R	7 destituer T	7 se détester R
7 dessaler I, T	7 destocker I, T	7 détirer T
7 se dessaler R	7 destructurer T	7 se détirer R
7 dessangler T	7 se destructurer R	7 détisser T
7 se dessangler R	7 désulfiter T	7 détoner I
7 dessaouler I, T	7 désulfurer T	12 détonneler T
7 se dessaouler R	20 désunir T	7 détonner I
7 dessaper T	20 se désunir R	58 détordre T
7 se dessaper R	7 désynchroniser T	7 détortiller T
11 dessécher T	7 détacher T	7 détourer T
11 se dessécher R	7 se détacher R	7 détourner T
7 desseller T	7 détailler T	7 se détourner R
7 desserrer T	7 détaler I	7 détoxiquer T
7 se desserrer R	7 détaller T	7 détracter T
20 dessertir T	7 détapisser T	7 détrancher T
36 desservir T	7 détartrer T	7 détransposer T
36 se desservir R	7 détaxer T	7 détraquer T
7 dessiller T	7 détecter T	7 se détraquer R
7 dessiner T	62 déteindre I, T	7 détremper T
7 se dessiner R	12 dételer I, T	7 détresser T
7 dessoler T	58 détendre T	7 détricoter T
7 dessouder T	58 se détendre R	7 détromper T
7 se dessouder R	24 détenir T	7 se détromper R
7 dessouffler Can. T	9 déterger T	7 détroncher I
7 dessoûler I, T	7 détériorer T	7 détrôner T
7 se dessoûler R	7 se détériorer R	7 détroquer T
7 dessuinter T	7 déterminer T	7 détrousser T
7 déstabiliser T	7 se déterminer R	88 détruire T
7 destiner T	7 déterrer T	88 se détruire R
7 se destiner R	7 détester T	7 dévaler I, T

T: transitive (variable p.p.) • **Ti**: indirect transitive (invariable p.p.)
I: intransitive (invariable p.p.) • **R**: Reflexive verb

7 dévaliser T	9 dévisager T	16 différencier T
7 dévaloriser T	7 deviser I	16 se différencier R
7 se dévaloriser R	7 dévisser I, T	11 différer I, T
7 dévaluer T	7 dévitaliser T	7 difformer T
7 se dévaluer R	16 dévitrifier T	7 diffracter T
8 devancer T	7 dévoiler T	7 diffuser T
7 dévaser T	7 se dévoiler R	7 se diffuser R
7 dévaster T	44 devoir T	11 digérer I, T
7 développer T	44 se devoir R	11 se digérer R
7 se développer R	7 dévolter T	7 digitaliser T
24 devenir I, *être*	7 dévorer I, T	7 digresser I
7 déventer T	7 se dévorer R	11 dilacérer T
20 déverdir I	7 dévouer T	7 dilapider T
7 se dévergonder R	7 se dévouer R	7 dilater T
7 déverguer T	18 dévoyer T	7 se dilater R
20 dévernir T	18 se dévoyer R	7 diligenter T
7 déverrouiller T	7 dézinguer T	7 diluer T
7 déverser T	7 diaboliser T	7 se diluer R
7 se déverser R	7 diagnostiquer T	7 dimensionner T
27 dévêtir T	7 dialectaliser T	7 diminuer I, T, *être*
27 se dévêtir R	7 dialectiser T	or *avoir*
7 dévider T	7 dialoguer I, T	7 se diminuer R
7 se dévider R	7 dialyser T	7 dindonner T
16 dévier I, T	7 diamanter T	7 dîner I
7 deviner T	7 diaphragmer I, T	7 dinguer I
7 se deviner R	7 diaprer T	7 diphtonguer T
7 dévirer I,T	7 dicter T	7 diplômer T
7 dévirginiser T	7 diéséliser T	84 dire T
7 déviriliser T	7 diéser T	84 se dire R
7 déviroler T	7 diffamer T	9 diriger T

imp.: impersonal verb • **D**: defective verb • *être*: conjugated with *être*
être or *avoir*: conjugated with both auxiliaries

9 se diriger R	7 dispenser T	58 distendre T
7 discerner T	7 se dispenser R	58 se distendre R
7 discipliner T	7 disperser T	7 distiller I, T
7 discompter T	7 se disperser R	7 distinguer I, T
7 discontinuer I, D, inf. only	7 disposer T, Ti	7 se distinguer R
	7 se disposer R	58 distordre T
24 disconvenir I, Ti, *être* or *avoir*	7 disproportionner T	58 se distordre R
	7 disputailler I	66 distraire I, T, D
7 discorder I	7 disputer T, Ti	66 se distraire R, D
7 discounter T	7 se disputer R	7 distribuer T
34 discourir I	16 disqualifier T	7 se distribuer R
7 discréditer T	16 se disqualifier R	7 divaguer I
7 se discréditer R	7 disséminer T	9 diverger I
7 discriminer T	7 se disséminer R	16 diversifier T
7 disculper T	11 disséquer T	16 se diversifier R
7 se disculper R	7 disserter I	20 divertir T
7 discuputer Afr. I	7 dissimuler T	20 se divertir R
7 discursiviser T	7 se dissimuler R	7 diviniser T
7 discutailler I, T	7 dissiper T	7 diviser T
7 discuter I, T	7 se dissiper R	7 se diviser R
7 se discuter R	16 dissocier T	8 divorcer I, *être* or *avoir*
16 disgracier T	16 se dissocier R	
63 disjoindre T	7 dissoner I	7 divulguer T
63 se disjoindre R	78 dissoudre T, D	7 se divulguer R
7 disjoncter I, T	78 se dissoudre R, D	7 djibser Afr. I
7 disloquer T	7 dissuader T	7 documenter T
7 se disloquer R	8 distancer T	7 se documenter R
69 disparaître I, *être* or *avoir*	8 se distancer R	7 dodeliner I
	16 distancier T	7 dogmatiser I
7 dispatcher T	16 se distancier R	7 doigter I, T

T: transitive (variable p.p.) • **Ti**: indirect transitive (invariable p.p.)
I: intransitive (invariable p.p.) • **R**: Reflexive verb

7 doguer Belg. I, T
7 doler T
7 domestiquer T
16 domicilier T
7 dominer I, T
7 se dominer R
7 dompter T
7 donner I, T
7 se donner R
7 doper T
7 se doper R
7 dorer T
7 se dorer R
7 dorloter T
7 se dorloter R
33 dormir I
7 doser T
7 doter T
7 se doter R
7 doubler I, T
7 se doubler R
7 doublonner I
7 doucher T
7 se doucher R
20 doucir T
7 douer T, D only
   p.p. and comp.
   tenses
7 douiller I
7 douter I, Ti

7 se douter R
7 dracher
   Belg. Imp. : *il
   drache*
16 dragéifier T
7 drageonner I
7 draguer I, T
7 drainer T
7 dramatiser I, T
12 drapeler T
7 draper T
7 se draper R
7 draver Can. I, T
17 drayer T
7 dresser T
7 se dresser R
7 dribbler I, T
7 driller T
7 driver I, T
7 droguer I, T
7 se droguer R
7 droper I, T
7 drosser T
16 dulcifier T
7 duper T
7 se duper R
7 duplexer T
7 dupliquer T
20 durcir I, T
20 se durcir R

7 durer I
12 se duveter R
7 dynamiser T
7 dynamiter T

E

20 ébahir T
20 s'ébahir R
7 ébarber T
60 s'ébattre R
7 ébaucher T
7 s'ébaucher R
20 ébaudir T
20 s'ébaudir R
7 ébavurer T
7 éberluer T
12 ébiseler T
20 éblouir I, T
7 éborgner T
7 s'éborgner R
7 ébosser T
7 ébouer T
7 ébouillanter T
7 s'ébouillanter R
7 ébouler I, T
7 s'ébouler R
7 ébourgeonner T

imp.: impersonal verb • **D**: defective verb • *être*: conjugated with *être*
être **or** *avoir*: conjugated with both auxiliaries

7 ébouriffer T	7 échancrer T	7 écimer T
7 ébourrer T	7 échanfreiner T	7 éclabousser T
7 ébouter T	9 échanger T	7 s'éclabousser R
7 ébouzer T	9 s'échanger T	20 éclaircir T
7 ébraiser T	7 échantillonner T	20 s'éclaircir R
7 ébrancher T	7 échapper I, Ti, T, *être* or *avoir*	7 éclairer I, T
7 ébranler T		7 s'éclairer R
7 s'ébranler R	7 s'échapper R	7 éclater I, T, *être* or *avoir*
7 ébraser T	7 échardonner T	
11 ébrécher T	7 écharner T	7 s'éclater R
11 s'ébrécher R	7 écharper T	7 éclipser T
7 s'ébrouer R	7 s'écharper R	7 s'éclipser R
7 ébruiter T	7 échauder T	7 éclisser T
7 s'ébruiter R	7 s'échauder R	7 écloper T
7 ébruter T	7 échauffer T	76 éclore I, D, *être* or *avoir,* same forms as *clore,* but mainly 3rd pers.
7 écacher T	7 s'échauffer R	
7 écaffer T	7 échauler T	
7 écailler T	7 échaumer T	7 écluser T
7 s'écailler R	7 échelonner T	7 écobuer T
7 écaler T	7 s'échelonner R	7 écœurer I, T
7 s'écaler R	7 écheniller T	88 éconduire T
7 écanguer T	12 écheveler T	7 économiser I, T
7 écarquiller T	7 échiner T	7 écoper I, T
13 écarteler T	7 s'échiner R	8 écorcer T
7 écarter I, T	56 échoir I, D, *être* or *avoir*	7 écorcher T
7 s'écarter R		7 s'écorcher R
20 écatir T	7 échopper T	7 écorer T
7 échafauder I, T	7 échouer I, T, *être* or *avoir*	7 écorner T
7 échalasser T		7 écornifler T
20 échampir T	7 s'échouer R	7 écosser T

T: transitive (variable p.p.) • **Ti**: indirect transitive (invariable p.p.)
I: intransitive (invariable p.p.) • **R**: Reflexive verb

7 écouler T	7 édulcorer T	17 s'effrayer R
7 s'écouler R	7 éduquer T	7 effriter T
7 écourter T	7 éfaufiler T	7 s'effriter R
7 écouter I, T	8 effacer I, T	7 s'égailler R
7 s'écouter R	8 s'effacer R	7 égaler T
7 écouvillonner T	7 effaner T	7 égaliser I, T
7 écrabouiller T	7 effarer T	7 égarer T
7 écraser I, T	7 s'effarer R	7 s'égarer R
7 s'écraser R	7 effaroucher T	17 égayer T
11 écrémer T	7 s'effaroucher R	17 s'égayer R
7 écrêter T	7 effectuer T	7 égnaffer T
16 s'écrier R	7 s'effectuer R	9 égorger T
86 écrire I, T, Ti	7 efféminer T	9 s'égorger R
86 s'écrire R	7 effeuiller T	7 s'égosiller R
7 écrivailler I	7 s'effeuiller R	7 égoutter I, T
7 écrivasser T	7 effiler T	7 s'égoutter R
7 écrouer T	7 s'effiler R	7 égrainer T
20 écrouir T	7 effilocher T	7 s'égrainer R
7 s'écrouler R	7 s'effilocher R	7 égrapper T
7 écroûter T	7 efflanquer T	7 égratigner T
7 écuisser T	7 s'efflanquer R	7 s'égratigner R
7 éculer T	7 effleurer T	10 égrener T
7 écumer I, T	20 effleurir I	10 s'égrener R
7 écurer T	7 effluver I	7 égriser T
7 écussonner T	7 effondrer T	9 égruger T
7 édenter T	7 s'effondrer R	7 égueuler T
7 édicter T	8 s'efforcer R	7 éjaculer T
16 édifier I, T	9 effranger T	7 éjarrer T
7 éditer T	9 s'effranger R	7 éjecter T
7 éditionner T	17 effrayer T	7 s'éjecter R

imp.: impersonal verb • **D**: defective verb • *être*: conjugated with *être*
être or avoir: conjugated with both auxiliaries

7 éjointer T	16 émacier T	7 s'embéguiner R
7 élaborer T •	16 s'émacier R	20 embellir I, T, *être*
7 s'élaborer R	7 émailler T	or *avoir*
7 élaguer T	7 émanciper T	20 s'embellir R
8 élancer I, T	7 s'émanciper R	7 emberlificoter T
8 s'élancer R	7 émaner I	7 s'emberlificoter R
20 élargir I, T	9 émarger I, T	7 embêter T
20 s'élargir R	7 émasculer T	7 s'embêter R
16 électrifier T	7 emballer T	7 embidonner T
7 électriser T	7 s'emballer R	7 embistrouiller T
7 électrocuter T	7 emballotter T	7 emblaver T
7 s'électrocuter R	7 emballuchonner T	7 embobeliner T
7 électrolyser T	7 s'embaquer R	7 embobiner T
7 électroniser T	7 embarbouiller T	75 s'emboire R
20 élégir T	7 s'embarbouiller R	7 emboîter T
10 élever T	7 embarder T	7 s'emboîter R
10 s'élever R	7 s'embarder R	7 embosser T
7 élider T	7 embarquer I, T	7 s'embosser R
7 s'élider R	7 s'embarquer R	12 embotteler T
7 élimer T	7 embarrasser T	7 emboucaner I
7 éliminer I, T	7 s'embarrasser R	7 emboucher T
7 s'éliminer R	7 embarrer I, T	7 embouer I, T
7 élinguer T	7 s'embarrer R	7 embouquer I, T
83 élire T	7 embastiller T	7 s'embourber R
7 éloigner T	7 embastionner T	7 embourgeoiser T
7 s'éloigner R	60 embat(t)re T	7 s'embourgeoiser R
9 élonger T	7 embaucher I, T	7 embourrer T
7 élucider T	7 s'embaucher R	7 s'embourrer R
7 élucubrer T	7 embaumer I, T	7 embouteiller T
7 éluder T	7 embecquer T	7 embouter T

T: transitive (variable p.p.) • **Ti**: indirect transitive (invariable p.p.)
I: intransitive (invariable p.p.) • **R**: Reflexive verb

20 emboutir T	7 émeriser T	7 émorfiler T
7 embrancher T	7 émerveiller T	7 émotionner T
7 s'embrancher R	7 s'émerveiller R	7 émotter T
7 embraquer T	61 émettre I, T	7 émoucher T
7 embraser T	16 émier T	13 émoucheter T
7 s'embraser R	7 émietter T	80 émoudre T
7 embrasser T	7 s'émietter R	7 émousser T
7 s'embrasser R	7 émigrer I	7 s'émousser R
17 embrayer I, T	8 émincer T	7 émoustiller T
13 embreler T	7 emmagasiner T	46 émouvoir I, T
10 embrever T	7 emmailloter T	46 s'émouvoir R
7 embrigader T	7 s'emmailloter R	7 empaffer T
7 s'embrigader R	7 emmancher T	7 empailler T
7 embringuer T	7 s'emmancher R	7 empaler T
7 s'embringuer R	9 emmarger T	7 s'empaler R
7 embrocher T	7 emmêler T	7 empalmer T
7 embroncher T	7 s'emmêler R	7 empanacher T
7 embrouiller T	9 emménager I, T	7 empanner I
7 s'embrouiller R	10 emmener T	7 empapa(h)outer T
7 embroussailler T	7 emmerder T	7 empapilloter T
7 s'embroussailler R	7 s'emmerder R	12 empaqueter T
7 embrumer T	11 emmétrer T	7 s'emparer R
20 embrunir T	7 emmieller T	7 emparquer T
7 embuer T	7 emmitonner T	7 empâter T
7 s'embuer R	7 emmitoufler T	7 s'empâter R
7 embusquer T	7 s'emmitoufler R	7 empatter T
7 s'embusquer R	7 emmortaiser T	7 empaumer T
11 émécher T	7 emmouscailler T	7 empêcher T
9 émerger I	7 emmurer T	7 s'empêcher R
7 émerillonner T	7 émonder T	7 empeigner T

imp.: impersonal verb • **D**: defective verb • **être**: conjugated with *être*
être or avoir: conjugated with both auxiliaries

20 empêner I, T	7 s'empoisonner R	7 encapsuler T
7 empenner T	7 empoisser T	7 encapuchonner T
7 empercher T	7 empoissonner T	7 s'encapuchonner R
7 emperler T	7 emporter T	7 encaquer T
10 empeser T	7 s'emporter R	7 encarrer I
7 empester I, T	7 empoter T	7 encarter T
7 empêtrer T	7 empourprer T	7 encartonner T
7 s'empêtrer R	7 s'empourprer R	7 encartoucher T
9 empiéger T	11 empoussiérer T	7 encaserner T
7 empierrer T	11 s'empoussiérer R	13 s'encasteler R
11 empiéter I	62 empreindre T	7 encastrer T
7 s'empiffrer R	62 s'empreindre R	7 s'encastrer R
7 empiler T	7 s'empresser R	7 encaustiquer T
7 s'empiler R	7 emprésurer T	7 encaver T
7 empirer I, T, *être* or *avoir*, mainly 3rd pers.	7 emprisonner T	62 enceindre T
	7 emprunter I, T	7 enceinter Afr. T
7 s'empirer Afr. R	20 empuantir T	7 encenser I, T
7 emplafonner T	7 émuler T	7 encercler T
7 s'emplafonner R	16 émulsifier T	7 enchaîner I, T
7 emplâtrer T	7 émulsionner T	7 s'enchaîner R
20 emplir I, T	7 s'enamourer R	7 enchanter T
20 s'emplir R	7 s'énamourer R	7 s'enchanter R
18 employer T	7 encabaner T	7 enchaperonner T
18 s'employer R	7 encadrer T	7 encharner T
7 emplumer T	7 s'encadrer R	7 enchâsser T
7 empocher T	9 encager T	7 s'enchâsser R
7 empoigner T	7 encagouler T	7 enchatonner T
7 s'empoigner R	7 encanailler T	7 enchausser T
7 empoisonner T	7 s'encanailler R	7 enchemiser T
	7 encaper T	20 enchérir I

T: transitive (variable p.p.) • **Ti**: indirect transitive (invariable p.p.)
I:intransitive (invariable p.p.) • **R**: Reflexive verb

7 enchetarder T	7 encrêper T	7 énerver T
7 enchevaucher T	7 encrer I, T	7 s'énerver R
7 enchevêtrer T	7 encrister T	7 enfaîter T
7 s'enchevêtrer R	7 s'encroumer R	7 enfanter I, T
10 enchifrener T	7 encroûter T	7 enfariner T
7 enchtiber T	7 s'encroûter R	7 enfermer T
7 enchtourber T	7 encuver T	7 s'enfermer R
7 encirer T	7 endauber T	7 enferrer T
7 enclaver T	7 endenter T	7 s'enferrer R
7 s'enclaver R	7 endetter T	7 enficher T
7 enclencher T	7 s'endetter R	7 enfieller T
7 s'enclencher R	7 endeuiller T	11 enfiévrer T
12 encliqueter T	endêver I, D, inf. only	11 s'enfiévrer R
7 encloîtrer T		7 enfiler T
7 encloquer T	7 endiabler I, T	7 s'enfiler R
76 enclore T, D	7 endiguer T	7 enflammer T
7 enclouer T	7 endimancher T	7 s'enflammer R
7 encocher T	7 s'endimancher R	11 enflécher T
7 encoder T	7 endivisionner T	7 enfler I, T
7 encoffrer T	7 endoctriner T	7 s'enfler R
7 encoller T	20 endolorir T	7 enfleurer T
7 encombrer T	9 endommager T	7 enfoirer T
7 s'encombrer R	33 endormir T	7 s'enfoirer R
7 encorder T	33 s'endormir R	8 enfoncer I, T
7 s'encorder R	7 endosser T	8 s'enfoncer R
7 encorner T	88 enduire I, T	20 enforcir I
9 encourager T	88 s'enduire R	7 enfouiller T
34 encourir T	20 endurcir T	20 enfouir T
7 encrasser T	20 s'endurcir R	20 s'enfouir R
7 s'encrasser R	7 endurer T	7 enfourailler T

imp.: impersonal verb • **D**: defective verb • ***être***: conjugated with *être*
être* or *avoir: conjugated with both auxiliaries

7 enfourcher T	7 engouffrer T	8 enjoncer T
7 enfourner T	7 s'engouffrer R	7 enjouer T
7 s'enfourner R	7 engouler T	7 enjuguer T
62 enfreindre T	20 engourdir T	7 enjuponner T
37 s'enfuir R	20 s'engourdir R	7 s'enkyster R
7 enfumer T	7 engraisser I, T	8 enlacer T
7 s'enfumer R	7 s'engraisser R	8 s'enlacer T
7 enfutailler T	9 engranger T	20 enlaidir I, T, *être*
7 enfûter T	7 engraver T	or *avoir*
9 engager T	10 engrener T	20 s'enlaidir R
9 s'engager R	10 s'engrener R	10 enlever T
7 engainer T	7 engrosser T	10 s'enlever R
7 engamer T	12 engrumeler T	7 enliasser T
7 engargousser T	12 s'engrumeler R	16 enlier T
7 engaver T	7 engueuler T	7 enligner T
7 engazonner T	7 s'engueuler R	7 enliser T
7 engendrer T	7 enguirlander T	7 s'enliser R
7 engerber T	20 enhardir T	7 enluminer T
8 englacer T	20 s'enhardir R	20 ennoblir T
7 englober T	7 enharnacher T	9 ennuager T
20 engloutir T	7 enherber T	9 s'ennuager R
20 s'engloutir R	7 énieller T	18 ennuyer I, T
7 engluer T	7 enivrer I, T	18 s'ennuyer R
7 s'engluer R	7 s'enivrer R	8 énoncer T
7 engober T	7 enjamber I, T	8 s'énoncer R
7 engommer T	12 enjaveler T	20 enorgueillir T
8 engoncer T	63 enjoindre T	20 s'enorgueillir R
9 engorger T	7 enjôler T	7 énouer T
9 s'engorger R	7 enjoliver T	25 s'enquérir R
7 s'engouer R	7 s'enjoliver R	7 enquêter I

T: transitive (variable p.p.) • **Ti**: indirect transitive (invariable p.p.)
I: intransitive (invariable p.p.) • **R**: Reflexive verb

7 s'enquêter R	7 ensabler T	7 entamer T
7 enquiller I	7 s'ensabler R	7 entaquer T
7 enquiquiner T	7 ensaboter T	7 entarter T
7 s'enquiquiner R	7 ensacher T	7 entartrer T
7 enraciner T	7 ensaisiner T	7 s'entartrer R
7 s'enraciner R	7 ensanglanter T	7 entasser T
9 enrager I	7 ensauvager T	7 s'entasser R
7 enrailler T	7 s'ensauver R	58 entendre I, T, Ti
17 enrayer T	7 enseigner T	58 s'entendre R
17 s'enrayer R	7 s'enseigner R	11 enténébrer T
7 enrégimenter T	8 ensemencer T	11 s'enténébrer R
7 enregistrer T	7 enserrer T	7 enter T
7 s'enregistrer R	20 ensevelir T	7 entériner T
7 enrêner T	20 s'ensevelir R	7 enterrer T
7 enrésiner Tr	7 ensiler T	7 s'enterrer R
7 enrhumer T	7 ensoleiller T	7 entêter T
7 s'enrhumer R	12 ensorceler T	7 s'entêter R
20 enrichir T	7 ensoufrer T	7 enthousiasmer T
20 s'enrichir R	11 enstérer T	7 s'enthousiasmer R
7 enrober T	81 s'ensuivre R, D,	7 s'enticher R
7 enrocher T	only inf., pres. part.,	7 entifler T
7 enrôler T	and 3rd pers.	7 s'entifler R
7 s'enrôler R	*(il s'est ensuivi* or	7 entoiler T
7 enrouer T	*il s'en est ensuivi*	7 entôler T
7 s'enrouer R	or *il s'en est suivi)*	7 entonner T
7 enrouiller I	7 ensuquer T	7 entorser Afr. I
7 s'enrouiller R	7 entabler T	7 entortiller T
7 enrouler T	7 s'entabler R	7 s'entortiller R
7 s'enrouler R	7 entacher T	7 entourer T
7 enrubanner T	7 entailler T	7 s'entourer R
	7 s'entailler R	

imp.: impersonal verb • **D**: defective verb • ***être***: conjugated with *être*
être* or *avoir: conjugated with both auxiliaries

7 entourlouper T	7 s'entre-louer R
7 s'entraccorder R	7 s'entre(-)manger R
7 s'entraccuser R	7 entremêler T
7 s'entradmirer R	7 s'entremêler R
7 s'entraider R	61 s'entremettre R
7 s'entraimer R	88 s'entre(-)nuire R
7 entraîner T	7 entreposer T
7 s'entraîner R	59 entreprendre I, T
40 entrapercevoir T	7 entrer I, T, *être* or *avoir*
40 s'entrapercevoir R	7 s'entre(-)regarder R
7 entraver T	7 s'entretailler R
7 entrebâiller T	24 entretenir T
7 s'entrebâiller R	24 s'entretenir R
60 s'entrebattre R	7 entretoiser T
7 entrechoquer T	7 s'entre(-)tuer R
7 s'entrechoquer R	41 entrevoir T
7 entrecouper T	41 s'entrevoir R
7 s'entrecouper R	7 entrevoûter T
7 entrecroiser T	28 entrouvrir T
7 s'entrecroiser R	28 s'entrouvrir R
7 s'entre-déchirer R	7 entuber T
7 s'entre(-)détruire R	14 énucléer T
7 s'entre-dévorer T	11 énumérer T
9 s'entre-égorger R	20 envahir T
7 s'entre-frapper R	7 envaser T
21 s'entre-haïr R	7 s'envaser R
7 entre-heurter R	7 envelopper T
8 entrelacer T	7 s'envelopper R
8 s'entrelacer R	
7 entrelarder T	

7 envenimer T
7 s'envenimer R
9 enverger T
7 enverguer T
7 enviander T
7 envider T
20 envieillir T
20 s'envieillir R
7 environner T
7 s'environner R
9 envisager T
7 s'envoiler R
7 s'envoler R
7 envoûter T
19 envoyer T
19 s'envoyer R
20 épaissir I, T
20 s'épaissir R
7 épaler T
7 épamprer T
7 épancher T
7 s'épancher R
58 épandre T
58 s'épandre R
12 épanneler T
7 épanner T
20 épanouir T
20 s'épanouir R
7 épargner I, T
7 s'épargner R

T: transitive (variable p.p.) • **Ti**: indirect transitive (invariable p.p.)
I: intransitive (invariable p.p.) • **R**: Reflexive verb

7 éparpiller T	7 éplucher T	7 s'équilibrer R
7 s'éparpiller R	7 épointer T	7 équiper T
7 épastrouiller T	9 éponger T	7 s'équiper R
7 épater T	9 s'éponger R	49 équivaloir Ti
7 épaufrer T	7 épontiller T	49 s'équivaloir R
7 épauler I, T	7 épouiller T	7 équivoquer I
7 s'épauler R	7 s'épouiller R	7 éradiquer T
12 épeler I, T	7 s'époumoner R	7 érafler T
12 s'épeler R	7 épouser I, T	7 s'érafler R
7 épépiner T	7 s'épouser R	7 érailler T
58 s'éperdre R	12 épousseter T	7 s'érailler R
7 éperonner T	7 époustoufler T	17 érayer T
7 épeuler T	16 époutier T	7 éreinter T
7 épeurer T	20 époutir T	7 s'éreinter R
8 épicer T	7 épouvanter T	7 ergoter I
16 épier I, T	7 s'épouvanter R	9 ériger T
16 s'épier R	62 épreindre T	9 s'ériger R
7 épierrer T	59 s'éprendre R	7 éroder T
7 épiler T	7 éprouver T	7 s'éroder R
7 s'épiler R	7 s'éprouver R	7 érotiser T
7 épiloguer T, Ti	8 épucer T	7 errer I
13 épinceler T	8 s'épucer R	7 éructer I, T
8 épincer T	7 épuiser T	20 s'esbaudir R
12 épinceter T	7 s'épuiser R	7 s'esbigner R
7 épiner T	7 épurer T	7 esbroufer T
7 épingler T	7 s'épurer R	7 escalader T
7 épisser T	20 équarrir T	7 escamoter T
7 s'épivarder Can. R	7 équerrer T	7 escarmoucher I
18 éployer T	7 équeuter T	7 escarper T
18 s'éployer R	7 équilibrer T	16 escarrifier T

imp.: impersonal verb • **D**: defective verb • ***être***: conjugated with *être*
être **or** ***avoir***: conjugated with both auxiliaries

7 escher T	7 essoucher T	7 étalinguer T
7 s'esclaffer R	7 essouffler T	7 étalonner T
7 esclavager T	7 s'essouffler R	7 étamer T
16 escoffier T	18 essuyer T	7 étamper T
7 escompter T	18 s'essuyer R	7 étancher T
7 escorter T	7 estamper T	7 étançonner T
7 s'escrimer R	7 estampiller T	7 étarquer T
7 escroquer T	ester I, D, inf. only	7 étatiser T
7 esgourder T	16 estérifier T	17 étayer T
8 espacer T	7 esthétiser I, T	17 s'étayer R
8 s'espacer R	7 estimer T	62 éteindre T
11 espérer I, T	7 s'estimer R	62 s'éteindre R
7 espionner T	7 estiver I, T	58 étendre T
7 espoliner T	7 estomaquer T	58 s'étendre R
7 espouliner T	7 estomper T	7 éterniser T
7 esquicher I	7 s'estomper R	7 s'éterniser R
7 esquinter T	7 estoquer T	7 éternuer I
7 s'esquinter R	20 estourbir T	7 étêter T
7 esquisser T	7 estrapader T	16 éthérifier T
7 s'esquisser R	7 estrapasser T	7 éthériser T
7 esquiver T	16 estropier T	7 éthniciser T
7 s'esquiver R	16 s'estropier R	12 étinceler T
7 essaimer I, T	7 établer T	7 étioler T
9 essanger T	20 établir T	7 s'étioler R
7 essarter T	20 s'établir R	12 étiqueter T
17 essayer T	9 étager T	7 étirer T
17 s'essayer R	9 s'étager R	7 s'étirer R
7 essorer T	9 étalager T	7 étoffer T
7 s'essorer R	7 étaler I, T	7 s'étoffer R
7 essoriller T	7 s'étaler R	7 étoiler T

T: transitive (variable p.p.) • **Ti**: indirect transitive (invariable p.p.)
I: intransitive (invariable p.p.) • **R**: Reflexive verb

7 s'étoiler R	7 évacuer T	7 examiner I, T
7 étonner T	7 s'évacuer R	7 s'examiner R
7 s'étonner R	7 s'évader R	11 exaspérer T
7 étouffer I, T	7 évaluer T	11 s'exaspérer R
7 s'étouffer R	7 évangéliser T	8 exaucer T
7 étouper T	20 s'évanouir R	7 excaver T
7 étoupiller T	7 évaporer T	11 excéder T
20 étourdir T	7 s'évaporer R	7 exceller I
20 s'étourdir R	7 évaser T	7 excentrer T
7 étrangler T	7 s'évaser R	7 excepter T
7 s'étrangler R	7 éveiller T	7 exciper Ti
1 être I	7 s'éveiller R	7 exciser T
20 étrécir T	7 éventer T	7 exciter T
20 s'étrécir R	7 s'éventer R	7 s'exciter R
62 étreindre T	7 éventrer T	7 s'exclamer R
62 s'étreindre R	7 s'éventrer R	77 exclure T
7 étrenner I, T	7 s'évertuer R	77 s'exclure R
7 étrésillonner T	7 évider T	16 excommunier T
7 étriller T	8 évincer T	16 excorier T
7 étripailler I, T	7 éviter T, Ti	7 excracher T
7 étriper T	7 s'éviter R	11 excréter T
7 s'étriper R	7 évoluer I	7 excursionner I
7 étriquer T	7 s'évoluer Afr. R	7 excuser T
7 étronçonner T	7 évoquer T	7 s'excuser R
16 étudier I, T	7 exacerber T	11 exécrer T
16 s'étudier R	7 s'exacerber R	7 exécuter T
7 étuver T	11 exagérer I, T	7 s'exécuter R
7 euphoriser I, T	11 s'exagérer R	7 exemplifier T
7 européaniser T	7 exalter T	7 exempter T
7 s'européaniser R	7 s'exalter R	7 s'exempter R

imp.: impersonal verb • **D**: defective verb • **être**: conjugated with *être*
être or avoir: conjugated with both auxiliaries

8 exercer I, T

8 s'exercer R

7 exfiltrer T

16 exfolier T

16 s'exfolier R

7 exhaler T

7 s'exhaler R

7 exhausser T

11 exhéréder T

7 exhiber T

7 s'exhiber R

7 exhorter T

7 exhumer T

9 exiger T

7 exiler T

7 s'exiler R

7 exister I

7 s'exonder R

11 exonérer T

7 exorciser T

16 expatrier T

16 s'expatrier R

7 expectorer I, T

16 expédier T

7 expérimenter I, T

7 expertiser T

16 expier T, *être* or *avoir*

16 s'expier R

7 expirer I, T, *être* or *avoir*

7 expliciter T

7 expliquer T

7 s'expliquer R

7 exploiter I, T

7 explorer T

7 exploser I

7 exporter I, T

7 exposer T

7 s'exposer R

7 exprimer T

7 s'exprimer R

16 exproprier T

7 expulser T

9 expurger T

7 exsuder I, T

16 s'extasier R

7 exténuer T

7 s'exténuer R

7 extérioriser T

7 s'extérioriser R

7 exterminer T

7 externaliser T

7 externer Afr. T

7 extirper T

7 s'extirper R

7 extorquer T

7 extourner I

7 extrader T

66 extraire T, D, no past historic or imperf. subj.

66 s'extraire R

7 extrapoler I, T

7 extravaguer I

7 extravaser T

7 s'extravaser R

7 extruder T

11 exulcérer T

7 exulter I

F

7 fabriquer I, T

7 se fabriquer R

7 fabuler I

7 facetter T

7 fâcher T

7 se fâcher R

7 faciliter T

7 se faciliter R

7 façonner T

7 factoriser T

7 facturer T

7 fader T

7 fagoter T

7 se fagoter R

T: transitive (variable p.p.) • **Ti**: indirect transitive (invariable p.p.)
I: intransitive (invariable p.p.) • **R**: Reflexive verb

20 faiblir I

7 faignanter I

7 se failler R

31 faillir I, *être* or *avoir*, D, forms future and cond. like *finir;* used mainly in past historic, inf., and comp. tenses

7 fainéanter I

7 fainéantiser I

67 faire I, T

67 se faire R

7 faisander T

7 se faisander R

48 falloir T, imp. : *il faut*

48 s'en falloir R, imp.: *il s'en faut* or *il s'en est fallu*

7 faloter I

16 falsifier T

7 faluner T

7 familiariser T

7 se familiariser R

7 fanatiser T

7 se fanatiser R

7 faner T

7 se faner R

7 fanfaronner I

7 fanfreluer T

7 se fantaliser Afr. R

7 fantasmer I, T

20 farcir T

20 se farcir R

7 farder I, T

7 se farder R

7 farfouiller I, T

7 farguer T

7 fariner I, T

7 farter T

7 fasciner T

7 fasciser T

17 faseyer I

7 fatiguer I, T

7 se fatiguer R

11 faubérer Afr. I

7 faucarder T

7 faucher I, T

7 fauconner I

7 faufiler I, T

7 se faufiler R

7 fausser T

7 se fausser R

7 fauter I

7 favoriser T

7 faxer T

7 fayoter I

7 féconder T

7 féculer T

7 fédéraliser T

7 se fédéraliser R

11 fédérer T

11 se fédérer R

7 feignanter I

62 feindre I, T

7 feinter I, T

7 fêler T

7 se fêler R

7 féliciter T

7 se féliciter R

7 féminiser T

7 se féminiser R

7 fendiller T

7 se fendiller R

58 fendre T

58 se fendre R

7 fenestrer T

7 fenêtrer T

férir T, D, only in expressions *sans coup férir* and *féru de*

7 ferler T

7 fermenter I

7 fermer I, T

7 se fermer R

7 ferrailler I

7 ferrer T

7 ferrouter T

7 fertiliser T

---

imp.: impersonal verb • **D**: defective verb • ***être***: conjugated with *être*
être* or *avoir: conjugated with both auxiliaries

7 fesser T
7 festonner T
18 festoyer I, T
7 fêter T
7 féticher Afr. T
7 fétichiser T
7 feuiller I, T
12 feuilleter T
7 feuilletiser T
7 feuler I
7 feutrer I, T
7 se feutrer R
7 fiabiliser T
8 fiancer T
8 se fiancer R
12 ficeler T
7 ficher T
7 se ficher R
7 se fiche R
(je me fiche de...,
p.p. *fichu, fichue,*
fichus, fichues)
7 fidéliser T
7 fieffer T
7 fienter I
7 se fier R
9 figer I, T
9 se figer R
7 fignoler T
7 figurer I, T

7 se figurer R
7 filer I, T
7 se filer R
13 fileter T
7 filialiser T
7 filigraner T
7 filmer T
7 filocher I, T
7 filouter I, T
7 filtrer I, T
7 finaliser T
8 financer I, T
7 financiariser T
7 finasser I, T
20 finir I, T, *être* or
avoir
7 finlandiser T
7 se finlandiser R
7 fiscaliser T
7 fissionner T
7 fissurer T
7 se fissurer R
7 fixer T
7 se fixer R
7 flageller T
7 se flageller R
7 flageoler I
7 flagorner T
7 flairer T
7 flamber I, T

18 flamboyer I
7 flancher I, T
7 flâner I
7 flânocher T
7 flanquer T
7 se flanquer R
7 flaquer I
7 flasher I, T
7 flatter T
7 se flatter R
7 flauper T
11 flécher T
20 fléchir I, T
20 se fléchir R
7 flemmarder I
20 flétrir T
20 se flétrir R
7 fleurer I, T
20 fleurir I, T
"bloom, decorate
with flowers": stem
fleur-.
"flourish, prosper":
stem *flor-* in imperf.
(il florissait)
and pres. part.
(florissant)
20 se fleurir R
7 flexibiliser T
7 flibuster I, T
7 flingoter T

T: transitive (variable p.p.) • **Ti**: indirect transitive (invariable p.p.)
I: intransitive (invariable p.p.) • **R**: Reflexive verb

7 flinguer I, T	7 fomenter T	7 formicaliser Afr. T
7 se flinguer R	8 foncer I, T	7 formoler T
7 flipper I	7 fonctionnariser T	7 formuler T
7 fliquer T	7 fonctionner I	7 se formuler R
7 flirter I	7 fonder T	7 forniquer I
7 floconner I	7 se fonder R	16 fortifier T
7 floculer I	58 fondre I, T	16 se fortifier R
7 floquer T	58 se fondre R	7 fossiliser T
7 flotter I, T	8 forcer I, T	7 se fossiliser R
7 flotter Imp. : *il flotte*	8 se forcer R	18 fossoyer T
	20 forcir I	7 fouailler T
7 flouer T	forclore T, D, only inf. and p.p. *(forclos, forclose, forcloses)*	7 fouder Afr. T
7 flouser I		18 foudroyer T
7 fluber I		7 fouetter I, T
7 fluctuer I		9 fouger I
7 fluer I	7 forer T	7 fouiller I, T
16 fluidifier T	67 forfaire I, T, Ti, D, only inf., pres. ind. sing., p.p., and comp. tenses	7 se fouiller R
7 fluidiser T		7 fouiner I
7 fluoriser T		20 fouir T
7 flurer T	9 forger I, T	7 fouler T
7 flûter I, T	9 se forger R	7 se fouler R
7 fluxer T	12 forjeter I, T	7 fourailler I, T
7 focaliser T	8 forlancer T	7 fourber I, T
7 se focaliser R	7 forligner I	20 fourbir T
7 foirer I	7 forlonger T	7 fourcher I, T
7 foisonner I	7 formaliser T	7 fourgonner I
7 folâtrer I	7 se formaliser R	7 fourguer T
7 folichonner I	7 formater T	7 fourmiller I
7 folioter T	7 former T	20 fournir T, Ti
7 folkloriser T	7 se former R	20 se fournir R

imp.: impersonal verb • **D**: defective verb • *être*: conjugated with *être*
être or *avoir*: conjugated with both auxiliaries

9 fourrager I, T

7 fourrer T

7 se fourrrer T

18 fourvoyer T

18 se fourvoyer R

58 foutre T, D,
no past historic or
past anterior ind.;
no imperf. or
pluperfect subj.

58 se foutre R, D

7 fracasser T

7 se fracasser R

7 fractionner T

7 se fractionner R

7 fracturer T

7 se fracturer R

7 fragiliser T

7 fragmenter T

20 fraîchir I

7 fraiser T

7 framboiser T

20 franchir T

7 franchiser T

7 franciser T

7 francophoniser
Can. T

9 franger T

7 fransquillonner
Belg. I

7 frapper I, T

7 se frapper R

7 fraterniser I

7 frauder I, T

17 frayer I, T

17 se frayer R

7 fredonner I, T

7 frégater T

7 freiner I, T

7 se freiner R

7 frelater T

20 frémir I

7 fréquenter I, T

7 se fréquenter R

11 fréter T

7 frétiller I

7 fretter T

7 fricasser T

7 fricoter I, T

7 frictionner T

7 se frictionner R

16 frigorifier T

9 frigorifuger T

7 frimer I, T

7 fringuer I, T

7 se fringuer R

7 friper T

7 friponner I, T

7 friquer Afr. T

87 frire I, T, D,
only inf., p.p., sing.

pres. and future
ind., cond.,
imperative, and
comp. tenses.

7 friser I, T

7 frisotter I, T

7 frissonner I

7 fristouiller Belg.
I, T

7 fritter I, T

20 froidir I

7 froisser T

7 se froisser R

7 frôler T

7 se frôler R

8 froncer T

8 se froncer R

7 fronder I, T

7 frotter I, T

7 se frotter R

7 frouer I

7 froufrouter I

7 frousser Afr. I

16 fructifier I

7 frusquer T

7 se frusquer R

7 frustrer T

7 fuguer I

37 fuir I, T

37 se fuir R

T: transitive (variable p.p.) • **Ti**: indirect transitive (invariable p.p.)
I: intransitive (invariable p.p.) • **R**: Reflexive verb

7 fuiter T	7 galonner T	7 gâter T
7 fulgurer I, T	7 galvaniser T	7 se gâter R
7 fulminer I, T	7 galvauder I, T	16 gâtifier I
7 fumer I, T	7 se galvauder R	20 gauchir I, T
9 fumiger T	7 gambader I	20 se gauchir R
13 fureter I	9 gamberger I, T	7 gaufrer T
12 fuseler T	7 gambiller I	7 gauler T
7 fuser I	12 gameler T	7 se gausser R
7 fusiller T	12 se gameler R	7 gaver T
7 fusionner I, T	7 gaminer I	7 se gaver R
9 fustiger T	10 gangrener T	16 gazéifier T
	10 se gangrener R	7 gazer I, T
	11 gangréner T	7 gazonner I, T
	7 ganser T	7 gazouiller I
G	7 ganter T	62 geindre I
	7 se ganter R	7 gélatiner T
7 gabarier T	8 garancer T	7 gélatiniser T
7 gabionner T	20 garantir T	13 geler I, T
7 gâcher I, T	7 garder T	13 se geler R
7 gadgétiser T	7 se garder R	16 gélifier T
7 gaffer I, T	7 garer T	16 se gélifier R
7 gafouiller T	7 se garer R	7 géminer T
9 gager T	7 se gargariser R	20 gémir I, T
7 gagner I, T	7 gargoter I	7 gemmer T
7 se gagner R	7 gargouiller I	7 se gendarmer R
7 gainer T	20 garnir T	7 gêner T
7 galber T	20 se garnir R	7 se gêner R
11 galéjer I	7 garrotter T	7 généraliser T
7 galérer I	7 gasconner I	7 se généraliser R
7 galipoter T	7 gaspiller T	7 géométriser T

imp.: impersonal verb • **D**: defective verb • **être**: conjugated with *être*
être or avoir: conjugated with both auxiliaries

7 gerber I, T
8 gercer I, T
8 se gercer R
11 gérer T
7 germaniser I, T
7 se germaniser R
7 germer I
39 gésir I, D, only pres. part., pres. ind. and imperf. ind.
7 gesticuler I
18 giboyer T
7 gicler I
7 gifler T
7 gigoter I
7 gironner T
7 girouetter I

gît, il gît, ci-gît, gisant → gésir

7 gîter I
7 givrer T
7 se givrer R
8 glacer I, T, imp. : *il glace*
8 se glacer R
7 glaglater I
7 glairer T
7 glaiser T
7 glander I
7 glandouiller I

7 glaner I, T
20 glapir I, T
20 glatir I
7 glavioter I
7 glaviotter I
7 gléner T
7 gletter Belg. I
7 glisser I, T
7 se glisser R
7 globaliser T
16 glorifier T
16 se glorifier R
7 gloser I, T, Ti
7 glouglouter I
7 glousser I
7 gloutonner I, T
7 glycériner T
7 goaler Afr. I
7 gober T
9 se goberger R
12 gobeter T
7 goder I
7 godiller I
7 se godiner Belg. R
7 godronner T
7 goguenarder I
7 goinfrer I
7 se goinfrer R
7 se gominer R

7 gommer T
7 gomorrhiser T
7 gonder T
7 gondoler I
7 se gondoler R
7 gonfler I, T
7 se gonfler R
7 gongonner Afr. I
7 se gorgeonner R
9 gorger T
9 se gorger R
7 gouacher T
7 gouailler I
7 goualer I, T
7 gouaper I
7 goudronner T
7 gouger T
7 gougnot(t)er T
7 goujonner T
7 goupiller T
7 se goupiller R
7 goupillonner T
7 se gourancer R
7 se gourer R
7 gourmander T
7 goûter I, T, Ti
7 goutter I
7 gouttiner Belg. I, imp.
7 gouverner I, T

T: transitive (variable p.p.) • **Ti**: indirect transitive (invariable p.p.)
I: intransitive (invariable p.p.) • **R**: Reflexive verb

7 se gouverner R	20 gravir T, Ti	7 se grimer R
16 gracier T	7 graviter I	7 grimper I, T
7 graduer T	7 gréciser T	8 grincer I
7 se graffer R	7 grecquer T	7 grincher T
7 graffiter I, T	14 gréer T	7 gringuer I
7 grafigner Can. T	7 greffer T	7 gripper I, T
7 grailler I, T	7 se greffer R	7 se gripper R
7 graillonner I	7 grêler T, imp. : *il grêle*	7 grisailler I, T
7 grainer T	7 grelotter I	7 griser T
7 graisser I, T	7 grenailler T	7 se griser R
7 grammaticaliser T	12 greneler T	7 grisoler I
7 se grammaticaliser R	10 grener I, T	7 grisoller I
20 grandir I, T, *être* or *avoir*	7 grenouiller I	7 grisonner I
20 se grandir R	11 gréser T	12 griveler I, T
7 graniter T	7 grésiller I, imp. : *il grésille*	7 grognasser I, T
7 granuler T	10 grever T	7 grogner T, I
7 graphiter T	11 gréver Afr. I	7 grognonner I
7 grappiller I, T	7 gribouiller I, T	12 grommeler I, T
17 grasseyer I, T	7 griffer I, T	7 gronder I, T
7 graticuler T	7 griffonner I, T	20 grossir I, T, *être* or *avoir*
16 gratifier T	7 grigner I	18 grossoyer T
7 gratiner I, T	7 grignoter I, T	7 grouiller I
7 grat(t)ouiller T	7 grigriser Afr. T	7 se grouiller R
7 gratter I, T	9 grillager T	7 groûler Belg. I
7 se gratter R	7 griller I, T	7 groumer I
7 graver I, T	7 se griller R	7 grouper I, T
7 se graver R	8 grimacer I	7 se grouper R
7 gravillonner T	7 grimer T	9 gruger T
		12 se grumeler R

imp.: impersonal verb • **D**: defective verb • **être**: conjugated with *être*
être or avoir: conjugated with both auxiliaries

14 guéer T
20 guérir I, T
20 se guérir R
18 guerroyer I, T
7 guêtrer T
7 se guêtrer R
7 guetter I, T
7 se guetter R
7 gueuler I, T
7 gueuletonner I
7 gueuser I, T
7 guider T
7 se guider R
7 guigner T
12 guillemeter T
7 guillocher T
7 guillotiner T
7 guincher I
7 guindailler Afr. + Belg. I
7 guinder T
7 se guinder R
7 guiper T

H

7 habiliter T
7 habiller T

7 s'habiller R
7 habiter I, T
7 habituer T
7 s'habituer T
7 *hâbler I
7 hacher T
7 hachurer T
21 *haïr I, T
21 se haïr R
10 halener T
7 *haler T
7 *hâler T
7 se hâler R
13 *haleter I
7 *halkiner Belg. I
7 halluciner T
7 hameçonner T
11 *hancher I, T
13 handeler Belg. T
7 *handicaper T
7 *hannetonner I, T
7 *hanter T
7 *happer I, T
7 *haranguer T
7 *harasser T
12, 13 *harceler T
7 *harder T
7 haricoter T
7 harmoniser T
7 s'harmoniser R

7 *harnacher T
7 se harnacher R
7 *harpailler I
7 *harper T
7 *harponner T
7 *hasarder T
7 se hasarder R
7 *hâter T
7 se hâter R
7 *haubaner T
7 *hausser T
7 se hausser R
7 *haver I, T
20 *havir I, T
9 héberger T
11 hébéter T
7 hébraïser I, T
11 *héler T
11 *se héler R
7 hélitreuiller T
7 helléniser I,T
20 *hennir I
9 herbager T
7 herber T
7 herboriser I
7 hercher I
7 *hérisser T
7 se hérisser R
7 *hérissonner I, T
7 se hérissonner R

T: transitive (variable p.p.) • **Ti**: indirect transitive (invariable p.p.)
I: intransitive (invariable p.p.) • **R**: Reflexive verb

7 hériter I, Ti

7 *herser T

7 hésiter I

7 *heurter I, T

7 se heurter R

7 hiberner I, T

7 *hiérarchiser T

7 *hisser T

7 se hisser R

16 historier T

7 hiverner I, T

7 *hocher T

16 holographier T

16 homogénéifier T

7 homogénéiser T

7 homologuer T

7 *hongrer T

18 *hongroyer T

20 *honnir T

7 honorer T

7 s'honorer R

12 *hoqueter I

16 horrifier T

7 horripiler T

7 hospitaliser T

7 *houblonner T

7 *houer T

7 *houpper T

7 *hourder T

20 *hourdir T

7 *houspiller T

7 *housser T

7 houssiner T

7 *hucher T

7 *huer I, T

7 huiler T

*huir I, D,
only inf., pres., and
comp. tenses

7 hululer I

7 humaniser T

7 s'humaniser R

7 humecter T

7 s'humecter R

7 *humer T

16 humidifier T

16 humilier T

16 s'humilier R

7 *hurler I, T

7 hybrider T

7 s'hybrider R

7 hydrater T

7 s'hydrater R

9 hydrofuger T

11 hydrogéner T

7 hydrolyser T

16 hypertrophier T

16 s'hypertrophier R

7 hypnotiser T

7 s'hypnotiser R

16 hypostasier T

11 hypothéquer T

I

7 iconiser T

7 idéaliser T

7 s'idéaliser R

16 identifier T

16 s'identifier R

7 idéologiser T

7 idiotiser T

7 idolâtrer T

7 s'idolâtrer R

9 ignifuger T

7 ignorer T

7 s'ignorer R

7 illuminer T

7 s'illuminer R

7 illusionner T

7 s'illusionner R

7 illustrer T

7 s'illustrer R

9 imager T

7 imaginer T

7 s'imaginer R

7 imbiber T

7 s'imbiber R

imp.: impersonal verb • **D**: defective verb • **être**: conjugated with *être*
être or avoir: conjugated with both auxiliaries

7 imbriquer T	7 implémenter T	77 inclure T
7 s'imbriquer R	7 impliquer T	7 incomber Ti, only 3rd pers.
7 imiter T	7 s'impliquer R	
7 immatérialiser T	7 implorer T	7 incommoder T
7 s'immatérialiser R	7 imploser I	7 incorporer T
7 immatriculer T	7 importer I, T,Ti	7 s'incorporer R
9 immerger T	7 importuner T	7 incrémenter T
9 s'immerger R	7 imposer T	7 incriminer T
7 immigrer I	7 s'imposer R	7 incruster T
8 s'immiscer R	11 imprégner T	7 s'incruster R
7 immobiliser T	11 s'imprégner R	7 incuber T
7 s'immobiliser R	7 impressionner T	7 inculper T
7 immoler T	7 imprimer T	7 inculquer T
7 s'immoler R	7 s'imprimer R	7 incurver T
7 immortaliser T	7 improuver T	7 s'incurver R
7 s'immortaliser R	7 improviser I, T	7 indaguer Belg. I
7 immuniser T	7 s'improviser R	7 indemniser T
7 s'immuniser R	7 impulser T	7 s'indemniser R
7 impacter T	7 imputer T, Ti	7 indexer T
20 impartir T, D, only pres. ind., p.p., and comp. tenses	7 inactiver T	8 indicer T
	7 inaugurer T	11 indifférer T
	11 incarcérer T	7 indigner T
7 impatienter T	7 incarner T	7 s'indigner R
7 s'impatienter R	7 s'incarner R	7 indiquer T
7 impatroniser T	16 incendier T	7 indisposer T
7 s'impatroniser R	11 incinérer T	7 individualiser T
7 imperméabiliser T	7 inciser T	7 s'individualiser R
11 impétrer T	7 inciter T	88 induire T
7 implanter T	7 incliner I, T	7 indurer T
7 s'implanter R	7 s'incliner R	7 industrialiser T

T: transitive (variable p.p.) • **Ti**: indirect transitive (invariable p.p.)
I: intransitive (invariable p.p.) • **R**: Reflexive verb

7 s'industrialiser R	7 inhumer T	7 insonoriser T
7 infantiliser T	7 initialer Can. T	7 inspecter T
7 infatuer T	7 initialiser T	7 inspirer I, T
7 s'infatuer R	16 initier T	7 s'inspirer R
7 infecter T	16 s'initier R	7 installer T
7 s'infecter R	7 injecter T	7 s'installer R
7 inféoder T	7 s'injecter R	7 instaurer T
7 s'inféoder R	16 injurier T	7 s'instaurer R
11 inférer T	16 s'injurier R	7 instiguer Belg. T
7 inferioriser T	7 innerver T	7 instiller T
7 infester T	7 innocenter T	7 instituer T
7 infiltrer T	7 innover I, T	7 s'instituer R
7 s'infiltrer R	7 inoculer T	7 institutionnaliser T
7 infirmer T	7 s'inoculer R	7 s'institutionnaliser R
20 infléchir T	7 inonder T	88 instruire T
20 s'infléchir R	7 s'inonder R	88 s'instruire R
9 infliger T, Ti	11 inquiéter T	7 instrumentaliser T
8 influencer T	11 s'inquiéter R	7 instrumenter I, T
7 influer I	86 inscrire T	7 insuffler T
7 informatiser T	86 s'inscrire R	7 insulter I, T, Ti
7 s'informatiser R	7 insculper T	7 s'insulter R
7 informer I, T	7 inséminer T	7 insupporter T, used only with a pronoun object, e.g., *Paul m'insupporte*
7 s'informer R	7 insensibiliser T	
7 infuser I, T	11 insérer T	
16 s'ingénier R	11 s'insérer R	
11 ingérer T	7 insinuer T	9 s'insurger R
11 s'ingérer R	7 s'insinuer R	7 intailler T
7 ingurgiter T	7 insister I	11 intégrer I, T, Ti
7 inhaler T	7 insoler T	11 s'intégrer R
7 inhiber T	7 insolubiliser T	7 intellectualiser T

imp.: impersonal verb • **D**: defective verb • *être*: conjugated with *être*
être **or** *avoir*: conjugated with both auxiliaries

16 intensifier T	11 s'interpréter R	20 s'investir R
16 s'intensifier R	9 interroger T	11 s'invétérer R
7 intenter T	9 s'interroger R	7 inviter T
20 interagir I	58 interrompre T	7 s'inviter R
7 intercaler T	58 s'interrompre R	7 invoquer T
7 s'intercaler R	24 intervenir I, *être*	7 ioder T
11 intercéder I	20 intervertir T	7 iodler I
7 intercepter T	7 interviewer T	7 ioniser T
7 interclasser T	7 intimer T	7 iouler I, T
7 interconnecter T	7 intimider T	7 iriser T
84 interdire T	7 intituler T	7 s'iriser R
84 s'interdire R	7 s'intituler R	7 ironiser I
7 intéresser T	7 intoxiquer T	16 irradier I, T
7 s'intéresser R	7 s'intoxiquer R	16 s'irradier R
11 interférer I	7 intriguer I, T	7 irriguer T
11 s'interférer Afr. R	7 intriquer T	7 irriter T
16 interfolier T	88 introduire T	7 s'irriter R
7 intérioriser T	88 s'introduire R	7 islamiser T
12 interjeter T	7 introniser T	7 s'islamiser R
7 interligner T	7 intuber T	7 isoler T
7 interloquer T	7 s'invaginer R	7 s'isoler R
7 internationaliser T	7 invalider T	Issir I, D, only p.p.
7 s'internationaliser R	7 invectiver I, T	*issu, issue*
7 interner T	7 inventer I, T	7 italianiser I, T
7 interpeller T	7 s'inventer R	11 itérer T
11 s'interpénétrer R	16 inventorier T	7 ivoiriser Afr. T
7 interpoler T	7 inverser T	7 ixer T
7 interposer T	7 s'inverser R	
7 s'interposer R	20 invertir T	
11 interpréter T	20 investir I, T	

T: transitive (variable p.p.) • **Ti**: indirect transitive (invariable p.p.)
I: intransitive (invariable p.p.) • **R**: Reflexive verb

J

7 jabler T
7 jaboter I, T
7 jacasser I
7 jacter I, T
7 jaffer I
20 jaillir I, *être* or *avoir*
7 jalonner I, T
7 jalouser T
7 se jalouser R
7 jambonner T
7 japoniser T
7 se japoniser R
7 japonner T
7 japper I
7 jardiner I, T
7 jargonner I
12 jarreter I, T
7 jaser I
7 jasper T
7 jaspiner I, T
9 jauger I, T
9 se jauger R
20 jaunir I, T
12 javeler I, T

7 javelliser T
7 javer Afr. T
12 jeter T
12 se jeter R
7 jeûner I
7 jobarder T
7 jocoler Afr. I
7 jodler I
7 jogger I
63 joindre I, T
63 se joindre R
18 jointer T
8 joncer T
7 joncher T
7 jongler I
7 jouailler I
7 jouer I, T
7 se jouer R
20 jouir I, Ti
7 jouter I
7 jouxter T
7 jubiler I
7 jucher I, T
7 se jucher R
7 judaïser I, T
9 juger I, T, Ti
9 se juger R
7 juguler T
7 jumeler T
7 juponner I, T

7 jurer I, T
7 se jurer R
16 justifier T, Ti
16 se justifier R
7 juter I
7 juxtaposer T

K

7 kaoter Afr. T
7 kaotiser Afr. T
7 kératiniser T
7 se kératiniser R
7 kidnapper T
11 kilométrer T
7 klaxonner I, T
7 koter Belg. I

L

7 labelliser T
7 labialiser T
7 se labialiser R
7 labourer T
7 se labourer R
7 lacaniser I, T

imp.: impersonal verb • **D**: defective verb • ***être***: conjugated with *être*
être* or *avoir: conjugated with both auxiliaries

8 lacer T	16 lapidifier T	7 leurrer T
8 se lacer R	16 se lapidifier R	7 se leurrer R
11 lacérer T	7 lapiner I	10 lever I, T
7 lâcher I, T	7 laquer T	10 se lever R
7 laïciser T	7 larder T	7 léviger T
7 se laïciser R	7 lardonner T	7 léviter I
7 lainer T	7 larguer T	7 levretter I
7 laisser T	18 larmoyer I	7 se lexicaliser R
7 se laisser R	7 lasser I, T	7 lézarder I, T
7 laitonner T	7 se lasser R	7 se lézarder R
7 laïusser I	7 latiniser I, T	7 liaisonner T
7 lambiner I	7 latter T	7 liarder I
7 lambrisser T	7 laver T	7 se libaniser Afr. R
7 lamenter I, T	7 se laver R	7 libeller T
7 se lamenter R	17 layer T	7 libéraliser T
7 lamer T	11 lécher T	7 se libéraliser R
7 laminer T	11 se lécher R	11 libérer T
7 lamper T	7 légaliser T	11 se libérer R
7 lancequiner I	7 légender T	16 licencier T
8 lancer T	11 légiférer I	7 licher I, T
8 se lancer R	7 légitimer T	7 lichetrogner I, T
7 lanciner I, T	11 léguer T	7 liciter T
9 langer T	11 se léguer R	15 liéger T
7 langueyer T	7 lemmatiser T	16 lier T
20 languir I	16 lénifier T	16 se lier R
20 se languir R	11 léser T	7 lifter T
7 lansquiner I	7 lésiner I	7 ligaturer T
7 lanterner I, T	7 lessiver T	7 ligner T
7 laper I, T	7 lester T	16 se lignifier R
7 lapider T	7 se lester R	7 ligoter T

T: transitive (variable p.p.) • **Ti**: indirect transitive (invariable p.p.)
I: intransitive (invariable p.p.) • **R**: Reflexive verb

7 liguer T
7 se liguer R
7 limander T
7 limer I, T
7 se limer R
7 limiter T
7 se limiter R
9 limoger T
7 limoner T
7 limousiner T
9 linger T
9 se linger R
16 liquéfier T
16 se liquéfier R
7 liquider T
83 lire I, T
83 se lire R
7 lisbroquer I
10 liserer T
10 se liserer R
11 lisérer T
7 lisser T
7 lister T
7 liter T
16 lithographier T
7 litroner I
7 livrer T
7 se livrer R
7 lober T
7 lobotomiser T

7 localiser T
7 se localiser R
7 locher I, T
7 lock(-)outer T
7 lofer I
9 loger I, T
9 se loger R
7 loguer Afr. I
9 longer T
7 looser I
7 loquer T
7 se loquer R
7 lorgner T
7 lotionner T
20 lotir T
9 louanger T
7 loucher I
20 louchir I
7 louer T
7 se louer R
7 loufer I
7 louper I, T
7 se louper R
7 louquer T
7 lourder T
7 lourer T
7 louver T
12 louveter I
18 louvoyer I
7 lover T

7 se lover R
16 lubrifier T
9 luger I
88 luire I
7 luncher I
7 lustrer T
7 luter T
7 lutiner T
7 lutter I
7 luxer T
7 se luxer R
7 lyncher T
7 lyophiliser T
7 lyrer Can. I
7 lyser T

M

7 macadamiser T
7 se macchaber R
11 macérer I, T
7 mâcher T
7 machicoter I
7 machiner T
7 mâchonner T
7 mâchouiller T
7 mâchurer T
7 macler I, T

imp.: impersonal verb • **D**: defective verb • ***être***: conjugated with *être*
être or ***avoir***: conjugated with both auxiliaries

7 maçonner T	7 mallouser T	7 mapper T
7 macquer T	10 malmener T	7 maquer T
7 maculer T	7 malter T	7 se maquer R
16 madéfier T	7 maltraiter T	7 maquetter T
7 madériser T	7 mamelonner T	7 maquignonner T
7 se madériser R	9 manager T	7 maquiller T
7 madrigaliser I	7 manchonner T	7 se maquiller R
7 maganer Can. T	7 mandater T	7 marabouter Afr. T
7 se maganer Can. R	7 mander T	7 maratoner Afr. I
7 magasiner Can. I, T	15 manéger T	7 marauder I, T
7 se magner R	7 mangeotter T	7 maraver I, T
7 magnétiser T	9 manger T	7 marbrer T
7 magnétoscoper T	9 se manger R	7 marchander I, T
16 magnifier T	16 manier T	7 marcher I
7 magoter Afr. T	16 se manier R	7 marcotter T
7 magouiller I, T	11 se maniérer R	7 margauder I
20 maigrir I, T, *être* or *avoir*	7 manifester I, T	9 marger I, T
	7 se manifester R	7 marginaliser T
7 mailler I, T	8 manigancer T	7 se marginaliser R
61 mainmettre T	8 se manigancer R	7 marginer T
24 maintenir T	7 manipuler T	16 marier T
24 se maintenir R	7 mannequiner T	16 se marier R
7 maîtriser T	7 manœuvrer I, T	7 mariner I, T
7 se maîtriser R	7 manoquer T	7 marivauder I
7 majorer T	7 manquer I, T, Ti	7 marmiter T
7 malaxer T	7 se manquer R	7 marmonner T
malfaire I, D, inf. only	7 mansarder T	7 marmoriser T
	7 manucurer T	7 marmotter I, T
7 malléabiliser T	7 manufacturer T	7 marner I, T
	7 manutentionner T	

T: transitive (variable p.p.) • **Ti**: indirect transitive (invariable p.p.)
I: intransitive (invariable p.p.) • **R**: Reflexive verb

7 maronner I	7 matérialiser T	7 médicamenter T
7 maroquiner T	7 se matérialiser R	84 médire Ti,
7 maroufler T	7 materner T	only 2nd pers. pl.
7 marquer I, T	7 materniser T	pres. ind. and pres.
7 se marquer R	7 mathématiser T	imperative: *vous*
12 marqueter T	7 mâtiner T	*médisez*
7 se marrer R	20 matir T	7 médiser I
7 marronner I	7 matouser I, T	7 méditer I, T
7 marsouiner I	7 matraquer T	7 méduser T
13 marteler T	8 matricer R	67 méfaire I, D,
7 martyriser T	7 matriculer T	inf. only
7 marxiser T	7 maturer T	5 se méfier R
7 masculiniser T	7 maturer T	20 mégir T
7 masquer I, T	20 maudire T, p.p.	7 mégisser T
7 se masquer R	*maudit, maudite*	7 mégoter I, T
7 massacrer T	14 maugréer I, T	9 méjuger T, Ti
7 se massacrer R	7 maximaliser T	9 se méjuger R
7 masser T	7 maximer T	9 mélanger T
7 se masser R	7 mazouter I, T	9 se mélanger R
7 massicoter T	7 mécaniser T	7 mêler T
16 massifier T	11 mécher T	7 se mêler R
11 mastéguer I, T	7 se mécompter R	7 mémoriser I, T
7 mastiquer I, T	88 se méconduire	8 menacer I, T
7 masturber T	Belg. R	9 ménager T
7 se masturber R	69 méconnaître T	9 se ménager R
7 matabicher Afr. T	7 mécontenter T	16 mendier I, T
7 matcher I, T	74 mécroire T	7 mendigoter I, T
7 matelasser T	7 médailler T	10 mener I, T
7 mater I, T	7 médiatiser T	7 menotter T
7 mâter T	7 médicaliser T	7 mensualiser T
		7 mensurer T

imp.: impersonal verb • **D**: defective verb • **être**: conjugated with *être*
être or avoir: conjugated with both auxiliaries

7 mentionner T	7 météoriser T	7 miniaturer T
26 mentir I, Ti	7 métisser T	7 miniaturiser T
26 se mentir R	11 métrer T	7 minimiser T
7 menuiser T	61 mettre T	7 minorer T
59 se méprendre R	61 se mettre R	7 minuter T
7 mépriser T	7 meubler T	7 mirer T
7 se mépriser R	7 se meubler R	7 se mirer R
7 mercantiliser T	7 meugler I	7 miroiter I
7 merceriser T	7 meuler T	7 miser I, T
7 merder I	20 meurtrir T	11 misérer Afr. I
18 merdoyer I	58 mévendre T	7 mitarder T
7 meringuer T	7 miauler I	7 se miter R
7 mériter T, Ti	7 michetonner I	7 mithridatiser T
16 se mésallier R	7 microfilmer T	7 se mithridatiser R
7 mésestimer T	7 microniser T	9 mitiger T
53 messeoir I, D, only pres., imperf., and future ind., pres. subj., pres. cond., and pres. part.	7 mignarder T	7 mitonner I, T
	7 mignoter T	7 se mitonner R
	7 se mignoter R	7 mitrailler I, T
	7 migrer I	7 mixer T
	7 mijoler Belg. I	7 mixtionner T
7 mesurer I, T	7 mijoter I, T	7 mobiliser T
7 se mesurer R	7 se mijoter R	7 se mobiliser R
7 mésuser Ti	7 militariser T	13 modeler T
7 métaboliser T	7 militer I	13 se modeler R
7 métalliser T	7 millésimer T	7 modéliser T
7 métamorphiser T	7 mimer T	11 modérer T
7 métamorphoser T	7 minauder I	11 se modérer R
7 se métamorphoser R	20 mincir I	7 moderniser T
	7 miner T	7 se moderniser R
7 métaphoriser T	7 minéraliser T	16 modifier T

T: transitive (variable p.p.) • **Ti**: indirect transitive (invariable p.p.)
I: intransitive (invariable p.p.) • **R**: Reflexive verb

16 se modifier R	7 moquetter T	12 moufeter I, D, only inf. and comp. tenses
7 moduler I, T	7 moraliser I, T	
7 mofler Belg. T	12 morceler T	
7 moirer T	8 mordancer T	7 moufter I, D, only inf., imperf. ind., and comp. tenses
7 moiser T	7 mordiller I, T	
20 moisir I	7 mordorer T	
7 moissonner T	58 mordre I, T, Ti	
7 moiter I	58 se mordre R	7 mouiller I, T
20 moitir T	7 morfaler I	7 se mouiller R
7 molester T	7 morfiler T	7 mouler I, T
12 moleter T	7 morfler T	7 mouliner I, T
7 mollarder I, T	58 se morfondre R	7 moulurer T
7 molletonner T	11 morigéner T	35 mourir I, *être*
20 mollir I, T	7 mornifler T	35 se mourir R, D, only pres. and imperf. ind. and pres. part. *(se mourant)*
16 momifier T	7 mortaiser T	
16 se momifier R	16 mortifier T	
7 monder T	16 se mortifier R	
7 mondialiser T	7 motamoter Afr. I	7 mouronner I
7 se mondialiser R	7 motionner I	7 se mouronner R
7 monétiser T	7 motiver T	7 mousser I
17 monnayer T	7 motoriser T	7 moutonner I
7 monologuer I	7 se motter R	7 mouvementer T
7 monopoliser T	7 moucharder I, T	7 mouver I
7 monter I, T, *être* or *avoir*	7 moucher I, T	7 se mouver R
	7 se moucher R	46 mouvoir T
7 se monter R	7 moucheronner I	46 se mouvoir R
7 montrer T	12 moucheter T	7 moyenner I, T
7 se montrer R	80 moudre T	7 mucher T
7 moquer T	13 moueter I	7 muer I, T
7 se moquer R	7 mouetter I	7 se muer R
		20 mugir I

imp.: impersonal verb • **D**: defective verb • *être*: conjugated with *être*
être or *avoir*: conjugated with both auxiliaries

345

12	mugueter T
7	muloter I
7	multiplexer T
16	multiplier I, T
16	se multiplier R
7	municipaliser T
20	munir T
20	se munir R
7	munitionner T
7	murailler T
7	murer T
7	se murer R
20	mûrir I, T
7	murmurer I, T
7	musarder I
7	muscler T
12	museler T
7	muser I
7	se muser R
7	musiquer I, T
7	musquer T
7	musser T
7	se musser R
7	muter I, T
7	mutiler T
7	se mutiler R
7	se mutiner R
7	mutualiser T
16	mystifier T
16	mythifier I, T

N

7	nacrer T
7	se nacrer R
9	nager I, T
70	naître I, *être*
7	nanifier T
20	nantir T
20	se nantir R
7	napper T
7	narguer T
7	narrer T
7	nasaliser T
7	se nasaliser R
7	nasiller I, T
7	natchaver I
7	nationaliser T
7	natter T
7	naturaliser T
9	naufrager I,
7	se navaler R
7	naviguer I
7	navrer T
7	néantiser T
7	se néantiser R
7	nécessiter T
7	nécroser T
7	se nécroser R
9	négliger T
9	se négliger R

16	négocier I, T
16	se négocier R
7	négrifier Afr. T
7	neigeoter imp.: il neigeotte
9	neiger Imp.: il neige
7	nervurer T
18	nettoyer T
7	neutraliser T
7	se neutraliser R
7	niaiser I
7	nicher I, T
7	se nicher R
12	nickeler T
7	nicotiniser T
16	nidifier I
7	nieller T
16	nier I, T
7	nigérianiser Afr. T
7	nimber T
7	se nimber R
7	nipper T, R
7	se nipper R
7	nitrater T
7	nitrer T
16	nitrifier T
16	se nitrifier R
7	nitrurer T
7	nivaquiner Afr. I

T: transitive (variable p.p.) • **Ti**: indirect transitive (invariable p.p.)
I: intransitive (invariable p.p.) •**R**: Reflexive verb

12 niveler T

7 nobscuriter Afr. I

8 nocer I

20 noircir I, T

20 se noircir R

7 noliser T

7 nomadiser I

7 nombrer T

7 nominaliser T

7 nommer T

7 se nommer R

8 noncer Afr. I

7 noper T

20 nordir I

7 normaliser T

7 se normaliser R

7 noter T

16 notifier T

7 nouer I, T

7 se nouer R

20 nourrir I, T

20 se nourrir R

7 nover I, T

7 noyauter T

18 noyer T

18 se noyer R

8 nuancer T

7 nucléariser T

14 nucléer T

7 nuer T

88 nuire Ti

88 se nuire R, invariable p.p.

7 numériser T

7 numéroter T

7 se numéroter R

O

20 obéir Ti, can be used in passive

11 obérer T

11 s'obérer R

7 objecter T

7 objectiver T

7 s'objectiver R

7 objurguer I

9 obliger T

9 s'obliger R

7 obliquer I

11 oblitérer T

7 obnubiler T

7 obombrer T

20 obscurcir T

20 s'obscurcir R

11 obséder T

7 observer T

7 s'observer R

7 s'obstiner

7 obstruer T

7 s'obstruer R

11 obtempérer I, Ti

24 obtenir T

24 s'obtenir R

7 obturer T

24 obvenir I, *être*

16 obvier Ti

7 occasionner T

7 occidentaliser T

7 s'occidentaliser R

occire D, only inf., comp. tenses and p.p. *(occis, occise)*

77 occlure T

7 occulter T

7 occuper T

7 s'occuper R

7 ocrer T

16 octavier I, T

18 octroyer T

18 s'octroyer R

7 octupler T

7 œilletonner T

7 œuvrer I

7 offenser T

7 s'offenser R

imp.: impersonal verb • **D**: defective verb • ***être***: conjugated with *être*
être* or *avoir: conjugated with both auxiliaries

7 officialiser T

16 officier I

28 offrir T

28 s'offrir R

7 offusquer T

7 s'offusquer R

63 oindre T, D,
mainly inf. and p.p.
*(oint, ointe, oints,
ointes)*, but
also imperf.
(ils oignaient)

63 s'oindre R

12 oiseler I, T

9 ombrager T

7 ombrer T

61 omettre T

18 ondoyer I, T

7 onduler I, T

16 opacifier R

16 s'opacifier T

7 opaliser T

11 opérer I, T

11 s'opérer R

8 opiacer T

7 opiner I

7 s'opiniâtrer R

7 opposer T

7 s'opposer R

7 oppresser T

7 opprimer T

7 opter I

7 optimaliser T

7 optimiser T

7 oraliser T

9 oranger T

7 orbiter I

7 orchestrer T

8 ordonnancer T

7 ordonner I, T

7 s'ordonner R

7 organiser T

7 s'organiser R

7 organsiner T

7 orienter T

7 s'orienter R

7 oringuer T

7 ornementer T

7 orner T

7 s'orner R

16 orthographier I, T

16 s'orthographier R

7 osciller I

7 oser T

16 ossifier T

16 s'ossifier R

7 ostraciser T

7 ôter T

7 s'ôter R

7 ouater T

7 ouatiner Tte

16 oublier I, T

16 s'oublier R

7 ouiller I, T

38 ouïr T, D,
mainly p.p. and
comp. tenses

7 s'ourder R

20 ourdir T

20 s'ourdir R

7 ourler T

7 outiller T

7 s'outiller R

9 outrager T

7 outrepasser T

7 outrer T

9 ouvrager T

7 ouvrer I, T

28 ouvrir I, T

28 s'ouvrir R

7 ovaliser T

7 ovationner T

7 ovuler I

7 oxyder T

7 s'oxyder R

11 oxygéner T

11 s'oxygéner R

7 ozoniser T

T: transitive (variable p.p.) • **Ti**: indirect transitive (invariable p.p.)
I: intransitive (invariable p.p.) • **R**: Reflexive verb

P

9 pacager I, T	7 palanquer I, T	7 parachuter T
16 pacifier T	7 palataliser T	7 parader I
7 pacquer T	7 paleter T	7 parafer T
7 pactiser I	7 palettiser T	7 paraffiner T
7 se paddocker R	20 pâlir I, T	7 paraisonner T
7 paganiser I, T	7 palissader T	69 paraître I, *être* or *avoir*
17 pagayer I	7 palisser T	
9 pager I	7 palissonner T	7 paralléliser T
9 se pager R	16 pallier T	7 paralyser T
7 se pageoter R	7 palmer T	7 paramétrer T
7 paginer T	7 paloter T	7 parangonner T
7 se pagnoter R	7 palper T	7 parapher T
7 paillarder I	7 palpiter I	7 paraphraser T
7 se paillarder R	7 se pâmer R	7 parasiter T
7 paillassonner T	7 panacher I, T	7 parcellariser T
7 pailler T	7 se panacher R	7 parceller T
12 pailleter T	7 paner T	7 parcelliser T
7 paillonner T	16 panifier T	7 se parcelliser R
12 paisseler T	7 paniquer I, T	7 parcheminer T
71 paître I, T, D	7 se paniquer R	7 se parcheminer R
7 se pajoter R	7 panneauter I, T	34 parcourir T
7 palabrer I	7 panner T	7 pardonner I, T
7 palancrer T	7 panoramiquer I	7 se pardonner R
7 palangrer T	12 panteler I	7 parementer T
7 palanguer I, T	7 pantoufler I	7 parer T, Ti
	7 papillonner I	7 se parer R
	7 papilloter I, T	7 paresser I
	7 papoter I	67 parfaire T, D, mainly inf., p.p., and comp. tenses
	7 papouiller T	
	10 parachever T	

imp.: impersonal verb • **D**: defective verb • ***être***: conjugated with *être*
être* or *avoir: conjugated with both auxiliaries

7 parfiler T	7 passepoiler T	18 paumoyer T
58 parfondre T	7 passer I, T, *être* or *avoir*	7 paupériser T
7 parfumer T		7 pauser I
7 se parfumer R	7 se passer R	7 se pavaner R
16 parier I, T	7 passionner T	7 paver T
7 se parjurer R	7 se passionner R	7 pavoiser I, T
7 parkériser T	7 pasteller I, T	17 payer I, T
7 parlementer I	7 pasteuriser T	17 se payer R
7 parler I, T, Ti	7 pasticher T	7 peaufiner T
7 se parler R, invariable p.p.	7 pastiller T	7 peausser I
	7 pastiquer I	11 pécher I
7 parloter I	7 patafioler T	7 pêcher I, T
16 parodier T	9 patauger I	7 se pêcher R
7 parquer I, T	7 pateliner I, T	7 pecquer Afr. I
12 parqueter T	7 patenter T	7 pédaler I
7 parrainer T	7 pâter I	7 peigner T
10 parsemer T	7 patienter I	7 se peigner R
9 partager T	7 se patienter Afr. R	62 peindre I, T
9 se partager R	7 patiner I, T	62 se peindre R
7 participer Ti	7 se patiner R	7 peiner I, T
7 particulariser T	20 pâtir I	7 peinturer T
7 se particulariser R	7 pâtisser I	7 peinturlurer T
26 partir I, *être*	7 patoiser I	13 peler I, T
26 partir T, D only inf. in expression *avoir maille à partir*	7 patouiller I, T	13 se peler R
	7 patronner T	7 peller T
	7 patrouiller I	12 pelleter T
7 partouzer I	7 patter T	7 peloter I, T
24 parvenir I, Ti, *être*	7 pâturer I, T	7 pelotonner T
7 passementer T	7 paumer T	7 se pelotonner R
	7 se paumer R	7 pelucher I

T: transitive (variable p.p.) • **Ti**: indirect transitive (invariable p.p.)
I: intransitive (invariable p.p.) • **R**: Reflexive verb

7 pembeniser Afr. T	7 se périmer R	10 peser I, T
7 pénaliser T	7 périphraser I	10 se peser R
7 pencher I, T	20 périr I	7 pessigner T
7 se pencher R	7 perler I, T	7 pesteller Belg. I
7 pendiller I	7 permanenter T	7 pester I
7 pendouiller I	7 perméabiliser T	11 pestiférer T
58 pendre I, T	61 permettre T	7 pétarader I
58 se pendre R	61 se permettre R	7 pétarder I, T
7 penduler I	7 permuter I, T	11 péter I, T
11 pénétrer I, T	7 se permuter R	11 se péter R
11 se pénétrer R	7 pérorer I	7 pétiller I
7 penser I, T, Ti	7 peroxyder T	7 petit-déjeuner I
7 pensionner T	11 perpétrer T	7 pétitionner I
16 pépier I	11 se perpétrer R	7 pétocher I
8 percer I, T	7 perpétuer T	7 pétrarquiser I
40 percevoir T	7 se perpétuer R	16 pétrifier T
7 percher I, T	7 perquisitionner I	16 se pétrifier R
7 se percher R	7 persécuter T	20 pétrir T
7 percuter I, T	11 persévérer I	7 pétuner I
58 perdre I, T	7 persi(f)fler T	7 peupler T
58 se perdre R	7 persiller T	7 se peupler R
7 perdurer I	7 persister I	7 phagocyter T
7 pérégriner I	7 personnaliser T	7 phantasmer I, T
7 pérenniser T	16 personnifier T	7 phaser Afr. I
7 péréquater Belg. T	7 persuader T	7 philosopher I
7 perfectionner T	7 se persuader R	7 phosphater T
7 se perfectionner R	7 perturber T	7 phosphorer I
7 perforer T	20 pervertir T	16 photocopier T
7 perfuser T	20 se pervertir R	16 photographier T
7 péricliter I	7 pervibrer T	7 phraser I, T

imp.: impersonal verb • **D**: defective verb • **être**: conjugated with *être*
être or avoir: conjugated with both auxiliaries

7 phrasicoter I	8 se pincer R	7 placoter Can. I
7 piaffer I	7 pindariser I	7 plafonner I, T
7 piailler I	7 pindouler Afr. I	16 plagier I, T
7 pianoter I, T	7 pingler T	7 plaider I, T
7 piauler I	7 pinter I	64 plaindre T
7 picoler I, T	7 se pinter R	64 se plaindre R
7 picorer I, T	7 piocher I, T	7 plainer T
7 picoter T	9 pioger I	68 plaire I, Ti
7 picter I, T	8 pioncer I	68 se plaire R,
15 piéger T	7 pionner I	invariable p.p.
7 pierrer T	7 piper I, T	7 plaisanter I, T
11 piéter I	7 pique-niquer I	16 planchéier T
11 se piéter R	7 piquer I, T	7 plancher I
7 piétiner I, T	7 se piquer R	7 planer I, T
7 se pieuter R	12 piqueter T	16 planifier T
7 pif(f)er Tr	7 piquouser T	7 planquer I, T
9 piger I, T	7 pirater I, T	7 se planquer R
7 pigeonner T	7 pirouetter I	7 planter T
7 pigmenter T	7 pisser I, T	7 se planter R
7 pignocher I, T	7 pissoter I	7 plaquer T
7 piler I, T	7 se pistacher R	7 se plaquer R
7 pîler Belg. I	7 pister T	16 plasmifier T
7 piller T	7 pistonner T	16 plastifier T
7 pilonner T	7 pitancher T	7 plastiquer T
7 piloter T	7 piter Belg. I	7 plastronner I, T
7 piluler Afr. I	7 pitonner I	7 platiner T
7 pimenter T	7 pivoter I	7 platiniser T
7 pimer Afr. T	7 placarder T	7 plâtrer T
7 pinailler I	8 placer T	7 plébisciter T
8 pincer I, T	8 se placer R	7 plecquer Belg. I

T: transitive (variable p.p.) • **Ti**: indirect transitive (invariable p.p.)
I: intransitive (invariable p.p.) • **R**: Reflexive verb

7 pleurer I, T

7 pleurnicher I

7 pleuvasser
  imp.: il pleuvasse

7 pleuviner
  imp.: il pleuvine

7 pleuvioter
  imp.: il pleuviote

47 pleuvoir I, T,
  imp.: il pleut

7 pleuvoter
  imp.: il pleuvote

16 plier I, T

16 se plier R

7 plisser I, T

7 se plisser R

7 plomber T

7 se plomber R

9 plonger I, T

9 se plonger R

7 ploquer T

7 se ploquer R

18 ployer I, T

7 plucher I

7 plumer I, T

7 se plumer R

7 pluviner I,
  imp.: il pluvine

7 se pocharder R

7 pocher I, T

7 podzoliser T

7 poêler T

7 poétiser T

7 pogner T

7 poignarder T

7 se poiler R

7 poinçonner T

63 poindre I, T, D only
  inf., 3rd pers. sing
  and pl. pres.,
  imperf., and future
  ind., and pres. part.

7 pointer T

7 se pointer R

7 pointiller I, T

7 poireauter I

7 poiroter I

7 poisser I, T

7 poivrer T

7 se poivrer R

7 se poivroter R

7 polariser T

7 se polariser R

7 polémiquer I

8 policer T

20 polir T

20 se polir R

7 polissonner I

7 politiquer I

7 politiser T

7 se politiser R

7 polluer I, T

16 polycopier T

7 polymériser T

7 pommader T

7 se pommader R

12 se pommeler R

7 pommer I

7 pomper I, T

7 pomponner T

7 se pomponner R

8 poncer T

7 ponctionner T

7 ponctuer T

11 pondérer T

58 pondre I, T

7 ponter I, T

16 pontifier I

7 pontiller T

7 populariser T

7 se populariser R

7 poquer I

7 porphyriser T

7 porter I, T, Ti

7 se porter R

7 portraiturer T

7 poser I, T

7 se poser R

7 positionner T

7 se positionner R

7 positiver I, T

---

imp.: impersonal verb • **D**: defective verb • **être**: conjugated with *être*
être or avoir: conjugated with both auxiliaries

11 posséder T
11 se posséder R
7 postdater T
7 poster T
7 se poster R
7 posticher I
7 postillonner I
7 postposer T
7 postsynchroniser T
7 postuler I, T
7 potasser I, T
7 potentialiser T
7 poter Belg. I
7 potiner I
7 poudrer T
7 se poudrer R
18 poudroyer 1
7 pouffer I
7 pouliner I
7 pouponner I
7 pourchasser T
7 se pourchasser R
58 pourfendre T
11 pourlécher T
11 se pourlécher R
7 se pourprer R
20 pourrir I, T, *être* or *avoir*
20 se pourrir R
81 poursuivre T

81 se poursuivre R
42 pourvoir T, Ti
42 se pourvoir R
7 pousser I, T
7 se pousser R
7 poutser T
45 pouvoir I, T
45 se pouvoir R, imp.: il se peut
7 praliner T
7 pratiquer I, T
7 se pratiquer R
13 préacheter T
7 préaviser T
7 précariser T
7 se précariser R
11 précéder I, T
7 préchauffer T
7 prêcher I, T
7 précipiter T
7 se précipiter R
7 préciser I, T
7 se préciser R
7 précompter T
7 préconiser T
7 prédestiner T
7 prédéterminer T
7 prédiquer T

84 prédire T
7 prédisposer I, T
7 prédominer I
7 préempter T
20 préétablir T
7 préexister I
8 préfacer T
11 préférer I, T
11 se préférer R
7 préfigurer T
7 préfixer T
7 préformer T
16 préjudicier I
9 préjuger T, Ti
7 se prélasser R
10 prélever T
7 préluder I, Ti
7 préméditer T, Ti
20 prémunir T
20 se prémunir R
59 prendre I, T
59 se prendre R
7 prénommer T
7 se prénommer R
7 préoccuper T
7 se préoccuper R
7 préparer T
7 se préparer R
17 prépayer T
7 prépensionner

T: transitive (variable p.p.) • **Ti**: indirect transitive (invariable p.p.)
I: intransitive (invariable p.p.) • **R**: Reflexive verb

7 pleurer I, T
7 pleurnicher I
7 pleuvasser
  imp.: il pleuvasse
7 pleuviner
  imp.: il pleuvine
7 pleuvioter
  imp.: il pleuviote
47 pleuvoir I, T,
  imp.: il pleut
7 pleuvoter
  imp.: il pleuvote
16 plier I, T
16 se plier R
7 plisser I, T
7 se plisser R
7 plomber T
7 se plomber R
9 plonger I, T
9 se plonger R
7 ploquer T
7 se ploquer R
18 ployer I, T
7 plucher I
7 plumer I, T
7 se plumer R
7 pluviner I,
  imp.: il pluvine
7 se pocharder R
7 pocher I, T
7 podzoliser T

7 poêler T
7 poétiser T
7 pogner T
7 poignarder T
7 se poiler R
7 poinçonner T
63 poindre I, T, D only
  inf., 3rd pers. sing
  and pl. pres.,
  imperf., and future
  ind., and pres. part.
7 pointer T
7 se pointer R
7 pointiller I, T
7 poireauter I
7 poiroter I
7 poisser I, T
7 poivrer T
7 se poivrer R
7 se poivroter R
7 polariser T
7 se polariser R
7 polémiquer I
8 policer T
20 polir T
20 se polir R
7 polissonner I
7 politiquer I
7 politiser T
7 se politiser R

7 polluer I, T
16 polycopier T
7 polymériser T
7 pommader T
7 se pommader R
12 se pommeler R
7 pommer I
7 pomper I, T
7 pomponner T
7 se pomponner R
8 poncer T
7 ponctionner T
7 ponctuer T
11 pondérer T
58 pondre I, T
7 ponter I, T
16 pontifier I
7 pontiller T
7 populariser T
7 se populariser R
7 poquer I
7 porphyriser T
7 porter I, T, Ti
7 se porter R
7 portraiturer T
7 poser I, T
7 se poser R
7 positionner T
7 se positionner R
7 positiver I, T

imp.: impersonal verb • **D**: defective verb • *être*: conjugated with *être*
être or avoir: conjugated with both auxiliaries

11 posséder T	81 se poursuivre R	84 prédire T
11 se posséder R	42 pourvoir T, Ti	7 prédisposer I, T
7 postdater T	42 se pourvoir R	7 prédominer I
7 poster T	7 pousser I, T	7 préempter T
7 se poster R	7 se pousser R	20 préétablir T
7 posticher I	7 poutser T	7 préexister I
7 postillonner I	45 pouvoir I, T	8 préfacer T
7 postposer T	45 se pouvoir R, imp.:	11 préférer I, T
7 postsynchroniser T	il se peut	11 se préférer R
7 postuler I, T	7 praliner T	7 préfigurer T
7 potasser I, T	7 pratiquer I, T	7 préfixer T
7 potentialiser T	7 se pratiquer R	7 préformer T
7 poter Belg. I	13 préacheter T	16 préjudicier I
7 potiner I	7 préaviser T	9 préjuger T, Ti
7 poudrer T	7 précariser T	7 se prélasser R
7 se poudrer R	7 se précariser R	10 prélever T
18 poudroyer 1	7 précautionner T	7 préluder I, Ti
7 pouffer I	7 se précautionner R	7 préméditer T, Ti
7 pouliner I	11 précéder I, T	20 prémunir T
7 pouponner I	7 préchauffer T	20 se prémunir R
7 pourchasser T	7 prêcher I, T	59 prendre I, T
7 se pourchasser R	7 précipiter T	59 se prendre R
58 pourfendre T	7 se précipiter R	7 prénommer T
11 pourlécher T	7 préciser I, T	7 se prénommer R
11 se pourlécher R	7 se préciser R	7 préoccuper T
7 se pourprer R	7 précompter T	7 se préoccuper R
20 pourrir I, T, *être* or	7 préconiser T	7 préparer T
avoir	7 prédestiner T	7 se préparer R
20 se pourrir R	7 prédéterminer T	17 prépayer T
81 poursuivre T	7 prédiquer T	7 prépensionner

T: transitive (variable p.p.) • **Ti**: indirect transitive (invariable p.p.)
I: intransitive (invariable p.p.) • **R**: Reflexive verb

Belg. T	24 prévenir T	7 programmer I, T
7 préposer T	41 prévoir T	7 progresser I
7 prérégler T	16 prier I, T	7 prohiber T
9 présager T	7 primariser T	12 projeter T
86 prescrire I, T	7 primer I, T	12 se projeter R
86 se prescrire R	7 priser I, T	7 prolétariser T
7 présélectionner T	7 privatiser T	11 proliférer I
7 présenter I, T	7 priver T	9 prolonger T
7 se présenter R	7 se priver R	9 se prolonger R
7 préserver T	16 privilégier T	10 promener T
7 se préserver R	7 prober Belg. T	10 se promener R
7 présider I, T, Ti	11 procéder I, Ti	61 promettre I, T
26 pressentir T	7 processionner I	61 se promettre R
7 presser I, T	7 proclamer T	7 promotionner T
7 se presser R	7 se proclamer R	46 promouvoir T,
7 pressurer T	14 procréer T	mainly inf., p.p.
7 se pressurer R	7 procurer T	*(promu, promue,*
7 pressuriser T	7 se procurer R	*promus, promues),*
7 prester Belg. T	7 prodiguer T	comp. tenses, and
7 présumer T, Ti	7 se prodiguer R	passive
7 présupposer T	88 produire I, T	7 promulguer T
7 présurer T	88 se produire R	8 prononcer I, T
58 prétendre T, Ti	7 profaner T	8 se prononcer R
58 se prétendre R	11 proférer T	7 pronostiquer T
7 prêter I, T	7 professer I, T	9 propager T
7 se prêter R	7 professionnaliser T	9 se propager R
7 prétexter T	7 se professionnaliser R	7 prophétiser I, T
49 prévaloir I	7 profiler T	7 proportionner T
49 se prévaloir R	7 se profiler R	7 se proportionner R
7 prévariquer I	7 profiter Ti	7 proposer I, T

imp.: impersonal verb • **D**: defective verb • *être*: conjugated with *être*
être **or** *avoir*: conjugated with both auxiliaries

7 se proposer R	7 puddler T	7 quémander I, T
7 propulser T	7 puer I, T	7 quereller T
7 se propulser R	7 puiser I, T	7 se quereller R
9 proroger T	7 pulluler I	quérir T, D, inf. only
9 se proroger R	7 pulser T	
86 proscrire T	7 pulvériser T	7 questionner T
16 prosodier T	7 punaiser T	7 se questionner R
7 prospecter I, T	20 punir T	7 quêter I, T
11 prospérer I	9 purger T	7 queuter I
7 prosterner T	9 se purger R	7 quiller Afr. T
7 se prosterner R	16 purifier T	7 quimper I
7 prostituer T	16 se purifier R	16 quintessencier T
7 se prostituer R	16 putréfier T	7 quintupler I, T
15 protéger T	16 se putréfier R	8 quittancer T
15 se protéger R	7 pyramider I	7 quitter I, T
7 protester I, T, Ti	7 pyrograver T	7 se quitter R
7 prouter I		7 quotter I
7 prouver T		
7 se prouver R		
24 provenir I, *être*	**Q**	**R**
7 proverbialiser T		
7 provigner I, T	7 quadriller T	7 rabâcher I, T
7 provisionner T	7 quadrupler I, T	7 rabaisser T
7 provoquer T	16 qualifier T	7 se rabaisser R
7 se provoquer R	16 se qualifier R	7 rabanter T
7 pruner T	16 quantifier T	60 rabattre I, T
16 psalmodier I, T	7 quarderonner T	60 se rabattre R
7 psychanalyser T	7 quarrer T	7 rabibocher T
7 psychiatriser T	9 quartager T	7 se rabibocher R
16 publier I, T	7 quarter T	

T: transitive (variable p.p.) • **Ti**: indirect transitive (invariable p.p.)
I: intransitive (invariable p.p.) • **R**: Reflexive verb

7 rabioter I, T

7 rabistoquer Belg. T

7 râbler T

20 rabonnir I, T

7 raboter T

20 rabougrir I, T

20 se rabougrir R

7 rabouter T

7 rabrouer T

32 racabouillir Belg. I

7 raccommoder T

7 se raccommoder R

7 raccompagner T

7 raccorder T

7 se raccorder R

20 raccourcir I, T

20 se raccourcir R

7 raccoutrer T

7 raccoutumer T

7 se raccoutumer R

7 raccrocher I, T

7 se raccrocher R

7 raccuser Belg. I

7 raccuspoter Belg. I

13 racheter T

13 se racheter R

7 raciner T

7 racketter T

7 racler T

7 se racler R

7 racoler T

7 raconter T

7 se raconter R

20 racornir T

20 se racornir R

7 se racrapoter Belg. R

7 rader T

7 radicaliser T

7 se radicaliser R

16 radier T

7 radiner

7 se radiner R

7 radiobaliser T

7 radiodiffuser T

16 radiographier T

7 radioguider T

7 radioscoper T

16 radiotélégraphier T

7 radoter I

7 radouber T

20 radoucir I, T

20 se radoucir R

20 rafantir Belg. I

20 raffermir T

20 se raffermir R

7 raffiner I, T

7 raffoler Ti

7 raffûter T

7 rafistoler T

7 rafler T

20 rafraîchir I, T

20 se rafraîchir R

20 ragaillardir T

9 rager I

7 ragoter I

7 ragoûter T

7 ragrafer T

14 ragréer T

7 raguer I

20 raidir T

20 se raidir R

7 railler I, T

7 se railler R

7 rainer T

12 raineter T

7 rainurer T

66 raire I, D,
no past historic or
imperf. subj.;
only 3rd pers. sing.
and pl.

7 raisonner I, T, Ti

7 se raisonner R

20 rajeunir I, T, *être*
or *avoir*

20 se rajeunir R

7 rajouter T

7 rajuster T

7 se rajuster R

20 ralentir I, T

imp.: impersonal verb • **D**: defective verb • *être*: conjugated with *être*
être or avoir: conjugated with both auxiliaries

20 se ralentir R	7 ramper I	7 rappliquer I
7 râler I	7 rancarder T	20 rappointir T
7 ralinguer I, T	7 se rancarder R	7 rapporter I, T
9 ralléger I	20 rancir I	7 se rapporter R
16 rallier I, T	20 se rancir R	59 rapprendre T
16 se rallier R	7 rançonner T	7 rapprocher I, T
9 rallonger I, T	7 randonner I	7 se rapprocher R
9 se rallonger R	9 ranger T	7 rapproprier T
7 rallumer I, T	9 se ranger R	7 rapprovisionner T
7 se rallumer R	7 ranimer T	7 se rapprovisionner R
9 ramager I, T	7 se ranimer R	7 raquer I, T
7 ramailler T	7 raouster T	16 raréfier T
7 ramander I, T	7 rapapilloter T	16 se raréfier R
7 ramarrer T	16 rapatrier T	11 raser T
7 ramasser T	16 se rapatrier R	11 se raser R
7 se ramasser R	7 râper T	16 rassasier T
7 ramastiquer T	7 rapetasser T	16 se rassasier R
7 rambiner I	7 rapetisser I, T	7 rassembler T
7 ramender T	7 se rapetisser R	7 se rassembler R
10 ramener T	8 rapiécer T	51 rasseoir I, T,
10 se ramener R	13 rapiéceter T	p.p. *rassis, rassise,*
7 ramer I, T	7 rapiner I	*rassises*
12 rameter Belg. I	7 rapipoter Belg. I	51 se rasseoir R
7 rameuter T	20 raplatir T	11 rasséréner T
7 se rameuter R	20 rap(p)ointir T	11 se rasséréner R
16 ramifier T	7 rappareiller T	rassir I, D,
16 se ramifier R	16 rapparier T	rare, mainly inf.
20 ramollir T	12 rappeler I, T	and p.p. *(rassi,*
20 se ramollir R	12 se rappeler R	*rassie, rassis,*
7 ramoner I, T	7 rapper I	*rassies)*
		se rassir R

T: transitive (variable p.p.) • **Ti**: indirect transitive (invariable p.p.)
I: intransitive (invariable p.p.) • **R**: Reflexive verb

20 rassortir T	7 raviner T	7 réaménager T
7 rassurer T	20 ravir T	8 réamorcer T
7 se rassurer R	7 se raviser R	7 réanimer T
7 ratatiner T	7 ravitailler T	69 réapparaître I, *être*
7 se ratatiner R	7 se ravitailler R	or *avoir*
7 ratatouiller I	7 raviver T	59 réapprendre T
12 râteler T	7 se raviver R	7 réapprovisionne T
7 rater I, T	ravoir T, D,	7 se réapprovisionner
7 se rater R	only inf.	R
7 ratiboiser T	17 rayer T	7 réargenter T
16 ratifier T	17 se rayer R	7 se réargenter R
7 ratiner T	7 rayonner I, T	7 réarmer I, T
7 ratiociner I	16 razzier T	7 se réarmer R
7 rationaliser T	7 réabonner T	9 réarranger T
7 rationner T	7 se réabonner R	7 réassigner T
7 se rationner R	7 réabsorber T	20 réassortir T
7 ratisser T	7 réaccoutumer T	20 se réassortir R
7 rattacher T	7 se réaccoutumer R	7 réassurer T
7 se rattacher R	7 réactiver T	7 se réassurer R
7 rattraper T	7 réactualiser T	7 rebaisser I
7 se rattraper R	7 réadapter T	7 rebander T
7 raturer T	7 se réadapter R	7 rebaptiser T
7 raugmenter I, T	7 réaffirmer T	20 rebâtir T
7 rauquer I	7 réaffûter T	60 rebattre T
9 ravager T	20 réagir I, Ti	7 rebecter T
7 ravaler T	7 réajuster T	7 se rebeller R
7 se ravaler R	7 se réajuster R	7 se rebiffer R
7 ravauder I, T	11 réaléser T	7 rebiquer I
7 ravigoter T	7 réaliser T	20 reblanchir T
20 ravilir T	7 se réaliser R	7 reboiser T

imp.: impersonal verb • **D**: defective verb • *être*: conjugated with *être*
être or avoir: conjugated with both auxiliaries

20 rebondir I
12 rebonneter T
7 reborder T
7 reboucher T
7 se reboucher R
7 rebouiser T
7 rebouter T
7 reboutonner T
7 se reboutonner R
7 rebraguetter T
7 se rebraguetter R
7 rebroder T
7 rebrousser I, T
7 se rebrousser R
7 rebuter I, T
7 se rebuter R
12 recacheter T
16 recalcifier T
7 recaler T
7 récapituler T
7 recarder T
12 recarreler T
7 recaser T
7 se recaser R
7 recauser I
7 recéder T
13 receler I, T
11 recéler I, T
7 recenser T
7 recentrer T

11 recéper T
7 réceptionner T
7 recercler T
40 recevoir I, T
40 se recevoir R
20 rechampir T
20 réchampir T
9 rechanger T
9 se rechanger R
7 rechanter T
7 rechaper T
7 réchapper I, *être* or *avoir*
9 recharger T
7 rechasser I, T
7 réchauffer T
7 se réchauffer R
7 rechausser T
7 se rechausser R
7 rechercher T
7 rechigner I, Ti
7 rechristianiser T
7 rechuter I
7 récidiver I, *être* or *avoir*
7 réciproquer Belg. I, T
7 réciter T
7 réclamer I, T
7 se réclamer R

7 reclaper Belg. T
7 reclasser T
7 récliner I
7 reclouer T
reclure D, only inf. and p.p. *(reclus, recluse, recluses)*
7 recoiffer T
7 se recoiffer R
7 récoler T
7 recoller T, Ti
7 se recoller R
7 recolorer T
7 récolter T
7 se récolter R
7 recommander T
7 se recommander R
8 recommencer I, T
69 recomparaître I
7 récompenser T
7 se récompenser R
7 recomposer T
7 se recomposer R
7 recompter T
16 réconcilier T
16 se réconcilier R
7 recondamner T
88 reconduire T
7 recondamner T
7 réconforter T

T: transitive (variable p.p.) • **Ti**: indirect transitive (invariable p.p.)
I: intransitive (invariable p.p.) • **R**: Reflexive verb

7 se réconforter R
13 recongeler T
69 reconnaître T
69 se reconnaître R
7 reconnecter T
7 se reconnecter R
25 reconquérir T
11 reconsidérer T
7 reconsolider T
7 reconstituer T
7 se reconstituer R
88 reconstruire T
20 reconvertir T
20 se reconvertir R
16 recopier T
7 recoquiller T
7 se recoquiller R
7 recorder T
9 recorriger T
7 recoucher T
7 se recoucher R
79 recoudre T
79 se recoudre R
7 recouper T
7 se recouper R
7 recouponner T
7 recourber T
7 se recourber R
34 recourir T, Ti
7 recouvrer T

28 recouvrir T
28 se recouvrir R
7 recracher I, T
14 recréer T
14 récréer T
14 se récréer R
20 recrépir T
7 recreuser T
16 se récrier R
7 récriminer I
86 récrire T
7 recristalliser T
7 recroiser T
73 recroître I,
p.p. *recrû, recrûe,
recrûs, recrûes*
7 recroller Belg. I
7 se recroqueviller R
7 recruter I, T
7 se recruter R
16 rectifier T
29 recueillir T
29 se recueillir R
88 recuire I, T
7 reculer I, T
7 se reculer R
7 reculotter T
7 se reculotter R
11 récupérer T
7 récurer T

7 récuser T
7 se récuser T
7 recycler T
7 se recycler R
28 redécouvrir T
67 redéfaire T
20 redéfinir T
7 redemander T
7 redémarrer I
20 redémolir T
58 redescendre I,T,
être or *avoir*
24 redevenir I, *être*
44 redevoir T
7 rediffuser T
9 rédiger I, T
7 rédimer T
7 se rédimer R
84 redire T, Ti
7 rediscuter T
7 redistribuer T
7 redonder I
7 redonner I, T
7 se redonner R
7 redorer T
7 redoubler I, T, Ti
7 redouter T
7 redresser T
7 se redresser R
88 réduire T

imp.: impersonal verb • **D**: defective verb • *être*: conjugated with *être*
être or *avoir*: conjugated with both auxiliaries

88 se réduire R	7 refiler T	7 regagner T
86 réécrire T	20 réfléchir I, T, Ti	7 régaler T
16 réédifier T	20 se réfléchir R	7 se régaler R
7 rééditer T	11 refléter T	7 regarder I, T, Ti
7 rééduquer T	11 se refléter R	7 se regarder R
83 réélire T	20 refleurir I, T	20 regarnir T
7 réembaucher T	7 refluer I	7 régater I
18 réemployer T	58 refondre I, T	7 regazonner T
7 réemprunter T	9 reforger T	13 regeler I, T
9 réengager T	7 reformer T	11 régénérer T
9 se réengager R	7 se reformer R	11 se régénérer R
8 réensemencer T	7 réformer T	7 régenter I, T
58 réentendre T	7 se réformer R	7 regimber I
7 rééquilibrer T	7 reformuler T	7 se regimber R
14 réer I	7 refouiller T	7 régionaliser T
7 réescompter T	7 refouler I, T	20 régir T
17 réessayer T	7 refourguer T	7 réglementer T
7 réévaluer T	7 refourrer T	11 régler T
7 réexaminer T	58 refoutre T	11 se régler R
16 réexpédier T	7 réfracter T	11 régner I
7 réexporter T	11 refréner T	7 regonfler I, T
7 refaçonner T	11 réfréner T	9 regorger I
67 refaire T	11 se réfréner R	7 regratter I, T
67 se refaire R	11 réfrigérer T	14 regréer T
58 refendre T	20 refroidir I, T	7 regreffer T
8 référencer T	20 se refroidir R	7 régresser I
11 référer Ti	16 se réfugier R	7 regretter T
11 se référer R	7 refuser I, T	7 regrimper I, T
7 refermer T	7 se refuser R	20 regrossir I
7 se refermer R	7 réfuter T	7 regrouper T

T: transitive (variable p.p.) • **Ti**: indirect transitive (invariable p.p.)
I: intransitive (invariable p.p.) • **R**: Reflexive verb

7 se regrouper R	11 réintégrer T	10 se relever R
7 régulariser T	11 réinterpréter T	16 relier T
7 réguler T	88 réintroduire T	83 relire T
7 se réguler R	7 réinventer T	83 se relire R
7 régurgiter T	20 réinvestir T	9 reloger T
7 réhabiliter T	7 réinviter T	9 se reloger R
7 se réhabiliter R	11 réitérer I, T	7 relooker T
7 réhabituer T	20 rejaillir I	7 relouer T
7 se réhabituer R	12 rejeter T	88 reluire I
7 rehausser T	12 se rejeter R	7 reluquer T
7 se rehausser R	63 rejoindre T	7 remâcher T
7 rehydrater T	63 se rejoindre R	7 remailler T
16 réifier T	18 rejointoyer T	9 remanger T
7 réimperméabiliser T	7 rejouer I, T	16 remanier T
7 réimplanter T	20 réjouir T	7 remaquiller T
7 réimporter T	20 se réjouir R	7 se remaquiller R
7 réimposer T	7 relâcher I, T	7 remarcher I
7 réimprimer T	7 se relâcher R	16 remarier T
11 réincarcérer T	7 se relaisser R	16 se remarier R
7 se réincarner R	8 relancer I, T	7 remarquer T
7 réincorporer T	20 rélargir T	7 se remarquer R
7 réinfecter T	7 relater T	7 remastiquer T
7 se réinfecter R	7 relativiser T	7 remballer T
7 réinjecter T	7 relaver I, T	7 rembarquer I, T
86 réinscrire T	7 relaxer T	7 se rembarquer R
86 se réinscrire R	7 se relaxer R	7 rembarrer T
11 réinsérer T	17 relayer I, T	7 rembaucher T
11 se réinsérer R	17 se relayer R	7 rembiner I
7 réinstaller T	11 reléguer T	7 se rembiner R
7 se réinstaller R	10 relever I, T, Ti	7 remblaver T

imp.: impersonal verb • **D**: defective verb • **être**: conjugated with *être*
être or avoir: conjugated with both auxiliaries

7 rembobiner T	7 remontrer I, T, Ti	7 renâcler I
7 remboîter T	7 se remontrer R	70 renaître I, Ti, *être*; rare in p.p. and comp. tenses
9 rembouger T	58 remordre T	
7 rembourrer T	7 remorquer T	
7 rembourser T	7 remoucher T	7 renarder I
7 rembroquer T	7 se remoucher R	7 renauder I
20 rembrunir T	80 remoudre T	7 rencaisser T
20 se rembrunir R	7 remouiller I, T	7 rencarder T
7 rembucher I, T	7 rempailler T	7 renchaîner T
7 se rembucher R	12 rempaqueter T	20 renchérir I, T
16 remédier Ti	7 remparder T	7 rencogner T
7 remembrer T	7 remparer T	7 se rencogner R
7 remémorer T	11 rempiéter T	7 rencontrer T
7 se remémorer R	7 rempiler I, T	7 se rencontrer R
16 remercier T	8 remplacer T	33 rendormir T
61 remettre T	8 se remplacer R	33 se rendormir R
61 se remettre R	16 remplier T	58 rendre I, T
7 remeubler T	20 remplir T	58 se rendre R
7 remilitariser T	20 se remplir R	9 reneiger I, imp.: il reneige
7 se remilitariser R	18 remployer T	
7 remiser T	7 remplumer T	7 renfaîter T
7 se remiser R	7 se remplumer R	7 renfermer T
7 remmailler T	7 rempocher T	7 se renfermer R
7 remmailloter T	7 rempoissonner T	7 renfiler T
7 remmancher T	7 remporter T	7 renflammer T
10 remmener T	7 rempoter T	7 renfler I, T
13 remodeler T	7 remprunter T	7 se renfler R
7 remonter I, T, *être* or *avoir*	7 remuer I, T	7 renflouer T
	7 se remuer R	8 renfoncer T
7 se remonter R	11 rémunérer T	8 renforcer T

T: transitive (variable p.p.) • **Ti**: indirect transitive (invariable p.p.)
I: intransitive (invariable p.p.) • **R**: Reflexive verb

8 se renforcer R
20 renformir T
7 se renfrogner R
9 rengager I, T
9 se rengager R
7 rengainer T
9 se rengorger R
16 rengracier I
10 rengrener T
11 rengréner T
16 renier T
16 se renier R
7 renifler I, T
7 renommer T
8 renoncer T, Ti
7 renouer T
7 se renouer R
12 renouveler I, T
12 se renouveler R
7 rénover T
7 renquiller T
7 renseigner T
7 se renseigner R
7 rentabiliser T
7 rentamer T
7 renter T
7 rentoiler T
66 rentraire T
17 rentrayer T

7 rentrer I, T, *être* or *avoir*
28 rentrouvrir T
7 renvelopper T
7 renvenimer T
9 renverger T
7 renverser T
7 se renverser R
7 renvider T
16 renvier I, T
19 renvoyer T
19 se renvoyer R
7 réoccuper T
11 réopérer T
7 réorchestrer T
8 réordonnancer T
7 réordonner T
7 réorganiser T
7 se réorganiser R
7 réorienter T
7 se réorienter R
7 repairer I
72 repaître T
72 se repaître R
58 répandre T
58 se répandre R
69 reparaître I, *être* or *avoir*
7 réparer T
7 reparler I

7 se reparler R
9 repartager T
26 repartir (partir à nouveau) I, *être*
26 repartir (répondre) T
20 répartir T
20 se répartir R
7 se repasser R
7 repasser I, T, *être* or *avoir*
7 se repasser R
7 repatiner T
7 repaver T
17 repayer T
7 repêcher T
7 repeigner T
7 se repeigner R
62 repeindre T
58 rependre T
7 repenser I, T
26 se repentir R
8 repercer T
7 répercuter T
7 se répercuter R
58 reperdre T
11 repérer T
11 se repérer R
16 répertorier T
11 répéter I,

répéter **R**

imp.: impersonal verb • **D**: defective verb • **être**: conjugated with *être*
être or avoir: conjugated with both auxiliaries

11 se répéter R	7 se repousser R	7 rescinder T
7 repeupler T	59 reprendre I, T	7 resemer T
7 se repeupler R	59 se reprendre R	7 se resemer R
8 repincer T	7 représenter I, T	11 réséquer T
7 repiquer I, T	7 se représenter R	7 réserver T
8 replacer T	7 réprimander T	7 se réserver R
8 se replacer R	7 réprimer T	7 résider I
7 replanter I, T	7 repriser T	7 résigner T
7 se replanter R	7 reprocher T	7 se résigner R
7 replâtrer T	7 se reprocher R	16 résilier T
47 repleuvoir Imp.: il repleut	88 reproduire T	7 résiner T
	88 se reproduire R	16 résinifier T
16 replier T	7 reprogrammer T	7 résister Ti
16 se replier R	16 reprographier T	7 résonner
7 répliquer I, T	7 reprouver T	7 résorber T
7 se répliquer R	7 réprouver T	7 se résorber R
7 replisser T	7 républicaniser T	78 résoudre T
9 replonger I, T	16 répudier T	78 se résoudre R
9 se replonger R	7 répugner T, Ti	7 respecter T
18 reployer T	7 réputer T	7 se respecter R
20 repolir T	16 requalifier T	7 respirer I, T
58 répondre I, T, Ti	16 se requalifier R	20 resplendir I
58 se répondre R	25 requérir T	7 responsabiliser T
7 reporter T	7 requinquer T	7 resquiller I, T
7 se reporter R	7 se requinquer R	7 ressaigner I, T
7 reposer I, T	7 réquisitionner T	20 ressaisir T
7 se reposer R	7 resaler T	20 se ressaisir R
7 repositionner T	20 resalir T	7 ressasser T
7 se repositionner R	20 se resalir R	7 ressauter I, T
7 repousser I, T	7 resaluer T	17 ressayer T

T: transitive (variable p.p.) • **Ti**: indirect transitive (invariable p.p.)
I: intransitive (invariable p.p.) • **R**: Reflexive verb

7 ressembler Ti	7 restituer T	7 reterser T
7 se ressembler R, invariable p.p.	62 restreindre T	7 réticuler T
	62 se restreindre R	7 retirer T
12 ressemeler T	7 restructurer T	7 se retirer R
7 ressemer T	7 restyler T	7 retisser T
7 se ressemer R	7 résulter I, *être* or *avoir;* only 3rd pers. sing. and pl., pres. part., and p.p.	7 retomber I, *être*
26 ressentir T		58 retondre T
26 se ressentir R		7 retoquer T
7 resserrer T		58 retordre T
7 se resserrer R	7 résumer T	7 rétorquer T
36 resservir I, T	7 se résumer R	7 retoucher T, Ti
36 se resservir R	20 resurgir I	7 retourner I, T, *être* or *avoir*
20 ressortir (take, go out again) Ti, *être*	20 rétablir T	
	20 se rétablir R	7 se retourner R
26 ressortir (take, go out again) I, T, *être* or *avoir*	7 retailler T	8 retracer T
	7 rétamer T	7 rétracter T
	7 se rétamer R	7 se rétracter R
7 ressouder T	7 retaper T	88 retraduire T
7 se ressouder R	7 se retaper R	66 retraire T
8 ressourcer T	7 retapisser T	7 retraiter T
8 se ressourcer R	7 retarder I, T	7 retrancher T
24 se ressouvenir R	7 retâter T, Ti	7 se retrancher R
7 ressuer I, T	62 reteindre T	86 retranscrire T
20 ressurgir I	7 retéléphoner Ti	61 retransmettre T
7 ressusciter I, T, *être* or *avoir*	58 retendre T	7 retravailler I, T, Ti
	24 retenir I, T	7 retraverser T
18 ressuyer T	24 se retenir R	20 rétrécir I, T
18 se ressuyer R	7 retenter T	20 se rétrécir R
7 restaurer T	20 retentir I	62 retreindre T
7 se restaurer R	8 retercer T	62 rétreindre T
7 rester I, *être*		

imp.: impersonal verb • **D**: defective verb • ***être***: conjugated with *être*
être* or *avoir: conjugated with both auxiliaries

7 retremper T	7 se revendiquer R	7 revoter I, T
7 se retremper R	58 revendre T	50 revouloir T
7 rétribuer T	58 se revendre R	7 révulser T
20 rétroagir I	24 revenir I, *être*	7 se révulser R
11 rétrocéder I, T	24 s'en revenir R	7 rewriter T
7 rétrograder I, T	7 rêver I, T, Ti	7 rhabiller T
7 retrousser T	11 réverbérer T	7 se rhabiller R
7 se retrousser R	11 se réverbérer R	7 rhumer T
7 retrouver T	20 reverdir I, T	7 ribler T
7 se retrouver R	11 révérer T	7 ribouler I
7 retuber T	20 revernir T	7 ricaner I
16 réunifier T	7 reverser T	7 ricocher I
20 réunir T	27 revêtir T	7 rider T
20 se réunir R	27 se revêtir R	7 se rider R
20 réussir I, T, Ti	7 revigorer T	7 ridiculiser T
7 réutiliser T	7 revirer I	7 se ridiculiser R
7 revacciner T	7 réviser I, T	7 riffauder I, T
49 revaloir T, D, only inf., future simple, and pres. cond.	7 revisiter T	7 rifler T
	7 revisser T	16 rigidifier T
	7 revitaliser T	7 rigoler I
7 revaloriser T	16 revivifier T	7 rimailler I
7 se revancher R	82 revivre I, T	7 rimer I, T
7 rêvasser I	41 revoir T	8 rincer T
7 réveiller T	41 se revoir R	8 se rincer R
7 se réveiller R	7 revoler I, T	7 ringarder T
7 réveillonner I	7 révolter T	7 ripailler I
11 révéler T	7 se révolter R	7 ripatonner I
11 se révéler R	7 révolutionner T	7 riper I, T
7 revendiquer I, T	7 révolvériser T	7 ripoliner T
	7 révoquer T	7 riposter I, T

T: transitive (variable p.p.) • **Ti**: indirect transitive (invariable p.p.)
I: intransitive (invariable p.p.) • **R**: Reflexive verb

85 rire I	7 ronflaguer I	7 router T
85 se rire R, p.p. invariable	7 ronfler I	28 rouvrir I, T
	9 ronger T	28 se rouvrir R
7 risquer T	9 se ronger R	7 rubaner T
7 se risquer R	7 ronronner I	16 rubéfier T
7 rissoler I, T	7 ronsardiser I	7 rucher T
7 ristourner T	7 roquer I	7 rudenter T
7 ritualiser T	7 roser T	18 rudoyer T
7 rivaliser I	20 rosir I, T	7 ruer I
7 river T	7 rosser T	7 se ruer R
12 riveter T	7 roter I	20 rugir I, T
7 robotiser T	20 rôtir I, T	7 ruiler T
7 rocher I	20 se rôtir R	7 ruiner T
7 rocquer I	7 roucouler I, T	7 se ruiner R
7 rôdailler I	7 rouer T	12 ruisseler I
7 roder T	7 roufler Belg. I, T	7 ruminer I, T
7 rôder I	18 rougeoyer I	7 rupiner I
7 rogner I, T	20 rougir I, T	7 ruser I
7 rognonner I	7 rougnotter I	16 russifier T
20 roidir T	7 rouiller I, T	7 rustiquer T
20 se roidir R	7 se rouiller R	7 rûter Belg. I
8 romancer T	20 rouir I, T	7 rutiler I
7 romaniser I, T	7 rouler I, T	7 rythmer T
7 se romaniser R	7 se rouler R	
58 rompre I, T	7 roulotter T	
58 se rompre R	7 roupiller I	
7 ronchonner I	7 rouscailler I	**S**
20 rondir T	11 rouspéter I	
7 ronéoter T	20 roussir I, T	7 sabler I, T
7 ronéotyper T	20 roustir T	7 sablonner T

imp.: impersonal verb • **D**: defective verb • **être**: conjugated with *être*
être or avoir: conjugated with both auxiliaries

7 saborder T	**7** saisonner I	**7** sasser T
7 se saborder R	**7** salarier T	**7** sataner T
7 saboter I, T	**7** saler T	**7** sataniser T
7 sabouler T	**7** salifier T	**7** satelliser T
7 se sabouler R	**7** saligoter T	**7** se satelliser R
7 sabrer I, T	**20** salir T	**7** satiner T
7 sacagner T	**20** se salir R	**7** satiriser T
7 saccader T	**7** saliver I	**67** satisfaire T, Ti
9 saccager T	**7** salonguer Afr. I	**67** se satisfaire R
16 saccharifier T	**7** saloper T	**7** satonner T
7 sacquer T	**7** salpêtrer T	**7** saturer I, T
7 sacraliser T	**7** saluer T	**8** saucer T
7 sacrer I, T	**7** se saluer R	**7** saucissonner I, T
16 sacrifier T	**16** sanctifier T	**7** saumurer T
16 se sacrifier R	**7** sanctionner T	**7** sauner I
7 safraner T	**7** sanctuariser T	**7** saupoudrer T
7 saietter T	**7** sandwicher T	**7** saurer T
7 saigner I, T	**7** sangler T	**20** saurir T
7 se saigner R	**7** se sangler R	**7** sauter I, T
20 saillir (mate) T, D forms like *finir* but only inf. and 3rd pers. sing. and pl. and pres. part. *(saillissant)*	**7** sangloter I	**7** sautiller I
	7 santer Afr. I	**7** sauvegarder T
	7 santonner T	**7** sauver I, T
	7 saouler T	**7** se sauver R
	7 se saouler R	**7** savater T
30 saillir (rush out) I, D forms like *assaillir* but only inf. and 3rd pers. sing. and pl.	**7** saper T	**43** savoir I, T
	7 se saper R	**43** se savoir R
	16 saponifier T	**7** savonner T
20 saisir T	**7** saquer T	**7** se savonner R
20 se saisir R	**7** sarcler T	**7** savourer T
	7 sarter T	**7** scalper T

T: transitive (variable p.p.) • **Ti**: indirect transitive (invariable p.p.)
I: intransitive (invariable p.p.) • **R**: Reflexive verb

7 scandaliser I, T	11 sécher I, T	7 se sensibiliser R
7 se scandaliser R	11 se sécher R	26 sentir I, T
7 scander T	7 seconder T	26 se sentir R
7 scanner T	7 secouer T	52 seoir I, D, only 3rd
7 scannériser T	7 se secouer R	pers. sing. and pl.,
16 scarifier T	34 secourir T	pres. cond., pres.
7 sceller T	11 secréter T	subj., and pres. part.
7 scénariser T	11 sécréter T	7 séparer T
7 schématiser I, T	7 sectionner T	7 se séparer R
7 schlinguer I	7 se sectionner R	7 septupler I, T
7 schlitter T	7 sectoriser T	8 séquencer T
7 schmecter I	7 séculariser T	7 séquestrer T
7 schnouper T	7 sécuriser T	8 sérancer T
7 schpiler I	7 sédentariser T	20 serfouir T
16 scier I, T	7 se sédentariser R	7 sérialiser T
7 scinder T	7 sédimenter T	16 sérier T
7 se scinder R	88 séduire I, T	7 seriner T
7 scintiller I	7 segmenter T	7 seringuer T
7 sciotter T	7 se segmenter R	7 sermonner T
7 scissionner I	11 ségréguer T	7 serpenter I
7 scléroser T	7 séjourner I	7 serrer I, T
7 se scléroser R	7 se séjourner Afr. R	7 se serrer R
7 scolariser T	7 sélecter T	20 sertir T
16 scorifier T	7 sélectionner T	7 serviotter T
7 scotcher T	7 seller T	36 servir I, T, Ti
7 scrafer T	7 sembler I	36 se servir R
7 scratcher I, T	10 semer I, T	20 sévir I
7 scribouiller T	8 semoncer T	7 sevrer T
7 scruter T	7 sénégaliser Afr. T	7 sextupler I, T
7 sculpter I, T	7 sensibiliser T	7 sexualiser T

imp.: impersonal verb • **D**: defective verb • **être**: conjugated with *être*
être or avoir: conjugated with both auxiliaries

7 shampooiner T	7 siphonner T	7 solliciter T
7 shampouiner T	7 siroter T	7 solmiser T
7 shooter I, T	7 situer T	7 solubiliser T
7 shunter T	7 se situer R	7 solutionner T
11 sidérer T	16 skier I	7 somatiser I, T
15 siéger I	7 slalomer I	7 sombrer I
7 siester Afr. I	7 slaviser T	7 sommeiller I
7 siffler I, T	7 slicer T	7 sommer T
7 siffloter I, T	7 smasher I	7 somnoler I
7 sigler T	7 smurfer I	7 sonder T
7 signaler T	7 smiller T	9 songer I, Ti
7 se signaler R	7 snif(f)er T	7 sonnailler I
7 signaliser T	7 snober T	7 sonner I, T, Ti, *être*
7 signer I, T	7 socialiser T	or *avoir*
7 se signer R	7 socratiser I	7 sonoriser T
16 signifier T	7 sodomiser T	7 sonrer Belg. I
7 silhouetter T	7 soigner I, T	7 sophistiquer T
7 se silhouetter R	7 se soigner R	7 se sophistiquer R
7 se silicatiser R	7 soirer Belg. I	12 soqueter Belg. I
7 siliconer T	7 solariser T	26 sortir I, T, *être* or
7 sillonner T	7 solder T	*avoir*
7 similiser T	7 se solder R	26 se sortir R
16 simplifier I, T	7 solenniser T	20 sortir (legal, "have
16 se simplifier R	16 solfier T	effect") T, D, only
7 simuler T	7 solidariser T	3rd pers. sing. and
9 singer T	7 se solidariser R	pl. *(sortissait)*
7 singulariser T	16 solidifier T	60 soubattre T
7 se singulariser R	16 se solidifier R	7 soubresauter I
7 siniser T	7 solifluer I	12 soucheter T
7 se siniser R	7 soliloquer I	10 souchever T
		16 soucier T

T: transitive (variable p.p.) • **Ti**: indirect transitive (invariable p.p.)
I: intransitive (invariable p.p.) • **R**: Reflexive verb

16 se soucier R
7 souder T
7 se souder R
18 soudoyer T
7 souffler I, T
12 souffleter T
28 souffrir I, T
28 se souffrir R
7 soufrer T
7 souhaiter T
7 souiller T
9 soulager T
9 se soulager R
7 soûler T
7 se soûler R
10 soulever T
10 se soulever R
7 souligner T
61 soumettre T
61 se soumettre R
7 soumissionner I, T
7 soupçonner T
7 souper I
10 soupeser T
7 soupirer I, T
7 souquer I, T
7 sourciller I
7 sourdiner T
sourdre I, D, only
3rd pers. sing. and

pl. ind. *(sourd/
sourdent,
sourdait/
sourdaient)*
85 sourire I, Ti
85 se sourire R,
invariable p.p.
7 sous-alimenter T
86 souscrire I, T, Ti
18 sous-employer T
58 sous-entendre T
7 sous-estimer T
7 sous-évaluer T
7 sous-exploiter T
7 sous-exposer T
20 sous-investir I
7 sous-louer T
7 sous-payer T
7 sous-rémunérer T
58 sous-tendre T
7 sous-titrer T
7 sous-utiliser T
66 soustraire T, D,
not used in past
historic or imperf.
subj.
66 se soustraire R
7 sous-traiter I, T
7 sous-virer I
7 soutacher T
24 soutenir T

24 se soutenir R
7 soutirer T
24 souvenir I
24 se souvenir R
7 soviétiser T
16 spathifier T
7 spatialiser T
7 se spatialiser R
7 spécialiser T
7 se spécialiser R
16 spécifier T
7 spéculer I
7 speeder I, T
11 sphacéler T
7 spiritualiser T
7 spitter T
7 splitter T
16 spolier T
7 sponsoriser T
7 sporuler I
7 sprinter I
7 squatter T
7 squeezer T
7 stabiliser T
7 se stabiliser R
7 staffer T
7 stagner I
7 staliniser T
7 standardiser T
7 stariser T

imp.: impersonal verb • **D**: defective verb • **être**: conjugated with *être*
être or avoir: conjugated with both auxiliaries

7 stater Belg. T

7 stationner I, *être* or *avoir*

7 statuer T, Ti

16 statufier T

16 sténographier T

7 sténotyper T

7 stéréotyper T

11 stérer T

7 stériliser T

7 stigmatiser T

7 stimuler T

7 se stimuler R

16 stipendier T

7 stipuler T

7 stocker T

7 stopper I, T

7 stranguler T

16 stratifier T

7 stresser I, T

7 se stresser R

7 striduler I, T

16 strier T

7 stripper T

7 striquer T

7 structurer T

7 se structurer R

stupéfaire T, D, only 3rd pers. sing., pres. ind. and comp.

tenses; p.p. *stupéfait, stupéfaite*

16 stupéfier T

7 stuquer T

7 styler T

7 styliser T

11 subdéléguer T

7 subdiviser T

7 se subdiviser R

20 subir I, T

7 subjuguer T

7 sublimer I, T

9 submerger T

7 subodorer T

7 subordonner T

7 se subordonner R

7 suborner T

9 subroger T

16 subsidier Belg. T

7 subsister I

7 substantiver T

7 substituer T

7 se substituer R

7 subsumer T

7 subtiliser I, T

7 se subtiliser R

24 subvenir Ti

7 subventionner T

20 subvertir T

11 succéder Ti

11 se succéder R, invariable p.p.

7 succomber I, Ti

8 sucer I, T

8 se sucer R

7 suçoter T

7 sucrer I, T

7 se sucrer R

7 suer I, T

87 suffire I, Ti

87 se suffire R, invariable p.p.

7 suffixer T

7 suffoquer I, T

11 suggérer I, T

7 suggestionner T

7 se suicider R

7 suif(f)er T

7 suinter I, T

81 suivre I, T

81 se suivre R

13 sukkeler Belg. I

7 sulfater T

7 sulfiter T

7 sulfoner T

7 sulfurer T

20 superfinir T

7 superposer T

7 se superposer R

7 superviser T

T: transitive (variable p.p.) • **Ti**: indirect transitive (invariable p.p.)
I: intransitive (invariable p.p.) • **R**: Reflexive verb

7 supplanter T	7 surcreuser T	7 se surimposer R
7 se supplanter R	7 surdorer T	7 suriner T
14 suppléer T, Ti	16 surédifier T	7 surinterpréter T
7 supplémenter T	10 surélever T	20 surinvestir I
16 supplicier T	20 surenchérir I	20 surir I
16 supplier T	7 surentraîner T	7 surjaler I
7 supporter T	7 suréquiper T	12 surjeter T
7 se supporter R	7 surestimer T	16 surlier T
7 supposer T	7 se surestimer R	7 surligner T
7 supprimer T	7 surévaluer T	7 surmédicaliser T
7 se supprimer R	7 surexciter T	10 surmener T
7 suppurer I	7 surexploiter T	10 se surmener R
7 supputer T	7 surexposer T	7 surmonter T
7 surabonder I	8 surfacer I, T	7 se surmonter R
7 surajouter T	7 surfacturer T	7 surmouler T
7 suralimenter T	67 surfaire T, D, mainly inf., pres. ind. sing., p.p., and comp. tenses	9 surnager I
7 se suralimenter R		7 surnommer T
7 suraller I		7 suroxyder T
7 surarmer T	7 surfer I	7 surpasser T
7 surbaisser T	7 surfiler T	7 se surpasser R
7 surboucher T	20 surfleurir T	17 surpayer T
7 surbroder T	7 surfrapper T	7 surpiquer T
9 surcharger T	13 surgeler T	7 surplomber I, T
7 surchauffer T	7 surgeonner I	59 surprendre T
7 surclasser T	20 surgir I	59 se surprendre R
7 surcoller Belg. I	8 surglacer T	88 surproduire T
7 surcomprimer T	7 surgreffer T	9 surprotéger T
7 surcontrer T	7 surhausser T	7 sursaturer T
7 surcoter T	7 surimposer T	7 sursauter I
7 surcouper I		10 sursemer T

imp.: impersonal verb • **D**: defective verb • *être*: conjugated with *être*
être or avoir: conjugated with both auxiliaries

54 surseoir T, Ti, p.p. has no feminine: *sursis*
7 sursouffler T
7 surtailler T
7 surtaxer T
58 surtondre T
7 surveiller T
7 se surveiller R
24 survenir I, *être*
27 survêtir T
7 survirer T
82 survivre I, T, Ti
82 se survivre R, p.p. invariable
7 survoler T
7 survolter T
7 susciter T
7 suspecter T
7 se suspecter R
58 suspendre T
58 se suspendre R
7 sustenter T
7 se sustenter R
7 susurrer I, T
7 suturer T
7 swinguer I
7 syllaber T
7 symboliser T
7 symétriser I, T

7 sympathiser I
7 synchroniser T
7 syncoper I, T
7 syncristalliser I
7 syndicaliser T
7 syndiquer T
7 se syndiquer R
7 synthétiser I, T
7 syntoniser T
7 systématiser I, T
7 se systématiser R

T

7 tabasser T
7 se tabasser R
7 tabler Ti
7 tabouiser T
7 tabuler I, T
7 tacher I, T
7 se tacher R
7 tâcher T, Ti
12 tacheter T
7 taguer I, T
7 taillader T
7 tailler I, T
7 se tailler R
68 taire T

68 se taire R
7 taler T
7 taller I
7 talocher T
7 talonner I, T
7 talquer T
7 tambouler Afr. I
7 tambouriner I, T
7 tamiser I, T
7 tamponner T
7 se tamponner R
8 tancer T
7 tanguer I
7 tan(n)iser T
7 tanner T
9 tapager I
7 taper I, T
7 se taper R
7 tapiner I
20 se tapir R
7 tapisser T
7 taponner T
7 tapoter I, T
7 taquer T
7 taquiner T
7 se taquiner R
7 tarabiscoter T
7 tarabuster T
7 tarauder T
7 tarder I, Ti

T: transitive (variable p.p.) • **Ti**: indirect transitive (invariable p.p.)
I: intransitive (invariable p.p.) • **R**: Reflexive verb

376

7 tarer T	62 se teindre R	7 terminer T
7 se targuer R	7 teinter T	7 se terminer R
7 tarifer T	7 se teinter R	20 ternir I, T
20 tarir I, T	7 télécommander T	20 se ternir R
20 se tarir R	16 télécopier T	7 terrasser I, T
7 tarter T,	7 télédiffuser T	7 terreauter T
7 tartiner I, T	16 télégraphier I, T	7 terrer I, T
20 tartir I	7 téléguider T	7 se terrer R
7 tasser I, T	11 télémétrer I, T	16 terrifier T
7 se tasser R	7 téléphoner I, T, Ti	20 terrir I
7 tâter T, Ti	7 se téléphoner R	7 terroriser T
7 se tâter R	7 télescoper T	7 terser T
7 tatillonner I	7 se télescoper R	12 teseter Afr. T
7 tâtonner I	7 téléviser T	7 tester I, T
7 tatouer T	7 télexer T	7 tétaniser T
7 tauper T	7 témoigner T, Ti	7 se tétaniser R
12 taveler T	11 tempérer T	11 téter I, T
12 se taveler R	11 se tempérer R	7 têter Afr. T
7 taveller T	7 tempêter I	7 textualiser T
7 taxer T	7 temporiser I, T	7 texturer T
7 tayloriser T	7 tenailler T	7 texturiser T
7 tchadiser Afr. T	58 tendre T, Ti	7 théâtraliser I, T
7 tchatcher I	58 se tendre R	7 thématiser T
7 techniciser T	24 tenir I, T, Ti	7 théoriser I, T
7 techniser T	24 se tenir R	7 thésauriser I, T
7 technocratiser T	7 tenonner T	7 tictaquer I
7 se technocratiser R	7 ténoriser I	20 tiédir I, T
7 tecker Afr. I	7 tenter I, T	8 tiercer I, T
7 teiller T	8 tercer T	7 tigrer T
62 teindre T	7 tergiverser I	7 tiller T

imp.: impersonal verb • **D**: defective verb • ***être***: conjugated with *être*
être* or *avoir: conjugated with both auxiliaries

7 timbrer T
7 tinter I, T, Ti
7 tintinnabuler I
7 tiquer I
7 tirailler I, T
7 tire(-)bouchonner I, T
7 se tire(-)bouchonner R
7 tirer I, T, Ti
7 se tirer R
7 tisaner T
7 tiser T
7 tisonner I, T
7 tisser T
Ti(s)tre T, D, only p.p. *(tissu, tissue)* and comp. tenses
7 titiller I, T
7 titrer T
7 tituber I
7 titulariser T
7 toaster I, T
7 togoliser Afr. T
7 toiler T
7 toiletter T
7 se toiletter Afr. R
7 toiser T
7 se toiser R
11 tolérer T
11 se tolérer R

7 tomber I, T, *être* or *avoir*
7 tomer T
58 tondre T
16 tonifier T
7 tonitruer I
7 tonner I
7 tonsurer T
7 tontiner T
7 toper I
7 topicaliser T
7 toquer I
7 se toquer R
7 torcher T
7 se torcher R
7 torchonner T
58 tordre T
58 se tordre R
14 toréer I
7 toronner T
7 torpiller T
7 torsader T
7 tortiller I, T
7 se tortiller R
7 tortorer T
7 torturer T
7 se torturer R
7 tosser I
7 totaliser T
7 toubabiser Afr. T

7 toucher T, Ti
7 se toucher R
7 touer T
7 se touer R
7 touiller T
7 toupiller I, T
7 toupiner I
7 tourber I
7 tourbillonner I
7 tourillonner I
7 tourmenter T
7 se tourmenter R
7 tournailler I
7 tournasser T
7 tournebouler T
7 tourner I, T, *être* or *avoir*
7 se tourner R
7 tournicoter I
7 tourniller I
7 tourniquer I
18 tournoyer I
7 toussailler I
7 tousser I
7 toussoter I
7 touter Afr. I
7 trabouler I
7 tracaner I, T
7 tracasser T
7 se tracasser R

T: transitive (variable p.p.) • Ti: indirect transitive (invariable p.p.)
I: intransitive (invariable p.p.) • R: Reflexive verb

8 tracer I, T

7 tracter T

88 traduire T

88 se traduire R

7 traficoter I

7 trafiquer T, Ti

20 trahir T

20 se trahir R

7 traînailler I

7 traînasser I, T

7 traîner I, T

7 se traîner R

66 traire T, D, no past historic or imperf. subj.

7 traiter T, Ti

7 se traiter R

7 tramer T

7 se tramer R

7 tranchefiler T

7 trancher I, T

7 tranquilliser T

7 se tranquilliser R

7 transbahuter T

7 transborder T

7 transcender T

7 se transcender R

7 transcoder T

86 transcrire T

11 transférer T

7 transfigurer T

7 transfiler T

7 transformer T

7 se transformer R

7 transfuser T

7 transgresser T

7 transhumer I, T

9 transiger I

20 transir I, T

7 transistoriser T

7 transiter I, T

7 translater T

11 translittérer T

61 transmettre T

61 se transmettre R

7 transmigrer I

7 transmu(t)er T

7 se transmu(t)er R

69 transparaître I

8 transpercer T

7 transpirer I, T

7 transplanter T

7 se transplanter R

7 transporter T

7 se transporter R

7 transposer T

16 transsubstantier T

7 transsuder I, T

7 transvaser T

7 transvider T

7 traquer T

7 traumatiser T

7 travailler I, T, Ti

7 se travailler R

7 travailloter I

7 traverser T

20 travestir T

20 se travestir R

7 trébucher I, T, *être* or *avoir*

7 tréfiler T

58 tréfondre I

9 treillager T

7 treillisser T

7 trémater T

7 trembler I

7 trembloter I

7 se trémousser R

7 tremper I, T

7 se tremper R

7 trémuler I, T

7 trépaner T

7 trépasser I, *être* or *avoir*

7 trépider I

7 trépigner I, T

30 tressaillir I

7 tressauter I

7 tresser T

7 treuiller T

imp.: impersonal verb • **D**: defective verb • ***être***: conjugated with *être*
être* or *avoir: conjugated with both auxiliaries

7 trévirer T
7 trianguler T
7 triballer T
7 tricher I
7 tricocher I
7 tricoter I, T
16 trier T
7 trifouiller I, T
7 triller I, T
7 trimarder I, T
7 trimbal(l)er T
7 se trimbal(l)er R
7 trimer I
7 tringler T
7 trinquer I
7 triompher I, Ti
7 tripatouiller T
7 tripler I, T
7 tripoter I, T
7 triquer T
11 triséquer T
7 trisser I, T
7 se trisser R
7 triturer T
7 troler Afr. T
7 tromper T
7 se tromper R
12 trompeter I, T
7 tronçonner T
7 trôner I

7 tronquer T
7 tropicaliser T
7 troquer T
7 trotter I
7 se trotter R
7 trottiner I
7 troubler T
7 se troubler R
7 trouer T
7 se trouer R
7 trouilloter I
7 troussequiner T
7 trousser T
7 se trousser R
7 trouver T
7 se trouver R
7 truander I, T
7 trucider T
7 truffer T
7 truquer I, T
7 trusquiner T
7 truster T
7 tuber T
7 tuberculiner T
7 tuberculiniser T
7 tuberculiser T
7 tuder T
7 tuer I, T
7 se tuer R
7 tuiler T

16 tuméfier T
16 se tuméfier R
7 turbiner I, T
7 turlupiner T
7 turluter Can. I, T
12 tûteler Belg. T
7 tûter Belg. I, T
7 tuteurer T
7 tutorer T
18 tutoyer T
18 se tutoyer R
7 tututer I
7 tuyauter I, T
7 twister I
7 tympaniser T
7 typer T
7 typiser T
16 typographier T
7 tyranniser T

U

11 ulcérer T
11 s'ulcérer R
7 (h)ululer I
16 unifier T
16 s'unifier R
7 uniformiser T

T: transitive (variable p.p.) • Ti: indirect transitive (invariable p.p.)
I: intransitive (invariable p.p.) • R: Reflexive verb

20 unir T

20 s'unir R

7 universaliser T

7 s'universaliser R

7 urbaniser T

7 s'urbaniser R

9 urger I, D, 3rd pers. only

7 uriner I, T

7 user T, Ti

7 s'user R

7 usiner T

7 usurper I, T

7 utiliser T

V

7 vacciner T

7 vaciller I

7 vacuoliser T

7 vadrouiller I

7 vagabonder I

20 vagir I

7 vaguer I, T

65 vaincre I, T

65 se vaincre R

7 vaironner I

7 valdinguer I

12 valeter I

7 valider T

7 valiser I, T

7 se vallonner R

49 valoir I, T

49 se valoir R

7 valoriser T

7 se valoriser R

7 valouser T

7 valser I, T

7 vamper T

7 vampiriser T

7 vandaliser T

7 vanner T

7 vanter T

7 se vanter R

7 vaporiser T

7 vaquer I, Ti

7 varapper I

16 varier I, T

7 varloper T

7 vaseliner T

7 vaser Imp.: il vase

7 vasouiller I

7 vassaliser T

7 vaticiner I

7 se vautrer R

11 végéter I

7 véhiculer T

7 se véhiculer R

7 veiller I, T, Ti

7 veiner T

7 vélariser T

7 vêler I

7 velouter T

7 se velouter R

9 vendanger I, T

58 vendre I, T

58 se vendre R

11 vénérer T

9 venger T

9 se venger R

24 venir I, *être*

24 s'en venir R

7 venter Imp.: il vente

7 ventiler T

7 ventouser T

7 verbaliser I, T

9 verbiager I

20 verdir I, T

18 verdoyer I

7 verduniser T

7 verger Belg. I

8 verglacer imp.: il verglace

16 vérifier T

16 se vérifier R

7 verjuter T

7 vermiculer I

imp.: impersonal verb • **D**: defective verb • ***être***: conjugated with *être*
être or avoir: conjugated with both auxiliaries

7 vermiller I
7 vermillonner I, T
7 se vermouler R
20 vernir T
7 vernisser T
7 verrouiller T
7 se verrouiller R
7 verser I, T
7 se verser R
16 versifier I, T
7 vesser I
7 vétiller I
27 vêtir T
27 se vêtir R
7 vexer T
7 se vexer R
7 viander I
7 se viander R
7 vibrer I, T
7 vibrionner I
16 vicier I, T
9 vidanger T
7 vider T
7 se vider R
7 vidimer T
20 vieillir I, T, *être* or *avoir*
20 se vieillir R
7 vieller I
7 vigiler Afr. T

7 vilipender T
7 villégiaturer I
7 vinaigrer T
7 viner T
16 vinifier T
8 violacer T
8 se violacer R
7 violenter T
7 violer T
7 violoner I, T
20 vioquir I
7 virer I, T, Ti
7 virevolter I
7 virguler T
7 viriliser T
7 viroler T
9 viser I, T, Ti
7 visionner T
7 visiter T
7 visser T
7 se visser R
7 visualiser T
7 vitrer T
16 vitrifier T
7 vitrioler T
11 vitupérer I, T
16 vivifier T
7 vivoter I
82 vivre I, T
7 vocaliser I, T

11 vociférer I, T
7 voguer I
7 voiler I, T
7 se voiler R
41 voir I, T, Ti
41 se voir R
7 voisiner I
7 voiturer T
7 volatiliser T
7 se volatiliser R
7 volcaniser T
7 voler I, T
7 se voler R
12 voleter I
9 voliger T
17 volleyer I
7 volter I
9 voltiger I
20 vomir I, T
7 voter I, T
7 vouer T
7 se vouer R
50 vouloir I, T, Ti
50 se vouloir R
50 s'en vouloir R, invariable p.p.
18 vous(s)oyer T
18 se vous(s)oyer R
7 voûter T
7 se voûter R

T: transitive (variable p.p.) • **Ti**: indirect transitive (invariable p.p.)
I: intransitive (invariable p.p.) • **R**: Reflexive verb

18 vouvoyer T
18 se vouvoyer R
9 voyager I
7 vriller I, T
20 vrombir I
7 vulcaniser T
7 vulganiser Afr. T
7 vulgariser T

W, X, Y, Z

7 warranter T
7 week-ender afr I
7 wolophiser Afr. T
7 yailler Afr. T
7 yodiser T
7 yodiser T
7 yoper Afr. T
7 yoyoter I
7 zaïrianiser Afr. T

7 zapper I, T
11 zébrer T
7 zerver T
7 zester T
17 zézayer I
7 ziber T
7 zieuter T
7 zigouiller T
7 ziguer T
7 zigzaguer I
7 zinguer T
7 zinzinuler I
7 zipper T
7 zoner I, T
7 se zoner R
7 zonzonner I
7 zoomer T, Ti
7 zouaver Afr. T
7 zouker I
7 zozoter I
7 zûner Belg. I
7 zwanzer Belg. I
7 zyeuter T

imp.: impersonal verb • **D**: defective verb • **_être_**: conjugated with _être_
être or _avoir_: conjugated with both auxiliaries

Cet ouvrage a été achevé d'imprimer le 27 avril 1999
dans les ateliers de Normandie Roto Impression s.a.
61250 Lonrai. N° d'imprimeur : 990940
Dépôt légal : 11006.   Mai 1999.   *Imprimé en France*